Dagmar Dusil

Blick zurück durchs Küchenfenster

Johannis Reeg Verlag

Blick zurück durchs Küchenfenster
von Dagmar Dusil

8. Auflage 2009

ISBN 3-937320-00-8

Einband: Grafiken von Willy Dusil

Druck: HONTERUS Druckerei GmbH, Sibiu / Hermannstadt
Printed in Romania

Begleitwort oder ein Stück Anfang

To see a World in a Grain of Sand,
And Heaven in a Wild Flower,
Hold Infinity in the palm of your hand,
And Eternity in an hour.
William Blake

Eine Welt in einem Sandkorn sehen
und den Himmel in einer Wiesenblume,
Halt die Unendlichkeit in deiner Hand
und die Ewigkeit in einer Stunde.
(freie Übersetzung)

Dieses Buch erzählt die Geschichte einer Reise von Ost nach West. Es ist eine imaginäre Reise zurück in die Kindheit, es ist eine kulinarische Reise, begleitet von Erinnerungen und Erlebnissen, von dem Geschmack und dem Geruch gewisser Speisen. Es ist die Erinnerungs-Rückreise in die ferne Stadt der Kindheit „hinter den Wäldern“. Diese Reise führt zurück in eine Geborgenheit, die damals den Stempel der Unvergänglichkeit trug. Das Leben belehrte die Verfasserin eines Besseren. Irgendwann bröckelt diese Unvergänglichkeit und wird damit zur Vergangenheit. Deshalb ist dieses Buch zugleich die Geschichte von der Vergänglichkeit, von Liebe und von Tod, von Naivität und Erwachsenwerden.

Es ist die Geschichte eines kleinen Mädchens, das sich die Nase beim Gucken durchs Küchenfenster platt drückt. Da entstehen Speisen und Kuchen wie von geheimnisvoller Hand gezaubert. Die gütige Großmutter mit der goldumrandeten Brille auf der Nase ist eines Tages nicht mehr da, und das Kind spürt zum ersten Mal die riesigen Schatten des Todes. Das Kind steht mit seinem Schmerz alleine da. Es versucht, die Augen zu schließen, Nahrung auf der Zunge zergehen zu lassen, sich selbst in eine Zeit zurückzuversetzen, als die Welt noch in Ordnung war. Die Mutter ist unnahbar wie immer. Das Kind findet keinen Zugang zu ihr. Darum flüchtet es auch in die Klangwelt des Vaters, von diesem beschützt und in eine andere Welt geführt, in die Welt der Töne, der Musik, in die Welt des Genießens, in jene Welt, wo Augenblicke innehalten und unvergänglich zu sein scheinen. Es ist das leise Herantasten eines kleinen Mädchens ans Essen, verbunden mit Erlebnissen und den dazugehörenden Rezepten.

Es ist die Geschichte eines heranwachsenden Mädchens, das der Küche keinen Zauber abgewinnen konnte. Essen ist einfach da. Die Zubereitung ist Nebensache. Und wenn die strenge, autoritäre Mutter versucht, das Mädchen in die Kunst des Kochens einzuweihen, flieht es entsetzt. Es möchte nicht Köchin werden, lautet die Erklärung. Und wenn der Vater dem Mädchen humorvoll erklärt, daß die Liebe durch den Magen geht, da lacht es bloß. So etwas kann es nicht glauben, auch dann nicht, wenn der geliebte Vater es sagt. Wichtig sind nur Literatur, Theater, alles, was mit Kunst im Zusammenhang steht. Den Rest würde das Leben schon regeln. Der Zufall wird das mit dem Kochen schon hinkriegen, oder etwa nicht?

Irgendwann wird aus dem heranwachsenden Mädchen eine junge Frau, für die Küche und Kochen das sind, was die Windmühlen für Don Quichotte waren. Mühsam und heimlich macht sie nun ihre ersten eigenen Erfahrungen im Zubereiten von Speisen aller Art. Sie erinnert sich manchmal an die Worte ihrer Mutter, würde dieses aber nie zugeben.

Der Weg zur „Eroberung" der Küche erweist sich mitunter als mühselig und dornig. Eines Tages gelingt ein Essen, und nach und nach geschieht dies immer öfter. Zunächst staunt die junge Frau ungläubig, dann stellt sich bei ihr – wie bei allen Dingen, die man mit Liebe macht – die Freude am Kochen ein.

Die junge Frau möchte nun bei ihrem eigenen Kind alles besser machen. Sie kramt alte Rezepte hervor und improvisiert nebenbei kräftig. Alles fällt ihr plötzlich ganz leicht, der Zauber der Küche ist entschlüsselt. Aber auch die erwachsene Frau findet den inneren Weg zur eigenen Mutter nicht. Das schmerzt manchmal, sie versucht aber, damit zu leben.

Nicht zuletzt ist dieses Buch die Geschichte einer reifen Frau, für die einst bedeutungslose Dinge an Bedeutung gewinnen. Es ist die Geschichte von der Suche und von der Auffindung des eigenen Ichs, und es ist die Geschichte von einem Tochter-Mutter-Konflikt, der auch über den Tod der Mutter hinaus ungelöst bleibt.

Darüber hinaus ist dieses Buch die Geschichte einer Frau, die selbst die Liebe und Zärtlichkeit an ihre eigene Tochter weitergeben will, die sie bei der eigenen Mutter entbehrte.

Mit diesem Buch möchte ich den Menschen aus meiner alten Heimat Bruchstücke vergangener Augenblicke und möglicherweise immer blasser werdende Bilder vergegenwärtigen. Den Menschen aus meiner neuen Heimat möchte ich ein Stück Siebenbürgen von einer unbekannten Seite näherbringen.

Abschließend möchte ich all jenen danken, die mir geholfen haben, dieses Buch zu veröffentlichen.

Ohne Beate, meiner Tochter, wäre dieses Buch nie entstanden. Sie wünschte es sich als Hochzeitsgeschenk.

Ich danke meinem Mann für die moralische Unterstützung und für die Ermutigung, das Buch zu Ende zu schreiben. Er half mir, meine Träume zu verwirklichen.

Mein größter Dank gilt Dr. Klaus Weinrich für die Lektorierung und die vielen wertvollen Anregungen und konstruktiven Gespräche sowie die humorvollen Anmerkungen am Rande des Manuskriptes. Er opferte einen Großteil seiner knapp bemessenen Zeit, um das Manuskript zu lesen und schlug viele bedeutende Verbesserungen vor.

Willy Dusil danke ich für die Grafiken auf dem Einband und Bogdan Taşcu für die Erstellung des Einband-Layouts.

Mein Dank geht auch an Frau Marietta Coleşan, die mit viel Geduld die nicht immer einfachen Korrekturen ausgeführt hat.

Nicht zuletzt gilt mein Dank Herrn Direktor Helmut Mathes, der bei der Beschaffung der Bilder behilflich war und den Druck tatkräftig unterstützte.

Heilbronn
2. September 2001

Inhaltsverzeichnis

„Bist du Gottes Kind, so hilf dir“

„Bist du Gottes Kind, so hilf dir“. Dieser Satz war das Leitmotiv meiner Kindheit. Ich war unselbständig, was durch die Erziehung meiner Eltern – die es bestimmt immer nur gut gemeint haben – gefördert wurde. Meine Mutter war eine strenge, autoritäre Frau, die keinen Sinn für Humor und noch weniger Verständnis für die Phantasiewelt eines kleinen Mädchens hatte. Ich konnte nie bis zu ihrer Seele vordringen, kurz davor blieb ich immer sehr verwundert stehen, bis dahin, und nicht weiter. Außerdem war meine Mutter die Perfektion selbst, alles klappte wie am Schnürchen und stimmte genau bis aufs i-Tüpfelchen.

Mein Vater war genau das Gegenteil meiner Mutter. Humorvoll, lustig, allzeit zu Witzen und Späßen aufgelegt, voll von interessanten Geschichten und Erlebnissen. Keinen Augenblick langweilte ich mich mit ihm. Panik erfaßte mich bei dem Gedanken, daß es ihn eines Tages nicht mehr geben könnte. Er versprach mir tausend Dinge, die er oft nicht hielt, überspielte dies aber mit dem ihm eigenen Charme und gab dem Gespräch eine andere Wendung. Nie konnte ich ihm richtig böse sein.

Essen und Kochen waren eng mit den Jahreszeiten verbunden. Unsere Küche war schon etwas Besonders, mit vielen Einflüssen aus Österreich-Ungarn, aber das eine oder andere Rezept wurde auch von den Rumänen übernommen.

Mein Vater konnte das Essen so richtig genießen, er entwarf für eine Woche den Speiseplan und gab auch die genaue Menge des Fleisches und der Zutaten an. Da meine Mutter kaum Freude an etwas hatte – oder diese nicht zum Ausdruck bringen konnte –, hatte sie auch am Essen kaum Spaß. Meine Großeltern, die auch bei uns im Haus wohnten, hatten eine separate Küche und kochten für sich. Mein Großvater war ein wortkarger Mann, der eine Tischlerei hatte und um Punkt 12 Uhr zum Essen kam. Ich fürchtete mich immer ein bißchen vor ihm und hatte daher auch nie ein herzliches und inniges Verhältnis zu ihm.

Meine Großmutter war die sanfteste und gütigste Frau, ein klein wenig leidend und kränklich, die mir aber alle Liebe dieser Welt schenkte. Und dann waren da noch die Eltern meiner Großmutter, also meine Urgroßeltern. Die Urgroßmutter mit einem sehr ausgeprägten Selbstbewußtsein und auch mit 83 Jahren noch eine schöne und gepflegte Frau und mein Urgroßvater, der aus dem fernen Italien stammte. Zu ihm hatte ich ein besonderes Verhältnis, und er ist auch die Person, mit der ich meine ersten Eindrücke bezüglich Essen verbinde.

Seine Lieblingsspeise war „Polenta" – wie er es nannte – oder „Palukes" – wie wir es nannten. Zum Verständnis sei gesagt, daß dieses Maisbrei ist. Zu dieser Polenta aß er gebratene Spatzen (Sperlinge), die er eigens dafür züchtete, mögen ihm alle Tierschützer verzeihen, er hat bestimmt in seinem Leben nie etwas Unrechtes getan. Diese Polenta wurde aus Wasser, Salz und Maismehl gekocht. Er kochte sie ganz fest und schnitt sie dann mit einem Zwirnsfaden durch. Ich leistete ihm dabei Gesellschaft, allerdings nur bei der Polenta, Spatzen weigerte ich mich instinktiv zu essen. Auch heute, als Erwachsene, bin ich keine begeisterte Fleischesserin.

Heute habe ich selbst eine Familie und oft Gäste und koche eigentlich recht gerne. In Streßsituationen oder bei großer Trauer hilft mir das Kochen über die Abgründe meiner Seele hinwegzusteigen.

Einmal in der Woche gibt es **Palukes** (Maisbrei), der sehr gesund wegen des hohen Anteils an Magnesium ist. Wir essen ihn in zwei Varianten, das heißt, es wird immer etwas mehr gekocht und dann ein Teil nur mit Milch gegessen und ein Teil wird mit Käse und Rahm zubereitet.

Maisbrei (Palukes)

3/4 l Wasser zum Kochen bringen und gut salzen. 150 g Maismehl dazugeben und mit dem Schneebesen verrühren. Die Masse unter ständigem Rühren 1–2 Minuten kochen. Vom Ofen nehmen und zugedeckt ca. 10 Minuten quellen lassen.
Eine Schüssel mit Butter ausschmieren und eine Schicht Maisbrei hineinlegen. Dann eine Schicht geriebenen Käse (was man im Hause so hat, „Bist du Gottes Kind, so hilf dir"). Danach wieder eine Schicht Maisbrei daraufgeben usw. Obenauf geriebenen Käse und etwas Rahm geben. Das Ganze mit Butterflöckchen bestreuen und in der Backröhre backen, bis oben eine goldgelbe Schicht entsteht.

Dazu paßt gut **Gurkensalat:**

Eine Salatgurke raspeln, salzen, mit etwas Zucker und Essig abschmecken und eine kleingehackte Knoblauchzehe hinzugeben. Gut vermischen.

In unserer Familie gab es kleine Probleme mit dem Maisbrei. Mein Großvater aß ihn nur mit Milch, was aber nicht sehr sättigend war. Mit Käse mochte er ihn nicht, da er keinen Käse aß. So mußte meine arme Großmutter eine Käsesorte nehmen, die völlig zerschmolz, „was ich nicht weiß, macht mich nicht heiß“, und mein Großvater aß schweigend wie immer, egal was man ihm vorsetzte.

Noch schwieriger war mein Problem. Ich trinke keine Milch. Also fiel Variante 1 ins Wasser, als Kind aß ich auch keinen Käse, und Großvaters Trick ließ sich nicht auf mich übertragen. Da ich aber schon als Kind recht erfinderisch war und, den Rat meiner Mutter befolgend, nun wie „Gottes Kind“ handelte, aß ich meinen Maisbrei mit Marmelade aus Kirschen und Weichseln (Sauerkirschen), von meiner Mutter mit viel Liebe und Sorgfalt für den Winter eingekocht. Das Problem bestand nur darin, daß meine Mutter über meinen absonderlichen Geschmack entsetzt war, da angeblich nur die Zigeuner so etwas aßen. Ich muß aber meinen Eltern zugute halten, daß sie mich nie gezwungen haben, etwas zu essen, was ich nicht mochte.

Marmelade aus Kirschen und Weichseln (Sauerkirschen)

2 kg Kirschen,
1 kg Weichseln (Sauerkirschen),
1 kg Zucker, Salizyl (oder 1 kg Gelierzucker, dann kann das Konservierungsmittel weggelassen werden).
Kirschen und Weichseln werden gewaschen und entsteint, durch den Fleischwolf getrieben, danach kurz ohne Zucker aufkochen gelassen. Zucker hinzufügen und damit kochen, bis die Masse dicklich ist. Warm in Gläser füllen.

Die Gläser wurden sorgfältig eingefüllt, und es bestand immer die Gefahr und Furcht, daß eines zerspringen könnte. Nach dem Einfüllen wurden sie auf den Ofenrand gestellt. Am nächsten Tag durfte ich als kleines Mädchen die Gläser mit Cellophan und Strick zubinden. Das Cellophan war schwer zu beschaffen, und ich mußte es nur so groß zurechtschneiden, wie es gerade nötig war. Dann mußte das Cellophan befeuchtet werden, straff über den Glasrand gezogen und Überflüssiges weggeschnippelt werden. War das Cellophan zu naß, riß es, war es nicht feucht genug, bildete es Wellen und dichtete nicht gut genug ab. Zuletzt wurden die

Gläser beschriftet. Ich schnitt rechteckige Papierstückchen und schrieb mit schöner Schrift darauf, was darin war. Es machte mir Spaß mal linksgerichtet zu schreiben, mal rechtsgerichtet, mal in Steilschrift, je nach Lust und Laune und Sympathie für das jeweilige Eingemachte.

Ich war als Kind weder sehr klug noch sehr dumm. Am liebsten tanzte ich den ganzen Tag vor dem großen Schlafzimmerspiegel meiner Großmutter oder ging auf Zehenspitzen durchs Haus. Mein größter Wunsch war, einmal Tänzerin zu werden. Ich hatte die gesunde Neugier eines Kindes und verstand eigentlich recht schnell, wenn man mir etwas erklärte. Mit Küchenarbeit wollte ich jedoch nichts zu tun haben. Ich sah das Fleisch für das Gulasch, wir nannten es „Tokana“, sah die Kartoffeln und die Zwiebeln. Doch was dann auf den Tisch kam, grenzte für mich an ein Wunder. Im tiefsten Herzen war ich davon überzeugt, nie so etwas zaubern zu können, denn Zauber mußte bei der ganzen Sache dabeisein. Heute ist es das Lieblingsessen meines Schwiegersohnes und das Gulasch ist ganz schnell hervorgezaubert.

Das echte Gulasch wird aus Rindfleisch zubereitet, kann aber auch aus Schweinefleisch zubereitet werden. Das Geheimnis eines guten Gulasch ist die Menge der Zwiebeln. Empfehlenswert ist, die gleiche Menge Fleisch und Zwiebel zu verwenden.

Gulasch (Tokana)

1/2 kg Rindfleisch oder Schweinefleisch, 1/2 kg Zwiebeln, 1 EL Rosenpaprika, 1 EL Tomatenmark, Fett oder Öl, Salz und Pfeffer.
Die nudelig geschnittenen Zwiebeln in Fett oder Öl anlaufen lassen (nicht rösten). Das in gleichmäßige Stücke geschnittene Fleisch, das Tomatenmark, Salz und Pfeffer dazugeben. Wasser beigeben und zugedeckt dünsten lassen, bis das Fleisch weich ist. Damit das Gulasch eine schöne rostbraune Farbe erhält, wird zuletzt das Paprikapulver in etwas Fett oder Öl in einem Gefäß am Ofenrand verrührt und dem Gulasch beigemischt.
Man kann rohe, in Spalten geschnittene Kartoffeln gegen Ende der Garzeit beimischen oder das Gulasch mit Spätzle servieren.

Alt-Hermannstadt

Variationen von Bratkürbis

Wenn die Tage immer kürzer werden, Nebel über dem Boden schwebt und man fast schon vergessen hat, daß es auch einen Himmelskörper namens Sonne gibt, dann ist Kürbisessenzeit. In Siebenbürgen roch es dann nach verbrannten Blättern, am Markt türmten sich Berge von Kraut, geschäftig tummelten sich die Leute mit Wägelchen und großen Taschen über den Markt und erstanden Kartoffeln für den Winter und herrlich rotduftende Jonathanäpfel. Grau-grünliche Bratkürbisse lagen unter der Last des ersten Reifes schläfrig auf den Tischen, während Scheiben davon, durch den grauen Alltag glänzend, begierig darauf warteten, von lüsternen Schleckermäulchen erst begehrt und dann auch verzehrt zu werden.

Von zu Hause aus kannte ich diesen **Bratkürbis** nur als eine Art Nachtisch, der den Herbst einläutete. Scheiben davon wurden, nachdem die Kürbiskerne entfernt worden waren, einfach in die Backröhre geschoben und dort 30 Minuten bei 200° knusprig gebraten. Wenn ich als Kind aus der Schule kam und in die Wohnung stürmte, verströmten die Bratkürbisscheiben einen verführerischen Duft, ich verschlang das Mittagessen hastig, um mich dann ganz dem gelben Herbstgeschenk zu widmen.

Interessanter ist aber das **Kürbisessen**, welches ich erst als Erwachsene kennenlernte und das mit einem Novembertag verbunden ist, der eigentlich keiner war. Es war einer jener Novembertage der besonderen Art, an denen eine milde Luft den bevorstehenden Temperaturwechsel erahnen läßt. Die letzten gelblichbraunen Blätter der Birken hingen wie an seidenen Fäden zitternd an den Ästen, um beim leisesten Windstoß die Geborgenheit des Baumes zu verlassen. Wir fuhren mit meinem Mann über Land, um Wein zu besorgen für die bevorstehende Sylvesterparty, und ein guter Freund, der damals noch Student war und bei uns wohnte, wollte uns mit dem Kürbisessen bei unserer Rückkehr erwarten. Ich fragte ihn Löcher in den Bauch. Wie es sei, wie man es macht, wie es schmeckt, daß ich es mir nicht vorstellen könne, daß ich noch nie so etwas gegessen hätte. Er lachte nur, kannte er mich allzu gut als Nervensäge. Der Tag verging in Windeseile. Am Heimweg schlug das Wetter um. Die ersten Flocken fielen. Der Herbst hatte endgültig „ade“ gesagt.

Als wir die Wohnungstür öffneten, schlug uns ein betörender Duft entgegen. Es war eine Mischung aus Herbst und doch schon Winter, man spürte noch die zur Neige gehende Fülle des Herbstes und man erahnte auch schon die Geborgenheit des Winters. In der Backröhre brutzelte etwas. Der Tisch war festlich gedeckt. Wolfgang zauberte eine viereckige Schüssel auf den Tisch. In der einen Hälfte waren Kürbisstücke, die mit Kartoffelscheiben auf der anderen Seite der Schüssel um die Wette dampften. Das Ganze war obenauf mit Speckscheiben belegt, die knusprig und lecker aussahen. So etwas Gutes hatte ich noch nie gegessen. Jedes Kürbisstück ließ ich genießerisch auf der Zunge zergehen und dazu tranken wir gut gekühlten Riesling. Es wurde noch ein langer, launiger, harmonischer Abend mit vielen guten Gesprächen.

Kürbisessen

Eine dicke Scheibe Bratkürbis (die Güte und vor allem die Süße des Kürbisses sind ausschlaggebend für die Qualität des Essens), 6 Kartoffeln, 3 EL Öl, etwas Wasser, Salz und schwarzer Pfeffer, 6 Scheiben Speck.

Bratkürbis würfeln. Kartoffeln in nicht zu dünne Scheiben schneiden. Öl in eine Pfanne geben. Auf die eine Seite die gewürfelten Kürbisse, auf die andere Seite die Kartoffelscheiben legen. Alles salzen und pfeffern. Etwas Wasser dazugeben. Obenauf mit den Speckscheiben belegen. Bei 200° 30–40 Minuten braten. Falls der Speck zu knusprig wird, nach einer Weile mit Alufolie abdecken. Dazu schmeckt ein halbtrockener Riesling.

Wolfgang hatte noch eine Kürbisüberraschung für uns parat, und zwar einen Nachtisch.

Süßes Kürbispüree

Kürbis wird gedämpft und dann mit dem Mixer zu einem Brei püriert. Danach wird er mit Vanillezucker gesüßt und mit süßer Sahne serviert.

Jahre später stand ich in der Türkei vor einem reichhaltigen Nachspeisenbuffet. Es gab da eine Vielfalt von in dickem Zuckersirup eingetauchten Kuchenarten, doch in einer Ecke leuchtete mir etwas Goldgelbes entgegen. Ich konnte es nicht auf Anhieb einordnen, legte aber drei Stücke davon auf meinen Teller und balancierte damit zur Terrasse. Die Stücke auf meinem Teller konkurrierten fast mit der untergehenden Sonne. Ich ließ ein kleines Stückchen auf der Zunge zergehen, schloß dabei die Augen, Erinnerungen wurden wach, versetzten mich in eine Art Trancezustand; ich blickte meinen Mann an und sagte nur: „Bratkürbis, kandiert", und ich wünschte zugleich diesen Augenblick und das Kürbisaroma festhalten zu können, für immer, für die Ewigkeit.

Gerüche, Geschmack, Düfte und Klänge bleiben eher haften als konkrete Bilder, obwohl manchmal das eine durch das andere ergänzt wird.

Mayonnaisenfiasko

In einem gutbürgerlichen Haus wurde gutbürgerlich gekocht, und da hatten Fisimatenten nichts zu suchen. Das Essen hatte auch gutbürgerlich zu sein, ohne Schnickschnack und dergleichen mehr. So wurde bei meinen Großeltern gekocht, und meine Mutter hatte auch diese Art der Essenszubereitung übernommen mit dem einem oder anderen Gericht aus dem Elternhaus meines Vaters, dessen Eltern aus Böhmen stammten, was dem Essen wiederum eine besondere Note gab. In diese bürgerliche Welt platzte nun mein Vater hinein, der, als er meine Mutter kennenlernte, notgedrungen seinen bürgerlichen Beruf als Kaufmann aufgegeben hatte und sehr zum Verdruß meiner Großeltern mütterlicherseits den Lebensunterhalt für seine kleine Familie als Künstler bestritt. Er war damals Trompeter an der Hermannstädter Philharmonie. Für mich war das etwas ganz Besonders. Es öffnete sich mir eine kleine Pforte zu einer anderen Welt, wo alles nur aus Tönen und Melodien bestand. Mein Vater paßte nicht in dieses geregelte sichere Dasein, mit einem Möbeltischler als Schwiegervater. Er versuchte zwar, diese Zauberwelt auch meiner Mutter zu öffnen, doch auch heute bin ich noch der festen Überzeugung, daß ihm dieses nicht gelungen ist. Für meine Mutter war die Welt ein Puzzle, wo jedes Teilchen seinen Platz finden mußte, für meinen Vater hingegen lagen Teile herum, die niemals ihren Platz finden sollten, was auch weiterhin nicht schlimm war.

Mein Vater versuchte nun, meiner Mutter Zugang zu seiner Welt zu verschaffen. Konkret tat er dies, indem er sie bat, ihn jeden Mittwoch ins Konzert zu begleiten. Dies geschah dann auch in den ersten Jahren ihrer Ehe. Wie beneidete ich meine Mutter um diese Konzertbesuche! Sie trug ein dunkelblaues Seidenkleid, eine Goldkette schlang sich um ihr linkes Handgelenk, und aus einer dunkelgrünen Flasche tupfte sie sich ein paar Tropfen Parfüm hinter das Ohrläppchen. Ich hingegen wurde zu Bett gebracht, schloß die Augen und war der Musik wahrscheinlich unendlich näher als sie.

Mit den Jahren verebbten die Konzertbesuche. Und manchmal, wenn auch ganz selten, verspürte mein Vater den Wunsch, aus der bürgerlichen Küche auszubrechen und äußerte für damalige Zeiten und Begriffe bohemehafte, ja fast etwas anrüchige Essenswünsche wie Salade de bœuf mit

Mayonnaise. Dies mag heute das eine oder andere Lächeln hervorrufen, doch damals, in meiner frühen Kindheit, war für mich Mayonnaise gleichzusetzen mit einem Drama, denn sie gelang weder meiner Mutter noch meiner Großmutter. Heute noch – als wäre es erst gestern gewesen – sehe ich meine Großmutter vor mir in der Küche sitzen. Man konnte eine unheimliche Spannung spüren, hören, ja sogar sehen, die wie ein Damoklesschwert in der Luft hing. Meine Großmutter saß mit einer Schüssel da, einen Holzlöffel in der einen und eine halbleere, mit einer winzigkleinen Öffnung versehene Eierschale, die mit Öl gefüllt war, in der anderen Hand. Dann begann sie mit erwartungsvoller Leidensmiene, die goldumrandete Brille auf der Nasenspitze, zu rühren. Ich guckte diesem nimmerendenden Prozeß zu. „Klick" machte es und nach einer Ewigkeit wieder „klick", und das Öl tropfte aus der halben Eierschale. Ab und zu entrang sich der Brust meiner Großmutter ein tiefer Seufzer. „Mädi, (so nannte sie meine Mutter) ich glaube, es wird wieder nichts". Mädi, also meine Mutter, blickte gehetzt auf die Uhr, es waren noch drei Stunden bis zum Ende des Konzertes, doch das war erschreckend wenig für so etwas wie Mayonnaise. „Mama", so nannte meine Mutter ihre Mutter, „ich übernehme das Rühren". Mein Großvater, der jeden Mittwoch seinen Kartenabend hatte, guckte in die Küche, sah die beiden gestreßten Frauen, sprach etwas von neumodischem Quatsch, und trollte sich wieder zu seinen Kartenbrüdern. Wie immer in diesen seltenen Fällen mißlang die Mayonnaise, es gab keinen Salade de boeuf. Statt dessen aß mein Vater ein paar belegte Brote.

Es sollten noch viele Jahre vergehen, meine Großmutter erlebte es leider nicht mehr, daß Mayonnaise etwas spielerisch Leichtes wurde, und es war eine der wenigen Gelegenheiten, bei denen ich von meiner Mutter sogar gelobt wurde. Wir hatten in der Schule auch Kochunterricht, und da wurde das Geheimnis der Mayonnaise entschlüsselt.

Mayonnaise

1 Eidotter, Salz und 1 TL Senf flaumig rühren. (Das Geheimnis besteht im Hinzufügen des Senfes zu Beginn). Öl hinzufügen. Nicht in Strömen, aber auch nicht getropft, bis sich eine dickliche Paste bildet. Wird die Mayonnaise zu dick, fügt man etwas Milch hinzu und schmeckt sie mit Zitronensaft ab.

Gefüllte Eier mit Äpfeln und Rum

1 Dotter, 20 g Butter, Senf, Salz, Pfeffer, Rum und geriebene Äpfel, etwas Zucker nach Geschmack.
Eier werden hart gekocht, Dotter entfernt, passiert und mit der flaumig gerührten Butter verrührt.

Mayonnaise für gefüllte Eier mit Äpfeln und Rum

1 ganzes Ei, 1 EL Öl, 1/2 EL Estragonessig (wir nannten den Estragon „Bertram"), 1 EL Wasser, 1 TL Zitronensaft. Die Masse wird über Dunst geschlagen, bis sie anfängt dicklich zu werden, weiter schlagen bis sie abgekühlt ist. Dann schmeckt man mit 1 TL Sauerrahm, Rum, Senf und Zucker ab. Diese Zutaten rechnet man für 1 Ei.

Der Weg zum Geschmack des Spinats

Obwohl wir nun schon so viele Jahre im Westen leben, verbinde ich noch immer bestimmte Speisen, Gemüse- und Obstarten mit der jeweiligen Jahreszeit. Und wenn ich mittlerweile das ganze Jahr über alles essen, kaufen und auch zubereiten kann, was mein Herz sich nur wünscht, überkommt mich noch immer eine kleine Nostalgie, und ich erinnere mich besonders gerne an die Einmaligkeit des ersten Spinats im Frühling. Allerdings kamen diese Einmaligkeitsgefühle erst auf, als ich schon erwachsen war, denn als Kind teilte ich – bis zu jenem Tag, von dem ich nun berichten möchte – die allgemeine Spinataversion fast aller Kinder. Meine erste Erinnerung an dieses wohlschmeckende Gemüse ist ein Mittagessen, das eigentlich keines war. Übrigens sagte nur mein Vater „Spinat“, alle anderen sagten im guten Hermannstädter Kucheldeutsch „Spenat“. Meine Mutter bestritt dieses heftig in späteren Jahren, doch es war nun einmal so.

Es gab also an jenem besagten Tag Spinat zum Mittagessen. Da ich so etwas nicht mochte, aß ich bei meiner Großmutter etwas anderes. Bei meiner Großmutter wurde – wie in den meisten Handwerkerfamilien – um 12 Uhr gegessen, in meinem Elternhaus aber erst um 13 Uhr, da mein Vater erst um 13 Uhr aus der Philharmonie von seiner täglichen Probe nach Hause kam. Kurz vor 13 Uhr war der Tisch gedeckt, und der Spinat stand auf dem Herdrand. Doch mein Vater kam und kam nicht. Die Stimmung wurde immer bedrohlicher, meine Mutter schien etwas zu ahnen, ja vielleicht sogar zu wissen, rückte aber nicht mit der Sprache heraus. Um sie nicht auch noch herauszufordern mit einer unbedachten Handlung, war ich recht still, hüpfte herum, rannte zum Fenster, guckte auf die Straße, rannte bis zur Straßenecke, führte Gespräche mit dem lieben Gott, in welchen ich bat, schnell meinen Vater erscheinen zu lassen. Die Situation hatte für mich etwas Tragisches, und ich mußte meiner Mutter irgendwie helfen. Aber wie? Wie erobert man eine verschlossene Festung? Ich schlich zum Herd und guckte in den Topf mit Spinat. Es war ein recht hübsches Grün und ich tauchte blitzschnell meinen Finger hinein und schwupp in den Mund. Warum ich das gemacht habe, weiß ich bis heute nicht. Aber es schmeckte nicht schlecht. Es schmeckte sogar gut. „Nimm wenigstens einen Löffel“, ertönte die Stimme meiner Mutter. Ich zuckte zusammen, doch gleichzeitig sah ich nun eine Chance, ihr eine große Freude zu bereiten und erwiderte „Das schmeckt nicht schlecht“, um „gut“ zu sagen, war ich viel zu stolz. „Natürlich schmeckt er nicht schlecht, nur du bist eine ‚heikle Pastete‘ “ fügte sie zerstreut hinzu. Ihre Gedanken waren natürlich bei meinem abwesenden Vater, der, wie ich später erfahren sollte, mit seinen Kollegen ein Glas Bier trinken war, ein harmloses Vergnügen, doch nicht in den Augen meiner Mutter. Ich hingegen tat wie geheißen, nahm einen Löffel, pilgerte vom Herd zum Fenster und wieder zurück, nahm hin und wieder einen Löffel Spinat, er schmeckte mir immer besser, es wurde auch immer weniger, er begann sich am Rand in ein dunkleres Grün zu verwandeln.

Mein Vater kam spät, hatte beste Laune, meine Mutter war stinksauer, und ich war auf den Geschmack des Spinats gekommen. Auch heute verspüre ich noch einen kleinen Stich, wenn ich bedenke, daß meine Mutter nicht das kleinste Wort der Anerkennung für mich hatte, daß ich nun endlich Spinat aß.

In den ersten Jahren meiner Ehe habe ich **Spinat** auch in den Speiseplan aufgenommen, wobei ich hinzufügen muß, daß Kochen bei mir nichts Alltägliches war und somit immer den Touch von etwas Besonderem hatte. Aber Spinat war recht einfach zuzubereiten und man konnte so herrlich improvisieren und „Gottes Kind“ nahm halt, was es so hatte, und es schmeckte allen prima, auch unserer Zugehfrau, die mir einmal pro Woche unter den wachsamen Augen meiner Mutter zur Hand ging. Meine Mutter rümpfte beim Mittagessen die Nase. „Viel zu dünn, keine Einbrenn, schmeckt nach nichts“, war ihr unerquicklicher Kommentar. „Uns schmeckts, und damit basta“, erwiderte ich vielleicht etwas zu unwirsch. „Wie bereitest du ihn eigentlich zu?“, wollte nun meine Mutter wissen.

Diese Frage hätte sie lieber nicht stellen sollen. Ja, wie bereite ich ihn eigentlich zu? Diese Frage stellte ich mir jedes Mal einmal im Frühjahr und eventuell dann noch einmal im Herbst (falls die staatlichen Gemüseläden im Herbst Spinat anboten), aber dann schon mit weniger Nachdruck. Wenn man ein Gericht nur einmal, höchstens zweimal im Jahr zubereitet, gerät da schon mal einiges in Vergessenheit. Doch für mich ist das nicht so schlimm. Wenn man am Klavier improvisieren kann, so klappt das auch in der Küche. Zuerst wurde der Spinat geputzt. Das war manchmal Schwerstarbeit, da er voller Sand und Erde verkauft wurde. Er mußte unzählige Male unter kaltem fließendem Wasser gewaschen werden, meine Finger waren immer ganz klamm. Dann folgte Schritt Nummer zwei: Nachdem ich einen Topf mit Wasser und Salz aufgesetzt, das Wasser zum Kochen gebracht hatte und es nun munter sprudelte, kam für mich immer der erregendste Teil der Spinatzubereitung. Ich warf diese Menge an geputzten grünen Blättern (meistens 1 kg) hinein, und sie fielen im Nu zusammen, schrumpften zu einem kleinen Häuflein. Blühendes Leben verwandelt sich in Nichts von einem Augenblick zum anderen, Träume zerplatzen wie Seifenblasen und und und. Eine Menge von Bildern drängte sich mir auf. Doch nun mußte Schritt drei folgen, und da begannen die Improvisationen, und so ist es bis zum heutigen Tag geblieben. Nur heute ist es meine Tochter, die fragt: „Mutti, wie machst du den Spinat, deiner schmeckt einfach am besten?“. Dann lache ich nur, und sie lacht auch, nur mein Mann, ganz Pädagoge, meint tadelnd: „Du mußt dir so etwas aufschreiben“. Bei Handlung drei können sämtliche Schritte ausgetauscht werden.

Spinat

In einer Kasserolle eine Zwiebel in etwas Öl anlaufen lassen. Danach ein bis 2 EL Mehl hinzufügen (nur anschwitzen lassen, meine Mutter bräunte es zu sehr), dann den fein gehackten Spinat hinzufügen und bei einem Kilo Spinat nun mindestens dreiviertel bis zu einen Liter Milch hinzufügen. Den Geschmack erhält der Spinat allerdings erst durch 3–4 feingehackte Knoblauchzehen.

Im Westen ist das Spinatzubereiten kein Problem, da alle Zutaten immer vorrätig sind, doch in einem früheren Ostblockstaat wurde alles zu einem Problem. Gab es Spinat, hatte man keine Milch. Gab es Milch, hatte man keinen Spinat. Ich habe oft statt Milch Wasser genommen und – wenn vorrätig – etwas Sauerrahm hinzugefügt. Hier im Westen nehme ich ab und zu auch tiefgefrorenen Spinat, obwohl ich dann des erregenden Momentes des Zusammenfallens aller Träume, Wünsche und Hoffnungen beraubt werde.

Meine Tochter und ich essen den Spinat immer mit **Spiegelei**, mein Mann hingegen mit **Eierspeise** (Rührei). Meine Großmutter aß ihn mit Brot und Ei, das sie **Bundás kenyér** (ungarisch) nannte.

Bundás kenyér (in Ei ausgebackenes Brot „arme Ritter")

Ein Ei wird verquirlt, gesalzen und gepfeffert, eine dicke Scheibe Brot (auch Toastbrot) in etwas Milch oder Wasser eingetaucht, in das verquirlte Ei gelegt und in einer Pfanne in heißem Öl gebacken.

In meiner Familie wird dies am Morgen gegessen und heißt auch nicht „Bundás kenyér" sondern „Kramer-Brot" (nach dem amerikanischen Spielfilm „Kramer gegen Kramer", wo der von seiner Ehefrau verlassene Ehemann seinem Sohn solch ein Frühstück zubereitet hatte.)

Spinat kann in undenkbar vielen Variationen verwendet werden. In den letzten Jahren habe ich eine Art Spinatkuchen zubereitet, der eine gute Vorspeise darstellt, allerdings muß eingeräumt werden, daß er sehr konsistent und sättigend ist. Das ursprüngliche Rezept haben wir von einer griechischen Freundin meiner Tochter, aber da ich bis heute die Rezepte auf Zettel aufschreibe, kommen diese manchmal abhanden, und es wird aus der Erinnerung gekocht.

Stella-Spinat-Kuchen

Ein Backblech wird mit einer Schicht Blätterteig (kann tiefgefroren gekauft werden) ausgelegt.
Fülle: Frischen Spinat putzen und in kochendem Salzwasser einmal kurz aufkochen lassen, danach auskühlen lassen und grob hacken. Inzwischen wird eine Zwiebel angedünstet und der grobgehackte Spinat wird dazugegeben. Griechischer, in Würfel geschnittener Schafskäse kommt als nächstes dazu. Dann wird alles abgeschmeckt mit Salz, Pfeffer, Muskatnuß und Zitronensaft.
Obenauf wird auch eine Schicht Blätterteig gelegt. Das Ganze wird bei 200° eine knappe Stunde gebacken.

Spinatnudeln

450 g Blattspinat werden gehackt und in Öl und etwas Wasser leicht angedünstet. Etwas Knoblauchpulver, Salz und Pfeffer hinzufügen
Sauce: Eine kleingehackte Zwiebel in etwas Olivenöl anlaufen l
2 Becher süße Sahne und 2–3 Ecken Schmelzkäse hinzufü

rühren, bis alles sich aufgelöst hat. 2 EL Parmesan hinzufügen und etwas gehacktes frisches Basilikum. Pfeffer und Salz nach Geschmack hinzufügen, eventuell auch etwas Suppengewürz.
500 g breite Bandnudeln bißfest kochen.
Die Nudeln in eine Pfanne geben, 100 g in Würfel geschnittenen Schafskäse hinzufügen und mit der Sauce übergießen.

Das Wort **„Einbrenn“** findet man auch im Duden. Es ist die österreichische Bezeichnung für Mehlschwitze. Ich mochte als Kind den Geschmack von Einbrenn im Essen nicht; wenn ich heute Mehlschwitze verwende, dann nur sehr sparsam und frisch zubereitet. Meine Mutter handhabte dies ganz anders und zwar genau so, wie ihre Mutter es schon immer getan hatte und ihre Großmutter auch. In einer blauen 2-l-Rein (österreichisch für flachen Kochtopf) wurde aus Fett (Öl war in unserem Hause verpönt, und somit wurde es auch nicht zum Kochen verwendet) und Mehl Mehlschwitze zubereitet. Es mußte ständig gerührt werden. Sobald das Mehl eine bräunliche Farbe annahm, begann ich, um den Kochtopf zu schleichen, um etwas davon zu naschen. Am besten schmeckte es allerdings, wenn die Farbe von hellbraun zu einem intensiveren Braun überwechselte und die Einbrenn zu erkalten begann. Die nächste Station der Einbrenn war das Fensterbrett, und wenn sie vollständig ausgekühlt war, wurde sie in die Speisekammer verbannt. Die Speisekammer lag der Küche gegenüber, man mußte über den Hof laufen. Ich liebte diese kleine Kammer, wo ich vor mich hin meditieren konnte, und wo mich niemand stören konnte, da es so eng darin war, daß nur einer Platz darin hatte. Im Sommer suchte ich da Zuflucht vor der Hitze, es war angenehm kühl, die blaue Rein mit der Einbrenn stand rechts in der Ecke im ersten Regal, und ich konnte davon in Ruhe naschen, ohne gerügt zu werden. Diese Kammer wurde aber von meiner Mutter und meiner Großmutter nicht „Kammer“ oder „Speisekammer“ genannt, sondern einfach „Speis“. Schon als Kind schrieb ich gerne, allerdings oft abstruse Dinge und mit abstrusen Dingen wie zum Beispiel mit einem Stöckchen im Sand, mit dem Finger auf Staub oder mit Kreide auf die Speisekammertüre. Da stand dann „Speiß“. Mein Vater war über die Rechtschreibung seiner 8-jährigen Tochter entsetzt, die Fremden über die schöne Schrift begeistert. Der Fehler wurde nie verbessert.

Rund um die Suppe

In meinem Elternhaus gab es, aus welchen Gründen auch immer, selten Suppe; auch war die Variabilität der Suppen recht beschränkt. Nichtsdestotrotz liebe ich heute Suppen, welcher Art sie auch sind. Ich habe meine eigene Einteilung der Suppen: saure Suppen (ein Einfluß des Balkans), die herrlich schmecken und die **„Ciorbă" (sprich „tschorba")** auf rumänisch heißen, normale Suppen (Gemüsesuppe, Bohnensuppe, Kartoffelsuppe) und süße Suppe (Apfelsuppe, Stachelbeersuppe, Sauerkirschensuppe). Von den sauren Suppen, machte meine Mutter nur Bertram-(Estragon-) Suppe.

Bertram-(Estragon-) Suppe.

Wurzelgemüse (1–2 Möhren, 1 Petersilienwurzel, 1/2 Sellerie) mit Knochen und Fleisch vom Schwein kochen. Abgießen. In dem Sud in Stücke geschnittene Kartoffeln weich kochen. In Essig eingelegten Estragon fein hacken (oder es wie ich machen und ihn weniger fein hacken), 2–3 Eiweiß in die Suppe geben, aufkochen lassen, 2–3 Eidotter mit reichlich Sauerrahm verquirlen und danach die Suppe nicht mehr aufkochen lassen. Wer die Suppe saurer mag, kann sie zusätzlich mit 2–3 EL Bertramessig nachsäuern.

Das Gegenstück zur Bertramsuppe ist für mich die Stachelbeersuppe (die wir Ägrischsuppe nannten. Ursprung des Wortes unbekannt, vielleicht aus dem rumänischen agrişă = Stachelbeere).

Ägrischsuppe (Stachelbeersuppe)

100 g weißer Speck und 1 Zwiebel werden fein gehackt. Dann fügt man kleingeschnittenes Gemüse hinzu (Möhren und Petersilienwurzeln), füllt den Kochtopf mit Wasser auf und fügt ein schönes Stückchen Schweinefleisch hinzu (am besten zarten Lungenbraten). Das Ganze wird so lange gekocht, bis das Fleisch weich ist. Nun wird alles durch ein Sieb abgeseiht. Der Sud wird wieder zum Kochen gebracht und eingelegte Stachelbeeren (man kann Kompott dafür verwenden) werden hinzugefügt. Nun trennt man Eier (die Anzahl nach Gutdünken) und kocht das Eiweiß in den Sud ein. Inzwischen werden die Dotter mit reichlich Rahm verquirlt. Hat der Sud aufgekocht und ist das Eiweiß gestockt, wird die Suppe vom Herd genommen. Die Dotter werden mit dem Rahm verquirelt und mit dem Fleisch hinzugefügt. Mit Salz und Zucker abschmecken.

Die Nationalsuppe der Rumänen ist eine saure Suppe, eine Ciorbă mit Fleischbällchen (Perişoare). Sie ist neben den Krautwickeln, der Gastfreundschaft und dem rumänischen Nationaltanz „Perinița" (Pölsterchen) dafür verantwortlich, daß man sich wohl und vertraut in Rumänien fühlt. Vor allem der Tanz hat es den Ausländern angetan. (Alle Teilnehmer bilden einen Kreis, ein Herr oder eine Dame geht in die Mitte des Kreises mit einem Pölsterchen in der einen und einem Halstuch in der anderen Hand, bewegt sich im Takt der Musik und wählt dann jeweils eine Dame oder die Dame einen Herren, führt diesen in die Mitte des Kreises und legt das Pölsterchen auf den Boden. Beide knien nieder und küssen sich. Der Ausgewählte bleibt in der Mitte des Kreises, und das Spiel geht weiter.) Vor vielen Jahren feierten wir eine Sylvesterparty in St. Petersburg, wo das Menü aus Fisch in allen Farben und Formen bestand und wo eine Gruppe rumänischer Touristen besagten Perinița-Tanz vorführte. Die Gäste, ein international bunt gemischtes Publikum, waren hellauf begeistert, und es wurde bis in die frühen Morgenstunden ausschließlich „Perinița" getanzt.

Doch nun zurück zur

Ciorbă de perişoare (Saure Suppe mit Fleischbällchen)

1 Zwiebel fein in Würfel schneiden und in etwas Öl anlaufen lassen. 1–2 Möhren und 1 Petersilienwurzel blättrig schneiden, hinzufügen und andünsten. Schweineknochen hinzufügen, Wasser aufgießen und das Ganze kochen.

Danach die Fleischbällchen hinzufügen (ca. 200 g Schweinehack, 1 Ei, ca. 50 g Reis, Salz und Pfeffer). Die Fleischbällchen in den kochenden Sud geben und dann auf kleiner Hitze ungefähr 20–30 Minuten ziehen lassen. Die Ciorba wird nun gesäuert mit Krautsaft oder Zitronensaft oder Borsch.

Ist alles gar, wird reichlich fein gehacktes Liebstöckellaub hinzugefügt. Alles kann (muß aber nicht) mit Sauerrahm verfeinert werden.

Wir hatten ein recht geräumiges Haus in Hermannstadt, wo wir alljährlich eine Faschingsparty feierten. Es nahmen zahlreiche Leute daran teil, und es ging immer fröhlich und heiter zu. Für diese Faschingspartys wurde immer ein riesiger Topf Ciorbă de perişoare zubereitet und zwar von meiner Freundin Carmen (Französichlehrerin und versierte Kennerin der rumänischen Küche) und meiner Mutter, die Carmen dabei assistierte, Unmengen Gemüse schnippelte und mit ihr über Küche und Kochen fachsimpelte. Unter irgendwelchen fadenscheinigen Gründen nahm ich an diesen Vorbereitungen nicht teil. Meine Mutter beklagte sich dann immer bei Carmen über meine Interessenlosigkeit, was Küchenarbeit angeht, und Carmen tröstete sie und erklärte ihr, daß ich nun einmal so sei und daß da wohl nichts mehr zu machen sei. Beide wurden eines Tages eines Besseren belehrt.

Die Ciorbă wurde dann serienweise gegen Morgen in der Wohnküche serviert. Sie wirkte Wunder bei den von Tanz, Alkohol und Diskussionen erregten Gemütern. Nur der rumänische Staatssicherheitsdienst war von der Harmlosigkeit dieser Unterfangen nicht ganz zu überzeugen. Alles, was wir wollten, war ein bißchen Spaß haben, dem grauen und manchmal nicht ganz einfachen Alltag entfliehen, uns Illusionen hingeben und für ein paar Stunden neue Gestalten in einer Scheinwelt werden. Wir durchtanzten und zerredeten diese Nächte als Zigeuner (Motto „Ich habe glückliche Zigeuner getroffen“), als Cowboys und Sheriffs (Motto „Wie im Wilden Westen“), als Blumenkinder (Motto „Hippies“) oder aber als Künstler (Motto „Moulin Rouge“). Damals wußten wir in unserer Naivität nicht, daß der Sicherheitsdienst uns stets mit wachsamen Augen beobachtete und Protokolle über jedes noch so kleine Detail anfertigen ließ.

Inzwischen hat der Ostblock sich geöffnet, und die Fahrt nach Rumänien ist etwas einfacher geworden. Verwandte haben wir keine in Rumänien, doch unsere guten alten Freunde Carmen und Florin besuchen wir immer noch sehr gerne. Carmen kocht dann riesige Portionen Essen, und der Kühlschrank ist zum Bersten voll. Ich genieße die Zeit dort, muß und darf nicht einen Handgriff tun, denn für Carmen bin ich noch immer die Freundin aus der Studentenzeit, die keine Ahnung hat, wie ein Essen zubereitet wird. In diesem Zusammenhang erinnere ich mich an mein erstes Essen überhaupt, das ich zubereitet habe. „Komm in die Küche und hilf mir beim Kochen“, sagte oft meine Mutter, doch ich antwortete nur „Ich möchte nicht Köchin werden“. „Liebe geht durch den Magen“, sagte später mein

Vater, doch ich antwortete nur, daß ich einmal um meiner selbst geliebt werden möchte. Doch dann, nachdem ich meinen Mann so drei oder vier Monate kannte, und er begeistert war, daß ich als Achtzehnjährige schon Sartre, Camus und Kafka gelesen hatte und gerade dabei war, „Stiller“ von Max Frisch zu lesen, erinnerte ich mich der Worte meines Vaters und wollte auch meine Kochkunst unter Beweis stellen. Ich schlug vor, Eierspeise (Rührei) zu machen. Die Reaktion war eher ungläubiges Staunen, und die Begeisterung hielt sich in Grenzen. Voller Enthusiasmus machte ich mich ans Werk. Es konnte doch nicht so schwer sein. Es kam aber doch noch zu einem Fiasko. Die Eierspeise und fast die ganze Wohnung ging in Flammen auf. Das Erlebnis von der „flambierten“ Eierspeise wird heute als Anekdote in der Familie erzählt. Es mußten noch Jahre verstreichen, bis ich mich wieder an einen Herd und Kochtopf wagte.

Ostern

Auf einer unserer Rumänienreisen, die zu Ostern stattfand, wurden viele Erinnerungen an die Osterzeit in meiner Kindheit wach. An Ostern war immer schönes Wetter, strahlend blauer Himmel und Sonnenschein, vielleicht hat aber auch die Zeit die Wolken und den Regen der vergangenen Jahre vertrieben. Im Hause herrschte emsiges Treiben. Am Palmsonntag mußte die Wohnung fix und fertig geputzt und geschrubbt sein. Schon Wochen vorher bemerkte ich auf dem Schrank meiner Großmutter ein Gefäß mit grünem Gras. Es war das Nest mit Süßigkeiten, das ich dann am Ostersonntag fand. Am Palmsonntag ging ich hübsch gekleidet mit meinem Vater in die Kirche. Nach der Messe stand man noch vor der Kirche und wechselte mit dem einen oder anderen Bekannten ein paar Worte. Meine Großmutter väterlicherseits und die Schwester meines Vaters waren auch in der Kirche. Draußen vor der Kirche standen Zigeunerinnen und verkauften Palmkätzchen, gelbe Schlüsselblumen, Narzissen und Hyazinthen. Mensch und Natur wurden eines für mich in dieser Woche. Die in Sonne getauchte Osterwoche war immer ein freudiges Erlebnis. Am Gründonnerstag gab es selbstverständlich Spinat. An diesem Tag steigerte sich das emsige Treiben und erreichte den Höhepunkt am Karfreitag. Die Bauern gingen durch die Stadt und trugen Eissäcke auf dem Rücken, vom Markt kamen die Hausfrauen mit grünem Salat, Radieschen und Rapunzel, die wir Zichorie nannten. Lämmer wurden heimlich verkauft und geschlachtet, und es wurden Kuchen (wir nannten sie „Mehlspeisen“) gebacken und Liköre zubereitet. Am Karfreitag wurde gefastet, das heißt mein Vater fastete als überzeugter und gläubiger Katholik, und meine Mutter schloß sich ihm aus Solidarität an. Meine Großmutter aß kein Fleisch am Freitag, und mein Großvater fastete aus Protest gegen wen auch immer nicht. Er war bestimmt der christlichste Heide, der mir je begegnet ist. Am Karfreitag konnte man beim Bäcker dicke Laugenbrezeln kaufen, die es nur einmal im Jahr am Karfreitag zu kaufen gab. Ich freute mich schon das ganze Jahr auf diese Brezeln. Ich aß dazu Sauerkirschenkompott (wir nannten es „Weichselkompott“) und war rundum zufrieden mit meinem Dasein.

Um elf Uhr abends hatte das Fasten für meinen Vater ein Ende. Dann bereitete er sich eine Eierspeise zu, die er genußvoll verzehrte. Ich weiß bis heute nicht, ob dies seine Richtigkeit hatte oder nicht.

Am Ostersamstag begannen meine Mutter und meine Großmutter schon am Morgen, Kuchen aufzuschneiden, der aber nicht vor Sonntag gegessen werden durfte. Eine Mehlspeise, die zu Ostern nie fehlte, waren die Kaffeekremschnitten.

Kaffeekremschnitten

Teig: 500 g Mehl, 140 g Zucker, 70 g Butter, 1 Ei, etwas Vanille, 5 g Hirschhornsalz, 200 ml Milch.
Diese Zutaten werden auf dem Nudelbrett verarbeitet und mit dem Nudelholz (wir sagten „Nudelwalker") geschlagen. Danach messerrückenbreit auswalken und im gut geheizten Ofen 6 Blätter backen. Der Teig wird im Backblech mit der Gabel angestochen. Die gefüllten Blätter müssen drei Tage stehen, damit sie weich werden.
Fülle: 7 ganze Eier, 400 g Zucker, 200 ml starker Kaffee, 500 g Butter. Unter fortwährendem Rühren läßt man Eier, Zucker und Kaffee in einem Gefäß über Dunst dicklich kochen. Dann vom Dunst nehmen und weiterrühren, bis die Masse ausgekühlt ist. Inzwischen wird die Butter flaumig gerührt. Löffelweise wird die auf Dunst gekochte Masse zu der flaumig gerührten Butter dazugerührt. Danach werden die Blätter gefüllt. Obenauf wird die Mehlspeise mit Staubzucker bestreut.

Als junge Frau hat meine Großmutter dieses Rezept an eine Zeitschrift eingeschickt, und es wurde prämiert.

Am Ostersamstag gingen meine Mutter, mein Vater und ich zum Auferstehungsgottesdienst in die Kirche. Die Prozession ging um den großen Platz vor der Kirche, der „Großer Ring" hieß, die Ministranten trugen ein Kreuz, Frühling lag verheißungsvoll in der Luft. Ich war freudig erregt. Nichts konnte ich mir damals unter dem Tod vorstellen, schon gar nicht unter Auferstehung. Das Geheimnisvolle und Unerklärliche zog mich aber magisch an. Um in der Kirche selbst alles besser beobachten zu können, gingen meine Mutter und ich auf den Balkon. Die Orgel spielte, der Kirchenchor sang, und ich wünschte mir innigst, einmal Kirchensängerin zu werden.

In meinem Elternhaus wurde alles streng nach Tradition durchgeführt. Gewisse Handlungen fanden zu bestimmter Zeit statt, und auch die kleinste Abweichung hätte Perturbationen ausgelöst. Die Ostereier wurden am Karfreitag gefärbt. Die Rumänen färbten die Eier rot. Das war das Symbol für Ostern. Am Ostersonntag wurde dann in den rumänischen Familien mit je einem rotgefärbten Ei, wie mit einem Getränk, angestoßen. Dabei sagte der eine: „Christus ist auferstanden" (Cristos a înviat) und der andere antwortete „Wahrhaftig, er ist auferstanden" (adevărat a înviat). Bei den deutschen Familien, die in Siebenbürgen lebten, gab es diesen Brauch eigentlich nicht, aber ab und zu, in Anlehnung an die rumänische Gepflogenheit, wurde doch auch mit gefärbten Eiern angestoßen.

Hier muß ich wohl oder übel das besondere Verhältnis meiner Mutter zu Eiern erläutern. Im sozialistischen Rumänien, zu dem Siebenbürgen ja gehörte, wurden Eier wie eine Kostbarkeit gehandhabt. Meine Mutter ging daher mit Eiern stets sparsam um und konnte sich nie überwinden, mit meinem Vater Rührei zu essen. Ich habe nie erfahren, ob sie Eier mochte oder nicht. Wurde ein Kuchen gebacken, so sah man als erstes im Rezept nach, wie viele Eier man dazu benötigte. Als ich ein kleines Mädchen war, wurden bei uns noch Eier in Kalk eingelegt. In große Gläser wurden frische Eier gelegt, die vorher unter dem Schein der Lampe von meiner Mutter und meiner Großmutter auf die Integrität der Schale hin geprüft wurden, und dann mit einer Lösung, bestehend aus Kalk und Wasser, übergossen wurden. Mir waren diese in Kalk eingelegten Eier nie geheuer, da man sie nicht als weichgekochtes Ei oder Rührei essen konnte, sondern sie nur zum Kochen verwendete. Vielleicht ging meine Mutter darum so sparsam mit den Eiern um, weil sie irgendwie das Leben symbolisierten oder den Beginn des Lebens, das nicht vergeudet werden sollte, gesagt hat sie so etwas aber nicht. In meiner Kindheit wurden bei uns zu Hause Hühner gezüchtet. Schon morgens ging ich in den Hühnerstall, um Eier zu suchen. Waren keine vorhanden, ging ich enttäuscht ins Haus zurück. Ich wiederholte den Gang dann alle zehn Minuten, glücklich darüber, wenn eine der Hennen im Nest saß und es so aussah, als würde ich in den nächsten zehn Minuten fündig werden. War es dann soweit, umklammerte meine Hand ganz sachte das noch warme Ei, und ein unendliches Glücksgefühl durchströmte mich. Ich ging ganz langsam durch den Hof, denn jeder Schritt, mit dem ich mich der Küche näherte, bedeutete ein paar Minuten weniger des Glücksgefühls. Allmählich ließ die Wärme des Eies nach und übertrug sich auf mich. Ich legte es meiner Mutter oder Großmutter in die Hand, die es wiederum in der Vorratskammer in einem grünen Keramiktopf verstauten.

Die jahrelange Tradition verlangte es nun, daß die Eier am Vormittag des Karfreitags gefärbt wurden. Dabei war meine Mutter ihrer Zeit weit voraus, was allerdings damals meinen Unwillen hervorrief. Meine Mutter färbte die Eier nicht bunt, sondern sie tat dies mit Zwiebelschalen von roten Zwiebeln und mit Gras. Es war das umweltfreundlichste Eierfärben, auf das wir später wieder zurückgriffen. Monatelang wurden rote Zwiebelschalen gesammelt. Am Nachmittag des Gründonnerstags mußte ich Gras pflücken, und zwar wenn möglich schöne, junge Löwenzahnblätter, Kleeblätter und sonstige schön geformte Blätter mit einem zackigen oder welligen Rand. Damit wurden die rohen Eier kunstvoll mit den einzelnen Gräsern belegt, in alte Nylonstrümpfe gewickelt, mit Faden oder mit Strick zugebunden, in eine große Rein mit den Zwiebelschalen und mit kaltem Wasser gelegt und hartgekocht. In der besagten Rein kühlten sie eine Weile aus und wurden dann sorgfältig ausgepackt. Es waren wahrhaftige kleine Kunstwerke dabei. Noch warm, wurden sie dann mit einer Speckschwarte eingerieben und säuberlich in ein Körbchen gelegt. Ich war sehr traurig, daß wir nicht auch bunte Eier hatten, aber spätestens beim Verzehr der Eier lernte ich diese grasgefärbten Eier richtig schätzen, da das Eiweiß nicht von irgendwelchen Chemikalien verfärbt war. Als ich dann selbst eine kleine Tochter hatte, frönten wir dem Farbenrausch, färbten Eier in den verschiedensten Farben, mischten und mixten, die Schattierungen entsprachen einer Farbpalette von hellen Pastellfarben bis hin zu dunklen, satten Farben, zu guter Letzt vermischten wir sämtliche Farben, und ich holte mir persönlich die Farbwünsche meiner Kindheit zurück. Heute ist meine Tochter selbst erwachsen, und wir kehren zum umweltfreundlichen Eierfärben zurück. Wir tun dies nicht nur mit Zwiebelschalen, sondern auch mit dem Saft roter Bete, mit Safran und mit anderem mehr.

Wurde Kuchen gebacken, für den ganze Eier gebraucht wurden, blies meine Mutter sie aus. Das heißt, mit einer Stricknadel wurde an beiden Enden des Eies ein kleines Loch angestochen, in ein Loch geblasen und zum anderen Ende schoß der Inhalt des Eies heraus. Diese ausgeblasenen Eier wurden dann einer Bekannten meiner Mutter zum Malen überlassen und nach Fertigstellung von meiner Mutter an ein Buchsbaumkränzchen gehängt, und fertig war der Osterbaum. In meiner eigenen Familie haben wir das Bemalen der

Eier selbst übernommen, es artete dann schließlich in einen „Eiermalwettbewerb“ aus, und wir hatten viel Spaß und Freude daran.

Am Ostersonntag nach dem Frühstück – oder ich glaube fast, es war vor dem Frühstück – tranken meine Großmutter und mein Großvater ein Stamperl (österreichisch für Schnapsglas ohne Fuß) Eierlikör und wünschten sich gegenseitig „Frohe Ostern“. Der Eierlikör wurde wie folgt hergestellt:

Eierlikör

5 Eidotter werden mit 300 g Staubzucker flaumig gerührt. Dann fügt man 1/2 l ungekochte Milch hinzu und verrührt alles gut. Zwei Päckchen Vanillezucker werden hinzugefügt und zum Schluß 1/4 l Alkohol. Der Likör muß lange stehen, nur dann wird er dicklich.

In meinem eigenen Haushalt hat das mit dem Herstellen des Eierlikörs viele Wochen im voraus nicht mehr geklappt. Der wurde dann in der Osterwoche zubereitet, wobei mir mein Töchterchen assistierte und wir zwei Eidotter mehr nahmen und auch etwas mehr Staubzucker hinzufügten und eifrig die schaumig geschlagene Masse probierten. Wir probierten auch Varianten des Eierlikörs aus, indem wir Mandelaroma hinzufügten oder Butteraroma oder aber dem Eierlikör eine andere Geschmacksrichtung gaben, je nachdem, was für Aromen uns meine Schwiegermutter aus der Bundesrepublik Deutschland zukommen ließ. Aus dem übriggebliebenen Eiweiß wurde ein Eiweißkuchen gebacken.

Eiweißkuchen

7 Eiweiß, 180 g Zucker, 150 g Mehl, 70 g zerlassene Butter oder Margarine, 1 Messerspitze Speisesoda.
Die Eiweiße werden zu Schnee geschlagen, der Zucker und danach das Mehl mit dem Speisesoda untergerührt, zuletzt wird die zerlassene Butter oder Margarine eingerührt. In einer eingefetteten und mit Mehl ausgestaubten Backform bei 170° backen.

Am Ostermontag wird in Siebenbürgen der Brauch des Bespritzens gepflegt. Die Mädchen sind zu Hause, und die Jungen gehen einzeln oder in

Gruppen zu den Mädchen und bespritzen diese mit Parfüm. Das Haar stank entsetzlich, doch machte es uns damals nichts aus. Der Ostertisch war hübsch gedeckt, Likörflaschen, in denen der Eierlikör natürlich nicht fehlen durfte, ein appetitlich angerichteter Kuchenteller und ein Körbchen mit bunten oder in meinem Fall mit Zwiebelschalen gefärbten Eiern standen einladend auf dem Tisch. Erwartungsvolle Unruhe beherrschte mein Gemüt, irgendwo versteckt lag eine Liste bereit, in die die Namen der Bespritzer eingetragen wurden, damit man nachher prahlen konnte, wie viele Bespritzer man gehabt hatte. Würde der eine oder der andere, dem man mehr oder weniger Sympathie entgegenbrachte, kommen? Die Jungen tranken dann ein bis zwei Stamperl Likör, bedienten sich mit Kuchen, verstauten ein buntes Osterei in einer Tasche, und wenn man auch manch einen Bespritzer nötigte, länger zu bleiben, gelang dieses meist nicht, da die Jungen noch viele Mädchen zu bespritzen hatten und noch weite Wege zurücklegen mußten. Nach dem Besuch wurden die Jungen dann bis zum Tor begleitet, man kehrte schnell in die Wohnung zurück, spülte die Stamperl aus und harrte der nächsten Besucher.

Außer den schon erwähnten Kaffeekremschnitten gab es meistens noch Ischler, Vanillekipfel und Pariser Stangel.

Ischler

Teig für Ischler: 270 g Mehl, 180 g Butter, 90 g Staubzucker, etwas Kakao, 50 g Nüsse.
Diese Zutaten werden zu einem Teig verarbeitet, ausgewalkt und 3–3,5 cm im Durchmesser große Kreise daraus ausgestochen und gebacken. Nachdem sie gut ausgekühlt sind (man kann sie auch einen Tag vorher backen), werden sie mit folgender Fülle gefüllt.
Fülle für Ischler: 2 Eier werden mit 160 g Zucker über Dunst geschlagen. Nach dem Erkalten werden 250 g flaumig gerührte Butter nach und nach hinzugefügt. Dann fügt man noch 100 g gemahlene Nüsse, etwas Rum und Kakao nach Geschmack hinzu. Damit werden dann je zwei „Taler“ gefüllt.
Das Wichtigste ist die Glasur: 250 g Zucker, 5 EL Wasser und 1 EL Kakao werden aufgekocht, danach wird eine nußgroße Butter hinzugefügt. Eine Seite der gefüllten Ischler wird nun eingetaucht. Da diese Masse sehr rasch hart wird, kann man zwecks Verdünnung etwas

Rum nach Belieben hinzufügen. Die Glasur muß glänzen. Wovon das abhängig war, wußte niemand, aber bei meiner Mutter glänzte die Glasur in 99,9% der Fälle.

Vanillekipfel

Aus 200 g Butter, 2 Eidottern, 100 g Zucker, 150 g gemahlenen Walnüssen, 260 g Mehl und einem Päckchen Vanillezucker wird ein Teig hergestellt. Danach wir ein Stück abgeschnitten, eine Wurst daraus geformt, wiederum Stücke abgeschnitten und zu kleinen Kipfelchen geformt. Diese werden bei mäßiger Hitze gebacken (bei 170° ungefähr 10–15 Minuten, je nach Bräunungsgrad) und danach in Puderzucker (wir sagten Staubzucker), der reichlich mit Vanille angereichert wurde, gewickelt.

Die Vanillekipfel meiner Mutter waren wie uniformierte Soldaten einer Armee, einer war kaum vom anderen zu unterscheiden. Meine muteten eher kubistisch an, und es war schwierig, zwei gleiche zu finden.

Pariser Stangel

Aus 280 g Nüssen, 140 g Puderzucker, 1 Eiweiß wird ein Teig zubereitet. 140 g Zucker werden mit 1 Eiweiß flaumig gerührt und dann der Teig mit dieser Masse bestrichen. Es werden 2 x 6 cm lange Stangen geschnitten und bei mäßiger Hitze gebacken, bis der Schnee eine hell gelbliche Farbe annimmt. Kurze Zeit nachdem man die Stangel aus dem Backrohr geholt hat, werden sie hart und müssen dann in einer geschlossenen Büchse wieder weich werden.

Für mich zählten die Pariser Stangel immer zu den noblen Mehlspeisen, da für ihre Zubereitung kein Gramm Mehl verwendet wird.

Es klingt prosaisch, doch die Kindheit verging schneller, als ich dachte. Eines Tages war ich erwachsen, und zurück blieben Erinnerungsfetzen, der Klang einer Stimme, der nach und nach verstummte, der Geschmack gewisser Speisen, der eine Zeitlang noch auf der Zunge lag, dann aber von neuen Speisen und anderen Zubereitungsarten verdrängt wurde. Traditionen wurden gekippt, nichts war mehr wie früher. Wir führten nun in unsere kleine Familie eigene Traditionen ein oder ließen Handlungen zu Traditionen heranreifen, doch in unserer schnellebigen Zeit kann sich so etwas als recht schwierig erweisen. Nichts hatte mehr seinen bestimmten Platz, und keine Tätigkeit wurde mehr zu einer bestimmten Zeit ausgeführt. „Bist du Gottes Kind, so hilf dir", dieser Leitspruch gewann in den ersten Jahren, als unsere kleine Familie im Hexenhäuschen (ein kleines Häuschen mit einem Erker und einem kleinen Türmchen) lebte, wieder an Bedeutung. Meine Mutter ging mir zur Hand, wo sie nur konnte, nörgelte aber auch heftig an mir herum, kritisierte meinen improvisierten Arbeitsstil und die Unorganisiertheit meiner Handlungen. Ich nahm auch nicht die kleinsten Lehren an und wählte stets den mühseligen und dornigen Weg des Selbsterlernens und Erkennens. Lange schon fanden keine Prozessionen am Ostersamstag mehr statt, und in die Kirche ging nur noch mein Vater. Aus akutem Zeitmangel schrubbte ich erst am Ostersamstag die Wohnung („Deine Großmutter würde sich im Grab umdrehen", waren die Worte meiner Mutter). Die Genugtuung, die ich damals beim Schrubben verspürte, habe ich niemals mehr gehabt, weder als ich später eine Zugehfrau hatte, noch im Westen mit all den technischen und chemischen Hilfsmitteln. Alles strahlte und blitzte, und als ich den letzten Handgriff getan hatte, klingelte es am Ostersamstag an der Haustüre, und der Jugendfreund meines Mannes kam zu Besuch. Im Wohnzimmer diskutierten wir dann bei einem Gläschen Cognac über Gott und die Welt. Stunde um Stunde verstrich, und um eine Zeit verabschiedete ich mich von den Männern und ging schlafen. Dann folgte der zweite Teil, nämlich wie unter Männern üblich erzählte dann der Freund seine amourösen Abenteuer, er war damals noch oder besser gesagt wieder Junggeselle und auf der Suche nach einer passenden Frau. Diese Suche gestaltete sich schwierig, da seine Ansprüche gehoben waren.

Auch der Ostersonntag verlief anders als in meiner Kindheit. Es waren keine Großeltern mehr da, die am Ostersonntag ein Gläschen Eierlikör tranken, und unsere kleine Tochter durfte im riesigen Garten ihr Osternest suchen. Während ich in meiner Kindheit neben den bunten Ostereiern noch ein paar Orangen und kleine hellgrüne mit Likör gefüllte Bonbons vorgefunden hatte, sah das Osternest unserer Tochter schon etwas anders aus, es war wie ein kleiner Vorgriff auf die Konsumgesellschaft des Westens. Mein Osternest war ein einziges Mal anders ausgefallen, als ich von meiner Tante einen kleinen Kugelschreiber zu Ostern erhalten hatte;

Alt-Hermannstadt - Blick auf den Großen Ring

damals habe ich mich wie eine Königin gefühlt. Für meine Tochter war es wahrscheinlich eine Selbstverständlichkeit, auch Spielzeug neben den Süßigkeiten zu finden. Orangen fehlten meistens im Osternest unseres Töchterchens, denn so etwas war eine Seltenheit im sozialistischen Rumänien.

In meinem Elternhaus haben sich die Erwachsenen nicht beschenkt. („So etwas ist nur für Kinder", war der Kommentar meiner Mutter). In meiner Familie haben wir das geändert. Ich schenkte meinem Mann ein besonders gutes Getränk, das ich mit viel Mühe und noch mehr Beziehungen beschafft hatte, und ich bekam – und nun mag der eine oder andere lächeln – eine Strumpfhose, eine Luxseife und ein 4711 Kölnischwasser.

Auch der Ostermontag wurde abgewandelt. Zum Mittagessen waren wir bei unseren Freunden Doina und Oli eingeladen. Oli schenkte mir dann die ersten roten Tulpen (er war es auch, der mir in der Osterwoche einen oder zwei Karton Eier brachte, durch Beziehungen beschafft natürlich). Abends versammelten sich unsere Freunde bei uns. Am Nachmittag kamen die Bespritzer in Scharen, und auch meine Tochter schrieb eifrig ihre Listen mit der Anzahl der Bespritzer. Der Eierlikör reichte fast nie, und so rührte ich am Nachmittag des Ostermontags geschwind noch eine Portion an.

1. Mai und Eis

In meiner Kindheit war der 1. Mai der Beginn des Sommers für mich. Da der 1. Mai der Internationale Tag der Arbeit ist, hatte man an diesem Tag frei. Das war nicht immer so gewesen; meine Mutter erzählte mir, daß sie in ihrer Jugend nicht frei gehabt hatten, was sie natürlich sehr bedauerten. Zu meiner Zeit hatte man frei, doch die Erwerbstätigen und die Schüler mußten durch die Hauptstraße der Stadt defilieren. Dazu versammelte man sich schon in den frühen Morgenstunden, stand stundenlang herum, bis man endlich an der Reihe war, um vor der Tribüne durch die Hauptstraße zu schreiten. Die Erwachsenen wünschten sich, daß es am 1. Mai regne, damit das Defilieren wortwörtlich ins Wasser falle. Am allermeisten wünschte sich mein Vater Regen. Auch die Mitglieder der Hermannstädter Philharmonie mußten an der Parade teilnehmen. Neben allegorischen Festtagswagen wurden Transparente mit Losungen und die Bilder der Führer der Kommunistischen Partei und der Regierung durch die Stadt getragen. Mein Vater, der vorgesehen war, um ein Bild zu tragen, verband sich – und das Jahr für Jahr – den Zeigefinger der rechten Hand, um dem Bildertragen zu entgehen.

Als kleines Mädchen durfte ich meinen Großvater zur Maiparade begleiten. Ich wurde hübsch gekleidet, von meinem schweigsamen Großvater an der Hand genommen, und auf ging es zum Platz, wo sich die Mitglieder der Tischlerzunft versammelten. Wir standen dann eine Weile herum, was auch mich langweilte, doch sobald wir in die Nähe eines Platzes kamen, der Krautplatz genannt wurde, weil in früheren Zeiten dort Kohl verkauft wurde, seilte sich mein Großvater mit mir an der Hand ab, und wir verschwanden in Richtung Bretterpromenade. Da konnte man ein kühles Bier trinken, Eis essen und sich in Ruhe den Zug der Defilierenden ansehen. Die Bretterpromenade war richtiggehend mit Brettern ausgelegt, die bei jedem Schritt leicht nachgaben. Auf einer Seite war sie von uralten Kastanienbäumen gesäumt, hinter denen die schneebedeckten Karpaten an klaren Tagen zu sehen waren. Auf der anderen Seite der Bretterpromenade befand sich das Hotel und Restaurant „Bulevard“.

Auf dieser Bretterpromenade stand auch ein Eisverkäufer, der das begehrte Eis am Stöckchen (îngheţată pe băţ) verkaufte. Dieses Eis am Stöckchen war für mich der Inbegriff des Sommers, und ich wußte sehr wohl, wenn ich am 1. Mai keines bekam, so würde ich wohl den ganzen Sommer darauf verzichten müssen. Das hatte zweierlei Gründe: Erstens meinte meine Mutter, es würde nur aus Wasser zubereitet (obwohl ich heute noch den herrlichen Vanillegeschmack auf meiner Zunge spüre), und zweitens würde ich mich beim Essen desselben bekleckern. Bis heute verstehe ich diese Einstellung nicht. Wohl auch darum durfte meine kleine Tochter Eis nach Herzenslust schlecken und sich dabei von oben bis unten bekleckern. Sie wurde nach solch einer Eisorgie einfach in die Badewanne gesteckt und saubergeschrubbt.

Wenn es nur noch wenige Schritte bis zum Eismann waren, begann mein Herz zu pochen. Nie würde ich mich trauen, meinen Großvater um ein Eis zu bitten. Die letzten Worte meiner Mutter vor dem Weggehen waren: „Kauf dem Kind ja kein Eis", worauf mein Großvater „Schon gut" murmelte. Es sah so lecker aus, in einem sanften Gelb leuchtete es am Sperrholzstiel. Hätte ich doch nur etwas mehr Mut, vielleicht würde mein Großvater mir ein Eis kaufen. Ich könnte sagen, ein Eis würde mir gut schmecken, was habe ich dabei zu verlieren. Ja, ich werde sagen: „Bestimmt schmeckt dieses Eis gut". Eins, zwei, drei dann sage ich diesen schicksalhaften Satz. Doch als ich mich nun endgültig entschlossen hatte, die Sache in Angriff zu nehmen, hatte ich plötzlich keine Stimme mehr. Das erste Wort blieb irgendwo im Kehlkopf hängen, ich brachte keinen Ton heraus. Aus und vorbei; diese herrliche Gelegenheit, den Sommer mit einem Eis am Stöckchen einzuläuten, war für immer verpatzt. Was solls. Ein kleiner Vorhang schob sich vor meine Augen. Die schneebedeckten Karpaten begannen sich zu bewegen. „Willst ein Eis am Stöckchen?" hörte ich wie von weitem die Stimme meines Großvaters. Es geschehen noch Wunder. Ich hatte es schon immer gewußt. Leider konnte ich meinem Großvater nicht antworten, da ich ja keine Stimme mehr hatte, ich wäre ihm so gerne um den Hals gefallen, aber so etwas hatte ich noch nie mit meinem Großvater gemacht, er hätte es bestimmt auch nicht verstanden, also drückte ich zum Zeichen meines Einverständnisses nur seine Hand (auch das kostete einige Überwindung) und nickte. Der Sommer konnte beginnen. Ich sah keine Parade mehr, auch keine schneebedeckten Karpaten, ich wurde eines mit dem Leckeis und dem Sommer. Ich konzentrierte mich auch ganz schrecklich, um nicht zu kleckern. Nachträglich glaube ich sogar, daß es mir gelungen ist. Und dann war es weg, aufgegessen, weggelutscht, doch immer wieder steckte ich das Sperrholzstöckchen in den Mund. Vielleicht hatte sich irgendwo noch ein winzigkleines Krümel Eis versteckt.

Warum mein Großvater entgegen den Wünschen meiner Mutter und seiner eigenen Frau, also meiner Großmutter, handelte, weiß ich nicht genau, ich kann es nur erahnen. Ich glaube, er hat insgeheim meiner Mutter nie verziehen, daß sie einen Mann geheiratet hat, der keinen bürgerlichen Beruf ausübte, der letztendlich ein Träumer und Künstler war und zu allem Unglück noch zwei linke Hände hatte, und der sich, wenn es sich gar nicht vermeiden ließ, und er einen Nagel in die Wand schlagen mußte, dabei garantiert verletzte.

Eis

5 EL Zucker, 1 EL Mehl, 3 EL Kakao (oder 2 Eigelb und etwas Vanillestange). Diese Zutaten werden mit 2 Becher Milch aufgelöst und zum Kochen gebracht. Danach fügt man 100 g Butter hinzu. Unter Rühren erkalten lassen und in beliebige Formen im Tiefkühlfach zu Eis stocken lassen.

Medardus und Dolmaessen

Was in Deutschland der Siebenschläfer ist, das war (und ist) in Siebenbürgen der 8. Juni, also Medardus. Als Kinder fieberten wir diesem Tag entgegen. Wie das Wetter am Medardustag ist, so wird der ganze Sommer sein. Und wehe, es regnet am Medardustag, dann wird es vierzig Tage lang regnen, das heißt vierzig Tage kein Strandbad (Freibad), vierzig lange Tage, die zwar in die Schulferien fielen, aber wo einem nichts anders übrigblieb, als sich unter den wachsamen Augen eines Elternteils zu Hause die Zeit zu vertreiben. Als ich noch nicht zur Schule ging, war Medardus trotzdem schrecklich bedrohlich, und ich war beeindruckt von der Macht dieses Wesens, das sich Medardus nannte oder genannt wurde, und das so einfach über unser Sommerwetter bestimmen konnte. Zeigten sich weiße Wolken am Himmel, war ich beunruhigt. Sie könnten ja Regen verheißen. Besonders schlimm war es, wenn dazu noch Waschtag an einem Medardustag war. In meiner Kindheit gab es keine Waschmaschinen, die Wäsche wurde von Hand gewaschen. Und obwohl meine Mutter und meine Großmutter die gesamte Hausarbeit selbst verrichteten, so kam doch jede zweite Woche oder einmal im Monat, so genau kann ich mich nicht mehr erinnern, eine Waschfrau, um gemeinsam mit meiner Mutter und Großmutter die Wäsche zu waschen. Die Wäsche wurde am Vorabend getrennt nach Weißwäsche und Buntwäsche in zwei verschiedene Schaffel (Zuber) eingeweicht, das heißt mit Waschseife eingerieben und über Nacht im lauwarmen Wasser stehengelassen. Für die Waschfrau wurde eine Holzbank bereitgestellt, die ungefähr Hüfthöhe hatte, und darauf wurde eine längliche Holzwanne gestellt. In diese Holzwanne kam das Waschbrett, ein rechteckiges Brett, auf dem sich gewelltes Blech befand. Darauf wurde dann die vorher eingeweichte Wäsche nochmals eingeseift und richtig geschrubbt. Danach wurde die Wäsche in drei verschieden großen Holzschäffern geschwabt (gespült, woher das Wort „schwaben“ kommt, weiß ich nicht, es ist auch nicht im Duden vorhanden. Es könnte eine sprachliche Variante sein, die sich aus dem Wort „ausschwenken“ gebildet hat). Das Wasser war eiskalt. Ich wollte mich immer an dieser Aktion beteiligen, erhielt auch die Erlaubnis dazu, doch die Kälte des Wassers kroch mir bis ins Rückenmark, und ich machte mich schnell aus dem Staub. Zum Trocknen der Wäsche wurden Stricke kreuz und quer durch den Hof gespannt, und sobald das erste Wäschestück an der Leine flatterte und der Zufall es so wollte, daß gerade Medardustag war, wurden besorgte Blicke zum Himmel geschickt, und beim Erscheinen des ersten weißen Wölkchens folgte ein Stoßseufzer in dieselbe Richtung. Die Waschfrau nahm mit der Familie auch das Mittagessen ein und blieb bis zum Abend. Wie schon eingangs erwähnt, ging ich zu meiner Großmutter essen, wenn mir das Essen bei meinen Eltern nicht schmeckte. Nun wollte es der Zufall, daß beide Familien einmal gefüllte Ardei (Paprikaschoten) zum Mittagessen hatten. Eine für mich grausige Vorstellung, diese essen zu müssen. Nach einigem Jammern erhielt ich dann etwas anderes zu essen, was mir den Zorn der Waschfrau einbrachte. Sie erzählte dann sogleich, daß sie auch bei der Familie Theil wasche, einer feinen Familie, die vor dem Umsturz 1947, Fabriken ihr eigen genannt hatte und die zwei Töchter und die Zwillinge Hans und Michael hatte. Letztere wollten an einem der Waschtage auch ein bestimmtes Essen nicht essen, aber da sprach Herr Theil ein Machtwort, da wurden nicht so viele Fisimatenten gemacht, da gab es nichts anderes und damit basta. Die hungrigen Buben erhielten bis zum Abend nichts anderes zu essen, und am nächsten Morgen bekamen sie noch immer dieselbe Speise vorgesetzt, und irgendwann wurde dann die so sehr verschmähte Speise doch gegessen. Das sei Erziehung, schloß Frau Fleps, die Waschfrau, ihre Rede, und blickte abwechselnd triumphierend mal meine Mutter, mal meinen Vater an. Mein Vater beendete dann recht schnell seine Mahlzeit, es war unter seiner Würde sich über Erziehungsprobleme mit Frau Fleps zu unterhalten, und meine Mutter, die mich wohl gerne etwas strenger erzogen hätte, was aber mein Vater Gott sei Dank nicht zuließ, sagte nur bekümmert: „Sie sehen ja selbst Frau Fleps, was für ein Krispindel sie ist, nur Haut und Knochen, ißt fast nichts und trinkt den ganzen Tag Wasser“. Was Frau Fleps noch antwortete, weiß ich nicht, da auch ich schnell das Weite gesucht habe.

Die Paprikaschoten meiner Mutter waren mit einer Masse aus gemahlenem Fleisch und Reis ganz fest gefüllt, wurden dann angedünstet, und wenn das Fleisch und der Reis gar waren, wurde eine Tomatensauce zubereitet, die meine Mutter mit viel Einbrenn aus der besagten blauen Rein eindickte.

Heute gehören gefüllte Paprikaschoten zu meinen und auch zu den Lieblingsessen meiner Familie. Woran das liegt? Ich weiß es nicht.

Merkwürdigerweise aß auch mein Mann als Kind keine gefüllten Paprikaschoten und meine Tochter auch nicht.

Gefüllte Paprikaschoten

10 spitze weiße Paprikaschoten werden ausgehöhlt und mit einer Masse aus 400 g Hackfleisch (man kann halb Schweinefleisch, halb Rindfleisch nehmen, oder man kann nur Schweinehack nehmen) und 80 g Reis gefüllt. Damit diese Masse schön locker bleibt, füge ich einen kräftigen Schuß Wasser hinzu. Danach wird mit Salz und Pfeffer gewürzt. Die Schoten werden zunächst in etwas Öl angebraten und dann in etwas Wasser gedünstet. Wenn sie gar sind, füge ich 500 ml Tomatensaft hinzu. Diese Sauce schmecke ich mit etwas Suppengewürz, Salz und Zucker ab. Serviert werden die Paprikaschoten mit einem Klacks Crème fraîche.

Dieses gefüllte Gemüse nennen wir seit unserem ersten Türkeibesuch „Dolma“, was soviel wie „gefüllt“ heißt. Außer den verhaßten Paprikaschoten gab es in meiner Kindheit noch gefüllte Kohlrabi, die eines meiner Leibessen waren. Sobald die ersten Kohlrabi auf dem Marktplatz auftauchten, wurden welche gekauft, da sie auch eine der Leibspeisen meines Vaters waren.

Gefüllte Kohlrabi (wir nannten sie „gefüllte Kohlrüben“)

10 junge Kohlrabi werden ausgehöhlt, und zwar am Wurzelende. Dann werden sie mit der gleichen Masse wie die gefüllten Paprikaschoten gefüllt. In einem Kochtopf läßt man eine Zwiebel glasig dünsten (nicht braun rösten), gibt das Ausgehöhlte aus den Kohlrabi hinzu, setzt die gefüllten Kohlrabi hinein, gießt Wasser dazu und läßt die Kohlrabi und das Fleisch weichdünsten. Während des Dünstens fügt man einen Bund Dill hinzu. Ist alles gar, wird der Bund Dill entfernt, das Essen wird mit etwas Mehl eingestaubt (meine Mutter nahm dazu Einbrenn), und man fügt reichlich feingehackten Dill hinzu. Mit Salz abschmecken. Die Kohlrabi werden mit Crème fraîche serviert.

Als ich später die Universität in Klausenburg 160 km von meiner Heimatstadt entfernt besuchte, mußte ich wohl oder übel auf meine geliebten Kohlrüben verzichten. Heute mag man über die 160 km lächeln, doch damals war es nicht so einfach, die Distanz zurückzulegen. Es fuhr nur ein einziger direkter Zug hin, und der brauchte für diese Strecke 4 1/2 Stunden. Dann gab es noch einen Überlandbus, der noch etwas länger brauchte, dafür aber von einem Busfahrer gefahren wurde, der für ein geringes Entgelt bereit war, den hungrigen Studenten Pakete von den Eltern mitzunehmen, die man sich vom Busbahnhof abholen mußte. Und so pilgerten meine Freundin und ich ein- bis zweimal im Frühjahr zum Busbahnhof und holten uns den so begehrten Kochtopf mit Kohlrüben ab. Leider mußten wir alles sofort aufessen, denn Kühlschränke gab es keine in den Wohnheimen, und Kohlrabi sind sehr empfindlich bezüglich der Haltbarkeit.

Den kulinarischen Höhepunkt des Sommers bildeten für mich die gefüllten Kürbisse. Ich konnte nie verstehen, wieso meine Mutter dieses Gericht nicht mochte, aber es war so. Nur widerwillig bereitete sie es einmal im Sommer zu. Mein Vater und ich aßen dann mit großem Appetit und ließen es uns richtig schmecken.

Gefüllter Speisekürbis (oder gefüllte Zucchini)

1 mittelgroßer oder mehrere kleinere Speisekürbisse werden geschält, ausgehöhlt und mit der gleichen Fülle wie die Paprikaschoten gefüllt. Inzwischen dünstet man eine feingehackte Zwiebel in etwas Öl an und fügt das Ausgehöhlte der Kürbisse hinzu. Nun werden die gefüllten Kürbisse in die Kasserolle geschichtet und mit heißem Wasser übergossen. Ein Bund Dill wird hinzugegeben und ein bis zwei in Stücke geschnittene Tomaten werden ebenfalls hinzugefügt (für empfindliche Mägen können die Tomaten vorher überbrüht und geschält werden). Nach ca. 20 Minuten ist das Fleisch gar. Der Bund Dill wird entfernt. Die gefüllten Kürbisstücke werden auf einen Teller gelegt. Die verbliebene Masse wird – wenn gewünscht – mit etwas Mehl gebunden. Ein Bund frisch gehackter Dill wird hinzugefügt. Alles mit etwas Salz abschmecken, die gefüllten Kürbisstücke wieder in die Sauce setzen und mit Crème fraîche servieren.

Ein anderes Dolmaessen ist **gefülltes Kraut (Kohlrouladen).** Wer die Erfinder dieses Essens sind, ist wohl nicht mehr genau festzustellen. Die Rumänen betrachten es als ihr Nationalgericht. Die Ungarn bereiten es auch sehr lecker zu, und die sächsische Bevölkerung Siebenbürgens nimmt die Urheberrechte für sich in Anspruch. Wie dem auch sei, heute sage ich, es ist ein leckeres Gericht. Dieser Meinung war ich nicht immer. Als Kind mochte ich Krautwickel nicht. Meine Mutter bereitete diese Krautwickel aus Sauerkraut zu.

Gefülltes Kraut (Kohlrouladen, Krautwickel)

Die Fülle ist die gleiche wie bei den ***gefüllten Paprikaschoten*** *und den gefüllten Kohlrabi, nur wird die Fülle noch schmackhafter, wenn eine feingehackte Zwiebel hinzugefügt wird. In je ein Krautblatt wird etwas von der Fleischmasse gegeben und zu einem Wickel gerollt. Meine Mutter fertigte recht große Krautwickel an. Sie hatten eine Länge von etwa 10–15 cm und wurden mit reichlich Bindfaden umwickelt. Dann wurde noch ein fester Knoten gemacht, damit aber auch gar nichts schiefgehen konnte. Im Kochtopf werden einige Speckwürfel zerlassen, eine klein gehackte Zwiebel wird hinzugefügt, wenn vorrätig (und bei meiner Mutter war so etwas vorrätig, ansonsten hätte man keine Krautwickel zubereitet) etwas geräucherte Wurst oder geselchtes Fleisch hinzugefügt, und dann werden die einzelnen Krautwickel fein säuberlich übereinander geschlichtet. Dann wird heißes Wasser hinzugegossen, so daß die Krautwickel bedeckt sind. Das Ganze ungefähr zwei Stunden vor sich hin köcheln lassen. Auf den Boden des Kochtopfes und zwischen die einzelnen Schichten der Krautwickel wird reichlich feingeschnittenes Sauerkraut gelegt. Diese Krautwickel werden ebenfalls – wie auch alle anderen „Dolma“-Essen – mit Crème fráiche oder saurer Sahne serviert. Sie sind ein fast hundertprozentiges Mittel gegen einen Kater.*

Krautwickel und Zitronencreme

Der Hauptunterschied zwischen den rumänischen und den sächsischen Krautwickeln ist ihre Größe. Die sächsischen sind groß, die rumänischen sind klein. Ich selbst zog die rumänische Variante vor. Der Bindfaden wurde auch verbannt. Die Form ist bei mir unterschiedlich. Mal ganz klein, mal etwas größer, mal viereckig, mal rechteckig, mal dreieckig; das Krautblatt darf selbst die Form bestimmen. Habe ich keine geräucherte Wurst, so ist dieses auch nicht weiter tragisch. „Bist du Gottes Kind, so hilf dir". Wie schon erwähnt, werden die Krautwickel aus Sauerkraut hergestellt. Es gibt auch eine „süße" Variante: Krautwickel können auch aus frischem, nicht gesäuertem Kohl hergestellt werden. Dabei muß man beachten, daß die Blätter vorher überbrüht werden müssen, um geschmeidig zu werden. Die Säure wird dann durch Hinzufügen von Tomaten erreicht. Außerdem müssen noch verschiedene Kräuter wie Bohnenkraut und Dill hinzugefügt werden. Diese Art ist vor allem im Sommer zu empfehlen. Hat man kein Kraut, weder saures noch süßes, kann man Weinblätter verwenden, wobei man diese auch überbrühen muß.

Wenn ich das Wort „Krautwickel" höre, muß ich an den ersten Tag nach der Geburt meiner Tochter denken. Zu jener Zeit blieben die Kinder in der Klinik nicht im Zimmer der Mutter. Meine Tochter kam um 12 Uhr nachts zur Welt. Bis zum nächsten Morgen sah ich sie nicht mehr. Ich lag wach im Bett und wartete nun darauf, das kleine Wesen in Ruhe betrachten zu können. Gegen Morgen muß ich in eine Art Dämmerschlaf gefallen sein, wurde aber plötzlich durch lautes Weinen wach. Und was sah ich da: Eine Kinderschwester schob eine Art Wagen vor sich hin, wo fein säuberlich Päckchen geschlichtet waren, nicht viel größer als die Krautwickel meiner Mutter, wie es mir schien, eines über das andere gestapelt. Ich dachte, ich träume. Fallen die nicht runter? Wohl nicht. Mein Baby war leider nicht unter den „Krautwickeln", da es noch nicht das normale Gewicht eines Neugeborenen hatte. Ich durfte mein Baby in einem gesonderten Raum besuchen und es auch stillen. Das winzige Baby schien großen Hunger zu haben, es saugte gierig an meiner Brust, nur leider war es so klein und schwach, daß es nach ein paar Minuten vor Anstrengung ganz bläuliche Lippen bekam und sofort wieder einschlief.

Besuche waren auf der Geburtenstation nicht erlaubt. Mein Mann unterrichtete zu jener Zeit in irgendeinem Kaff (es war auch nicht „in", daß der Mann bei der Geburt dabei sein konnte, allein die Vorstellung hätte Entsetzen hervorgerufen), also rief mich nur meine Mutter vom Pförtnerhäuschen an, ich wurde ans Telefon auf dem Flur gerufen (Telefone gab es in den Zimmern nicht), und teilte ihr mit, daß sie nun Großmutter einer Enkeltochter sei, die 2200 g wog. Meiner Mutter verschlug es damals die Sprache, was bei ihr nur sehr selten vorkam, als sie das Gewicht des Babys erfuhr. Sie meinte dann nur noch lakonisch, daß bei solch einer Mutter wohl nichts anders zu erwarten gewesen sei, eilte aber auf schnellstem Weg nach Hause, um sogleich dieselbe Menge Fleisch auf ihrer Küchenwaage abzuwiegen, um sich die Größe des Babys besser vorstellen zu können.

Ich hatte inzwischen großen Hunger, da ich das Krankenhausessen kaum anrührte, es war ungenießbar, und hoffte insgeheim auf etwas Leckeres von meiner Mutter oder sonstiger Anverwandschaft zu erhalten. Und siehe da, ich sollte recht behalten. Im Laufe des Vormittags wurde für mich ein in Papier gewickeltes Glas abgegeben. Ich wog es genüßlich in der Hand und wünschte insgeheim, es möge Zitronencreme sein. Ich wickelte es sorgfältig aus, doch die Enttäuschung war groß, als sich herausstellte, daß es ein leeres Glas für Blumen war (Vasen gab es keine im Krankenhaus – wir sagten „Spital"). Auf Umwegen kamen dann auch die Blumen an, Nelken, denn andere Blumen gab es im Winter nicht (und es war nun einmal Februar).

Im Laufe des Nachmittags erhielt ich dann von Mitzitante (Tante meines Mannes) besagte Zitronencreme, die ich bis auf den letzten Tropfen genüßlich auslöffelte.

Zitronencreme (Rezept von Mitzitante)

4 EL Mehl in Wasser auflösen. 2 Tassen heißes Wasser, 1 Tasse Zucker, Saft und Schale einer (unbehandelten) Zitrone und 3 Dotter gut vermengen und unter ständigem Rühren zum Kochen bringen und so lange kochen bis die Creme dicklich wird. Vom Ofen nehmen, und wenn die Masse etwas ausgekühlt ist, die zu Schnee geschlagenen 3 Eiweiß unterrühren.

Auberginenzauber

Wenn ich an meine Heimatstadt zurückdenke, tauchen Bilder von verträumten Sommern auf, in denen die Luft still stand, Unbeweglichkeit sich über den Dingen ausbreitete, ein Hauch von Ewigkeit den Augenblick umhüllte. Der große Sommer begann genau am 15. Juni, als die „großen Ferien“, also die Sommerferien, begannen, die bis zum 15. September dauerten. Für ein Kind war das eine lange Zeit, zu Beginn war das Ende überhaupt nicht abzusehen. Diese Ferienzeit verbrachte ich und die meisten meiner Schulfreundinnen in der Stadt. Urlaub, Wegfahren, wir nannten es „Sommerfrische“, gab es für uns nicht. Einige reiche Familien fuhren in die Sommerfrische, doch nicht unseresgleichen. Was ich zutiefst bedauerte war, keine Großmutter oder auch nur einen entfernten Verwandten auf dem Lande zu haben, dann hätte ich auch wegfahren können. So verbrachte ich die großen Ferien in der Stadt, das heißt im Strandbad (was soviel wie Freibad bedeutet). Es war das Paradies für uns. Der Weg war weit, und wir mußten ihn zu Fuß zurücklegen, Busse gab es damals keine, später fuhren wir mit dem Fahrrad. Ich erhielt für den Eintritt das nötige Geld, mehr war leider nicht drin, doch das störte mich nicht. Da wir den ganzen Tag im Strandbad verbrachten, mußten wir uns auch die nötige Nahrung mitnehmen. Am meisten mochte ich **Vinetesalat (Auberginensalat)**, den ich in einem Gläschen mitnahm und mit großem Appetit verzehrte, wenn der Hunger mich plagte.

Auberginensalat

Auberginen werden auf offenem Feuer gebraten. Danach werden sie geschält, fein gehackt und mit Öl flaumig gerührt. Man fügt eine kleingehackte Zwiebel hinzu und schmeckt mit Salz ab. Am besten schmecken dazu Tomaten und frisches Schwarzbrot.

Meine Mutter hatte einen Ofen mit einer Eisenplatte, in deren Mitte sich je drei Ringe befanden, die man herausnehmen konnte. Die Heizung funktionierte mit Gas. Wenn man nun Auberginen briet, entfernte man diese Ringe und briet die Auberginen auf offener Flamme. Nachdem sie dann von der Schale und vom Stiel befreit waren, hackte meine Mutter sie mit einem speziellen Holzmesser und nur mit einem Holzmesser. Ich nehme an, daß es ein Holzmesser sein mußte, weil es früher wahrscheinlich noch keinen rostfreien Stahl gab, und das Metall – wäre es mit der heißen Aubergine in Berührung gekommen – oxydiert wäre.

Nach der Allgemeinschule, das heißt nach der 8. Klasse, mußten die Schüler eine Aufnahmeprüfung ablegen, um das Gymnasium (wir sagten „Lyzeum“) besuchen zu können. Die Prüfung mußte in den Fächern Mathematik, Rumänisch und Deutsch abgelegt werden. Es war Sommer, und die großen Ferien standen wieder vor der Tür. Unsere Tochter war inzwischen vierzehn und mußte sich besagter Aufnahmeprüfung unterziehen. Mathematik und das Fach Rumänisch waren gut bestanden, und nun stand noch Deutsch bevor. Unsere Tochter hat nicht die Unbekümmertheit ihrer Mutter geerbt, sondern sie ist gewissenhaft wie der Vater. Leider ist sie ganz und gar kein Prüfungstyp, das heißt Prüfung bedeutet für sie ein schwebendes Damoklesschwert über dem Haupt. Unsere Tochter war gut vorbereitet für das Fach Deutsch, doch ein Büchlein hatte sie nicht gelesen, weil es nicht aufzutreiben war. Ich tröstete mein Töchterchen, daß das nicht so schlimm sei und sie wohl nicht das Pech haben würde, just aus dem Buch ein Thema zu erhalten. Diese Einstellung gefiel meiner Tochter nicht, und sie war sehr beunruhigt. Um mich selbst abzulenken, bereitete ich einen Auberginensalat zu. Bald durchströmte ein betörender Duft das ganze Haus, und wir ließen uns wenig später den Auberginensalat schmecken.

Viel zu schnell verstrich die Nacht und der Morgen nahte wie ein Gespenst in Form der Deutschprüfung. Mittags kam ein tränenüberströmtes Kind nach Hause. Mir zerriss es fast das Herz. Von den drei zu behandelnden Themen war natürlich eines aus dem besagten Buch gewesen. Wir haderten mit dem Schicksal, zürnten den Göttern und verbrachten drei unruhige Tage bis zum Erhalt des Prüfungsergebnisses, das positiv ausfiel. Der Friede und die Ruhe kehrten in unsere kleine Familie zurück, und der Auberginensalat vom Vortag der Prüfung war vergessen.

Ein paar Jahre vergingen, und eines Nachts standen wir auf dem Bahnhof, jeder von uns einen Koffer in der Hand, umringt von ein paar Freunden und doch alleine, nur mit Erinnerungsfetzen im Gepäck und einer kleinen leisen Furcht im Herzen vor der ungewissen Zukunft. Eine bedrohliche Lokomotive nahte, und dann ging alles sehr schnell, und wir drei saßen in einem leeren Zugabteil, es rollten Tränen über die Wangen, irgendwann kam die Grenze, und die war dann auch überschritten, und wir befanden uns plötzlich in der Freiheit, von der wir so oft geträumt hatten. Ein neuer Alltag nahm uns gefangen, ein Neuanfang stand vor uns, ein Papierkrieg begann, und nicht alles war so, wie wir es uns vorgestellt hatten. Fasziniert von dem Überfluß, den wir nicht richtig genießen konnten, weil sich Bilder vor unsere Augen schoben von großen traurig-hungrigen Kinderaugen, langen Menschenschlangen an kalten Wintertagen, die um bläulich-grüne Hühner mit unendlich langen Hälsen anstanden, begannen wir uns durch neue Speisen vorzutasten, ließen Unbekanntes auf unseren Zungen zergehen, ließen altgewohnte Speisen links liegen und probierten Neues aus. Irgendwann entdeckten wir auch die Auberginen wieder. Doch nun waren wir im Westen, der alte Ofen mit den Ringen, den gab es nicht mehr. Auf den Elektroherden konnte man keine Auberginen braten. Wir versuchten es im Backrohr, doch so zubereitet hinterließen sie einen schalen Geschmack. Hingegen am Grill gebraten, büßten sie nichts von ihrer Schmackhaftigkeit ein. Das Holzmesser wurde durch den Mixer ersetzt, die Schnellebigkeit unserer Zeit färbte auch auf die Küche ab.

Eines Tages stand meine Tochter vor dem Abitur, und nichts war verschwunden von der Prüfungsangst, die sie schon seit eh und je gefangenhielt. Wir saßen bei Tisch, versuchten diesem Ungeheuer Angst beizukommen, wußten aber nicht, wie Abhilfe zu schaffen war. Plötzlich ging ein Leuchten über das Gesicht meiner Tochter und sie sagte: „Mutti, mach doch bitte Auberginensalat, der hat doch vor Jahren geholfen". Da ich mich selbst an die unmöglichsten Dinge im Leben klammere, hätte ich meiner Tochter diesen Wunsch niemals abgeschlagen. Mein Mann wurde in den nächsten Laden, in dem es Auberginen gab, delegiert, und da wir damals keinen Garten hatten, sondern nur einen Balkon, wurde der Grill auf den Balkon geschoben, ein Feuer wurde entfacht und bald brieten vier hübsche Auberginen darauf. Ich bereitete sie wie gewohnt mit Öl zu, fügte die kleingehackte Zwiebel hinzu und etwas Salz. Sind die Auberginen richtig zubereitet, so werden sie durch das Rühren flaumig, fast weiß und schmecken süßlich. Die Oberfläche zeigt einen leichten perlmuttfarbenen Schimmer. Wir probierten den Salat und mein Mann sagte: „Note ‚Eins' für die Auberginen", und ich fügte hinzu „So wird auch deine Prüfung ausfallen". Unsere Tochter stieß nur einen Seufzer aus, hatte sich aber beruhigt. Die Prüfung wurde ein voller Erfolg mit prima Ergebnissen. Vor jeder Prüfung bereitete ich nun Auberginensalat zu, was dann vor den Klausuren, die meine Tochter an der Universität schreiben mußte, fortgesetzt wurde. Inzwischen bewohnten wir ein Häuschen mit einem Gärtchen, was das Auberginenbraten erleichterte, aber da manch eine Klausur auch in den Winter fiel, sahen uns die Nachbarn manchmal recht argwöhnisch an, wenn wir bei Schneeflockentreiben Auberginen grillten. Meine Tochter studierte in einer anderen Stadt und so gaben wir ihr per Telefon das Resultat über die Güte des Auberginensalats bekannt. War der Auberginensalat weißlich und süßlich, wurde es immer die Note „Eins“. War er etwas dunkler, wurde es nur eine Zwei. Einmal war meine Tochter so gut für eine Klausur vorbereitet, daß sie meinte, die Mühe lohne sich nicht, einen Auberginensalat zuzubereiten. Ich unterließ es dann auch, und es war das einzige Mal während des ganzen Studiums, daß eine Prüfung in die Hose ging. Den letzten Prüfungsauberginensalat bereitete ich vor Abgabe der Diplomarbeit zu. Es wurde ein Traumauberginensalat. Meine Tochter sagte immer wieder: „Ich kann es nicht glauben“. Doch sie wurde dann eines Besseren belehrt. Für ihre Diplomarbeit erhielt sie die Note „Eins“. Ihren Eltern schrieb sie folgende Widmung in ein Exemplar der Arbeit: „Meinen lieben Eltern, denen ich diese Arbeit jetzt mit gutem Gewissen und aufrichtigem Dank für den Auberginenzauber schenke; er hat seine Wirkung bis zum Schluß nicht verloren“. Und damit ist der Auberginenzauber erloschen.

Der Durstlöscher Sirup

Natürlich hatten wir auch Durst im Strandbad. Doch den löschten wir mit Wasser aus dem Springbrunnen. Auf dem Heimweg kamen wir am Marktplatz, der Bauholzplatz hieß, wo man aber Gemüse und Obst kaufen konnte, vorbei. Am Rande des Marktplatzes stand eine Frau mit einem Getränkestand, die Himbeersirup verkaufte. Diese Frau wohnte in unserer Straße, sie hatte ein recht lautes Wesen, einen elegant gekleideten Mann und zwei niedliche Töchter. Es umgab sie etwas Geheimnisvolles. Sie strömte Vitalität und Lebensfreude aus und hantierte flink an ihrem Getränkewagen herum. In ein winziges Gläschen goß sie schnell Sirup ein und ließ dann Sodawasser darüberlaufen. Insgesamt wurde das Getränk in einem kleinen Bierglas zubereitet. Meine Mutter erklärte mir, daß das nicht hygienisch zubereitet sei, der Sirup synthetisch hergestellt sei, die Gläser wahrscheinlich nicht sauber gewaschen seien, und ich solle mich überhaupt von der „Walachin" (die Sirupverkäuferin war eine Rumänin) fernhalten. Das Wort „Walache" wurde abwertend für die Rumänen verwendet. Ich dachte nicht im Traum daran, das Verbot einzuhalten. Wann immer ich die geringe Summe für einen Sirup zusammengespart hatte, erstand ich einen und ließ ihn mir schmecken. Mit Entsetzen habe ich Jahre später erfahren, daß die „Walachin" von ihrem eigenen Ehemann erstochen wurde.

Himbeersirup gab es auch zu Hause. Aber nach Belieben konnte ich nicht davon trinken, und das war bestimmt auch gut so. Der Tag, an dem Himbeersirup gekocht wurde, war ein Festtag für mich. Ich verzichtete auf sämtliche anderen Aktivitäten, saß brav auf meinem kleinen grünen Stühlchen, versuchte durch nichts den Ärger meiner Mutter heraufzubeschwören, damit sie auch recht viel Schaum abhebe, den ich dann genüßlich verschlang. Mit dem Schaum verhielt es sich nämlich so: Beim Kochen bildete sich recht viel Schaum. Den konnte man verkochen lassen oder ihn abheben. Ich war also ganz auf das Wohlwollen meiner Mutter angewiesen.

Himbeersirup

In einem großen Glas (bei meiner Mutter im Rezept steht „Gurkenglas") werden 2 l Wasser mit 40 g Weinsteinsäure verrührt, bis sich die Weinsteinsäure aufgelöst hat. Dann gibt man 3 l Himbeeren dazu, zeitweise rührt man darin und läßt das Ganze 24 Stunden stehen. Nach 24 Stunden wird ein dünnes Tuch (am besten Mull, wir sagten „Tifon") auf ein anderes Glas gebunden. In dieses Tuch schüttet man die Himbeeren mit dem Wasser hinein und läßt die Himbeeren wiederum 24 Stunden abtropfen. Danach wird die abgetropfte Flüssigkeit abgemessen und auf 1 l Saft wird 1 kg Zucker gegeben und alles zum Kochen gebracht. Eine viertel Stunde unter ständigem Rühren kochen – in dieser Zeit entsteht starker Schaum (den man, wie schon eingangs erwähnt, verkochen lassen oder ihn abheben kann). Nach einer viertel Stunde vom Herd nehmen, auskühlen lassen und kalt in Flaschen einfüllen. Nicht fest zustopfen, sondern nur mit etwas Tuch zubinden. Die sparsame Hausfrau drückt den Rest Himbeeren aus dem Mulltuch aus, und dieser Rest wird mit Zucker aufgekocht. Dieser Saft wird nicht für später gehalten, sondern ist zum sofortigen Trinken bestimmt.

In meiner Jugend mußte sich der Himbeersaft die Vorrangstellung mit Orangeade teilen, einem Rezept, das meine Mutter von meiner Mathematiklehrerin erhalten hatte und das diese ihr bei einem Gespräch mitteilte, als meine Mutter in die Schule gerufen wurde wegen meiner schlechten Leistungen in eben diesem Fach.

Orangeade

Von 1/2 kg unbehandelter Orangen wird die Schale am Reibeisen abgerieben. Eventuell die abgeriebene Schale einer Zitrone hinzufügen. 1 1/2 l Wasser werden mit 1 1/4 kg Zucker aufgekocht. In das Kochende 20 g Zitronensäure hineingeben, bis es einmal aufwallt. Abkühlen lassen; über die abgeriebenen Orangenschalen gießen und 8 Tage lang an einem kühlen Ort aufbewahren. Täglich umrühren. Nach 8 Tagen abseihen (durch ein Stückchen Mull), in Flaschen gießen und versiegeln.

Nach einer Zeit, in der Cola, Pepsi, Fanta und Konsorten Macht über unseren Durst ausübten, entdecken wir mittlerweile wieder die Schmackhaftigkeit selbst zubereiteter Säfte und Marmeladen. Mit großer Begeisterung schlürfen wir an heißen Sommertagen Holundersirup aufgefüllt mit Mineralwasser.

Holundersirup

3 kg Zucker mit 2 l Wasser aufkochen. Vom Herd nehmen und, solange diese Mixtur noch warm ist, 80 g Zitronensalz hinzufügen. Dann werden 30–40 gut gewaschene und abgetropfte Holunderblüten hinzugefügt. 24 Stunden stehen lassen. Durch ein dünnes Tuch abseihen, in Flaschen füllen.

Das andere Salzburg

Zwölf Kilometer von meiner Heimatstadt entfernt gibt es ein kleines Städtchen, oder besser gesagt einen Marktflecken oder noch besser gesagt einen Kurort, der Salzburg heißt. Der Name stammt von den Salzbergwerken, die es früher da gab, und deren Stollen teilweise im Laufe der Zeit eingestürzt sind, sich mit Wasser gefüllt haben und wo sich zahlreiche Seen gebildet haben, in denen die Menschen aus der näheren Umgebung zum Spaß oder um ihre Leiden zu lindern baden. In Salzburg gab es ein Bad, wo Eintritt gezahlt werden mußte, und wo sich drei Seen befinden, die miteinander verbunden sind. Salzburg hatte etwas Unheimliches an sich. Angeblich führten die Stollen fast durch den ganzen Ort, man munkelte, daß eines Tages alles einstürzen werde, und schritt man durch den Ort, so federte der Boden leicht. Das Wasser ist so salzhaltig, daß auch Nichtschwimmer darin baden können. Neben den Seen im Bad befinden sich Bretterstege und Umkleidekabinen. Auf den Bretterstegen kann man liegen, und die einzelnen Seen sind mit Brücken verbunden, unter denen man auch durchschwimmen kann.

Die ersten Eindrücke von Salzburg verbinde ich mit Ausflügen, die ich als ganz kleines Mädchen mit meinen Großeltern dorthin unternommen habe. Schon die Zugfahrt war ein einmaliges Erlebnis für mich und dann erst das Bad. Ich saß auf den Brettern, meine Großmutter und mein Großvater schwammen durch alle drei Seen unter den Brücken durch, sie waren die Größten für mich. Wenn sie in der Mitte eines Sees waren, überlief mich ein leiser Schauer, und ich stellte mir vor, wie fürchterlich tief der See sein mußte und daß jederzeit ein Ungeheuer hervorkommen könnte. Ich stellte mir vor, wie das Ungeheuer meine Großmutter mit Haut und Haaren verschlingen würde und wie es meinem Großvater kaum gelingen würde, sie zu retten. Ich steigerte mich so in meine Phantasien, daß mir die Tränen kamen, und erst als ich die Stimme meines Großvaters hörte: „Willst auch eine Ringlo“ (das waren für uns Ringlotten, Pflaumenart mit grünen Früchten) wurde ich Gott sei Dank wieder auf den Boden der Tatsachen zurückgeholt. Manchmal, wenn auch ganz selten, begleitete uns auch meine Mutter. Mein Vater war ein Feind aller stehenden Gewässer, und er hätte niemals in Salzburg gebadet. Meine Mutter tat dies auch sehr zögerlich, da sie zwar schwimmen konnte, aber meinte, sie bekäme Herzklopfen, sobald sie keinen Boden unter den Füßen spüre.

Viel interessanter als das Bad waren die Seen außerhalb des Ortes. Da begann es erst richtig unheimlich zu werden. Die Seen tragen Namen wie „der Totensee", „der bodenlose See", „der Schwalbensee", „der Pumpensee" oder der „Tököly-See". Zwischen diesen Seen befanden sich Massen von Schlamm, in dem sich die Leute suhlten, sich damit einschmierten, ihn auf der Haut trocknen ließen, bis er brüchig wurde, und ihn dann wieder abwuschen. Dies sollte Wunder wirken. Wunder wirkte auch das Wasser vor allem des Tököly-Sees, wo laut den Erzählungen meines Vaters sein eigener Vater ein schweres Rheumaleiden durch ständiges Baden auskuriert haben soll. Dieser Tököly-See ist sehr salzhaltig, und die Wasseroberfläche sinkt jedes Jahr. Es wird immer halsbrecherischer, in den See zu gelangen, zu dem zwar improvisierte Treppen hinunter führen, was aber trotzdem nicht ganz ungefährlich ist. Trotz ausdrücklicher Verbote meiner Mutter, in den Seen zu baden, tat ich dies mit meinen Freundinnen und sparte den Eintritt ins Bad.

Einmal nahm ich mir schwarze Kirschen mit nach Salzburg. (Wir sagten „kneckschwarz", was so viel bedeutete, daß sie nicht schwärzer sein konnten). Damit sie auch frisch in Salzburg ankommen, nahm ich sie in einer Aluminiumdose mit. Als mich der Hunger überkam, ging ich mit der Dose in der Hand zum Tököly-See hinunter, so daß ich nur mit den Füßen im Wasser saß. Ich hielt meine Blechdose in der Hand, aß Kirschen und träumte vor mich hin. Dabei fiel meine Blechdose ins Wasser, und die Kirschen schwammen munter auf dem See. Ich fand das sehr schade, fischte sie mit der Dose wieder raus, und da der Deckel der Blechdose durchlöchert war, tropfte das Wasser wieder ab. Ich probierte nun eine Kirsche aus dem See, sie schmeckte scheußlich, doch trotz allem wusch ich die Kirschen nicht vom Salzwasser ab, sondern aß sie so salzig, wenn auch mit weniger Genuß, bis auf die letzte auf. Die Nacht, die darauf folgte, war eine der schlimmsten in meinem Leben.

Der Name des Totensees rührt daher, daß im Ersten Weltkrieg drei Tote auf der Oberfläche des Sees schwammen; niemand konnte genau sagen, ob sie vom Feind erschossen worden waren, ob es sich um drei Männer aus dem einstigen Bergwerk handelte, oder ob es gar Deserteure waren. Aber so genau wollte das auch keiner wissen. Die Leute munkelten auch, daß es

Honvéd-Soldaten gewesen sein sollen. Das Wort „Honvéd“ hatte für mich eine große Musikalität, auch wenn ich keine Ahnung hatte, was es bedeutet. Später erklärte mir mein Vater, daß „Honvéd“ auf ungarisch „Vaterlandsverteidiger“ bedeutet und so die Soldaten der ungarischen Armee genannt wurden. Der Totensee befand sich auf einer Anhöhe und wurde vom Pumpensee durch einen schmalen Pfad getrennt. Der Pumpensee lag viel tiefer; an einem Ende, und zwar an jenem Ende, das an den Totensee grenzte, fiel die Erde steil ab und sah wie eine bedrohliche Mauer aus. Auf diesem schmalen Grat zwischen Totensee und Pumpensee fuhren besonders mutige Jungen mit dem Fahrrad drüber, was einer Heldentat gleichkam. Meine Mimitante hatte einmal im Totensee gebadet, was ihr großen Respekt und Bewunderung meinerseits einbrachte. Sie war es auch, die mich, als ich neun war, eine Woche lang auf Sommerfrische nach Salzburg nahm. Damit verbinden sich drei einschneidende Erlebnisse. Erstens hatte ich keinen Badeanzug und mußte in einem Höschen baden. Ich schämte mich fürchterlich, obwohl ich nur aus Haut und Knochen bestand und auch der leiseste Ansatz eines Busens nicht vorhanden war. Heute kann ich jenes Schamgefühl schwer nachempfinden, da ich inzwischen begeisterte FKK-Anhängerin bin.

Zweitens wäre ich im Schwalbensee beim Schwimmenlernen beinahe ertrunken. Mimitante war zwar keine große Sportlerin, dafür aber umso mehr eine begeisterte Schwimmerin, die beschloß, ihrer Nichte das Schwimmen beizubringen. Der Schwalbensee ist weniger salzhaltig. Wir nahmen ein Brett, und auf ging es in die Seemitte. Am Rande der Seen lagen Bretter herum, die vom Wasser und von der Zeit schon morsch waren. Mit den Füßen führte ich korrekt die Bewegungen aus, dann ließ ich das Brett los, versuchte es auch mit den Armen, und alles schien gut zu gehen, bis mich ohne jeden Grund ein Gefühl der Panik erfaßte, ich mußte an die Tiefe des Sees denken, an die unheimlichen Stollen, vielleicht würde plötzlich etwas aus dem Grund auftauchen, mich packen, mich wegzerren, ich vergaß all die korrekt ausgeführten Bewegungen mit den Händen und den Beinen, schlug wild um mich herum, das Holzbrett schwamm weg, ich hörte nicht, was meine Tante sagte, und zu allem Unglück schluckte ich Salzwasser, was recht unangenehm ist. Meine Tante versuchte, die Situation in den Griff zu bekommen, was sich als schwierig erwies, da ich ihre Arme mit ganzer Kraft umklammerte. Irgendwie schafften wir es dann doch noch, bis zum Ufer zu gelangen, ich hustend und prustend und keuchend, meine Tante auch etwas erschöpft. Wir ließen uns auf die ausgebreiteten Handtücher fallen, ich lag auf dem Rücken, die Sonne leckte meinen Körper, und ich dachte nur, wie schön das Leben doch ist.

Mein drittes Erlebnis ist kulinarischer Art und angenehmer als die beiden bereits erwähnten. Wir wohnten in einem Bauernhaus, was schon an sich ein Erlebnis für mich war. Wir mußten uns selbst verpflegen. Das Frühstück fiel einfach aus, mittags gab es beim Baden ein paar belegte Brote, und abends mußten wir dann etwas kochen. Meine Tante hatte mit Kochen nicht viel am Hut. *Also kochte sie ein paar Kartoffeln, schälte diese, teilte sie in vier, schnitt sie dann in Scheiben, briet sie in etwas Butter an, schlug ein paar Eier drüber, salzte und pfefferte alles und fertig war das Essen.* Es schmeckte mir wie einer Königin. Ich wollte wissen, wie dieses Essen heißt. Meine Tante meinte, das seien Kartoffeln mit Ei, doch wenn ich wollte, könnten wir die Kartoffeln auch **Salzburger Kartoffeln** (Rezept siehe oben) nennen.

Viele Jahre später. Es ist auch Sommer. Mein Mann und ich schlendern durch Mozarts Salzburg. Es ist eine der vielen Reisen, die wir unternehmen und beide so sehr genießen. Wir schlendern den ganzen Vormittag durch die Stadt und setzen uns mittags müde und hungrig unter einem riesigen Kastanienbaum in einem Gartenlokal nieder. In jedem Land versuchen wir, das landestypische Essen zu uns zu nehmen. Auf der Speisekarte stehen auch die „Salzburger Nockerl", wir beachten nicht die Tatsache, daß diese bei den Nachspeisen stehen. Ich erinnere mich sofort wieder an die Salzburger Kartoffeln meiner Tante und assoziiere, daß die Salzburger Nockerl etwas Ähnliches sein müßten. Fehleinschätzung. Sie schmecken zwar gut, es bleibt aber zu überlegen, ob sie für den großen Hunger das geeignete Essen sind.

Mein Salzburg konnte man mit dem Zug – später wurde auch der Busverkehr eingeführt – oder mit dem Fahrrad erreichen. Fuhr man mit dem Zug, hatte man zwei Möglichkeiten: Entweder fuhr man bis zur Messerfabrik, wenn man zu den Seen baden ging, oder man fuhr bis zum Bad.

Es war Ende Juli, mein zukünftiger Mann, mein kleiner, 11jähriger Cousin und ich hatten einen Tag in Salzburg bei den Seen verbracht. Gegen Mittag verdunkelte sich der Himmel, und ein Gewitter braute sich zusammen. Die Gewitter kamen in meiner Heimatstadt immer aus Salzburg, das westlich lag. Wir brachen auf und gingen entlang der Eisenbahnschienen bis zur Messerfabrik, um noch vor dem Unwetter den Zug zu erreichen. Ich war schwanger, was aber kein Mensch außer mir und meinem Mann wußte. Mein Cousin, der sieben Jahre jünger ist als ich und der sich den ganzen Tag schon eher gelangweilt hatte, schritt mal vor uns, mal neben uns, mal hinter uns. Irgendwann, als er wieder hinter uns ging, hob er eine kleine unreife Pflaume auf und traf mich damit am linken Oberschenkel. Der Aberglaube sagt, daß man auf eine schwangere Frau nichts werfen darf. Pflaume und Salzburg waren längst vergessen, als 6 Monate später mein kleines Mädchen zur Welt kam. Ich begutachtete das kleine Bündel Mensch und entdeckte am linken Oberschenkel ein hellbraunes Mal in Form einer kleinen Pflaume.

Meine Mutter und meine Großmutter überließen – ganz anders als ich – wenig dem Zufall, und Improvisation gab es beim Kochen nicht. Nach einem Salzburg-Ausflug gab es **Grüne-Bohnen-Suppe** und danach Heidelbeeren (die wir „Afune“ nannten) mit Zucker und Rahm. Die grünen Bohnen waren Buschbohnen, die aus unerklärlichen Gründen Burenbohnen genannt wurden.

Grüne-Bohnen-Suppe

1 kg Bohnen in Salzwasser weichkochen. Einbrenn hinzufügen, das heißt auflösen (dabei ein Sieb verwenden, damit sich keine Knötchen bilden) und mit Essig und Zucker abschmecken. Zwecks Verfeinerung kann Sauerrahm hinzugefügt werden.

Bohnensuppe aus breiten gelben Bohnen

1 kg Bohnen in Salzwasser weichkochen. Inzwischen kleine Speckwürfel auslassen und eine kleingeschnittene oder geriebene Zwiebel darin andünsten und goldgelb rösten. Um der Suppe noch einen besseren Geschmack zu geben, würfelt man eine Tomate ganz klein und röstet sie mit. Sind die Bohnen gar, fügt man dieses Gemisch der Suppe zu und schmeckt sie mit Einbrenn ab. Zwecks Verfeinerung kann nun ein ganzes Ei oder aber nur ein Eidotter mit Rahm verquirlt werden und der Suppe hinzugefügt werden. Soll die Suppe sehr sättigend sein, kann man vor dem Servieren in die kochende Suppe je Person ein ganzes Ei schlagen. Das wäre dann Bohnensuppe mit „verlorenem“ Ei. Gehacktes Petersilienlaub rundet den Geschmack ab.

Hermannstadt - Evangelische Stadtpfarrkirche (Willy Dusil)

In meiner Kindheit wurde die gekochte Milch entrahmt und für die Verfeinerung der Suppe verwendet. Bäuerinnen aus der Umgebung brachten ungefähr zwei- oder dreimal die Woche in großen blauen Emailmilchkannen Milch ins Haus.

Statt der Heidelbeeren konnte es auch einen anderen Nachtisch geben: gebackenen **Grieß mit Rum**. Dieser Grieß mit Rum ist ein besonders leckerer Nachtisch und wirkt an einem warmen Sommertag, kalt gegessen, recht erfrischend.

Gebackener Grießpudding mit Rum

5 Eier, 5 EL Zucker, 200 g Grieß, 1 l Milch, Vanillezucker, Rum. Die 5 Eidotter werden mit dem Zucker flaumig gerührt, danach fügt man den Grieß hinzu. Aus den Eiweißen wird Schnee geschlagen und unter die Masse gehoben. Diese Masse kommt in eine runde Backform, die vorher mit Butter ausgeschmiert und mit Semmelbrösel ausgestaubt wurde. Die Masse wird bei mäßiger Hitze goldbraun gebacken und danach in eine Schüssel gestürzt. Inzwischen wird 1 l Milch erhitzt, mit Vanillezucker, Zucker und Rum abgeschmeckt und über den noch heißen Grieß gegossen. Der Grieß wird kalt serviert.

Der Unglücksrabe

Solch einen Grieß mit Rum sollte es auch zum Mittagessen geben, als ich die vierte Klasse besuchte. Bei uns im Hause hatten zwischenzeitlich Veränderungen stattgefunden. Meine über alles geliebte Großmutter mütterlicherseits war verstorben, meine Mutter ging einer geregelten Arbeit nach, um das Haushaltsbudget aufzubessern, und ich war zum Schlüsselkind geworden. Das war nicht weiter schlimm. Ich genoß es, recht oft unbeaufsichtigt zu sein und frönte ausgiebig meiner großen Leidenschaft, dem Lesen. Manchmal kamen die Hausaufgaben dabei zu kurz, und ich war mit den Gedanken nicht immer bei der Schule. So mußte es auch an jenem schwarzen Tag gewesen sein, als ich mein Mathehausaufgabenheft zu Hause vergessen hatte. Ich wurde von der Lehrerin nach Hause geschickt, um besagtes Heft zu holen, stellte aber zu meinem Entsetzen fest, daß ich den Schlüssel vergessen hatte. Nun hätte ich den Schlüssel ohne weiteres von meinem Großvater holen können, der seine Tischlerwerkstatt im gleichen Hof hatte, doch ich tat es nicht. Statt dessen, „Bist du Gottes Kind, so hilf dir“, studierte ich, ob es eine Möglichkeit gebe, um in die Wohnung zu gelangen. Das Küchenfenster bestand aus einem großen Fenster, das verschlossen war, und einem kleinen Fenster, das sich oberhalb des großen Fensters befand und das geöffnet war. Vor diesem Küchenfenster befand sich ein Fliegengitter, das sich leicht entfernen ließ. Als das geschehen war, zog ich mich hoch, und, klein und dünn, wie ich war, drang ich durch das kleine Fenster ein, ließ mich dann in einer seiltänzerischen Aktion an der Innenseite des Fensters wieder hinunter, öffnete den Verschluß, zog mich wieder rauf und an der Außenseite wieder runter und stieß mit voller Kraft das Fenster auf. Was ich übersehen hatte, war der gebackene Grieß mit Rum, der zum Auskühlen auf dem Fensterbrett stand. Vor dem Fensterbrett stand seit eh und je eine alte Singer-Nähmaschine, auf der sich einige Papiere befanden. Der Grieß purzelte über die Nähmaschine und landete elegant auf dem Fußboden. Die Milch schwappte über die Papiere. Das Chaos war komplett. Schwuppdiwupp beförderte ich den arg lädierten Grieß in den Müll, wischte die Milch von der Nähmaschine, warf die nassen Papiere, nach dem ich sie sorgfältig zerrissen hatte, fort, nahm Schlüssel und Matheheft an mich und eilte zur Schule, einen klebrigen Fußboden und eine klebrige Nähmaschine zurücklassend. Meinem Vater, dem ich auf dem Weg zur Schule begegnete, legte ich eine schnelle Beichte ab, um so meiner Mutter nicht ganz unvorbereitet zu begegnen. Beide Elternteile waren dann zu Hause, als ich von der Schule heimkehrte. Ich hoffte nur inständigst, daß die Grießkatastrophe keine negativen Auswirkungen auf den Abend haben würde. Mein Vater hatte nämlich Karten besorgt für eine wunderschöne Show, die „Paris auf dem Eis" hieß. „Du bist und bleibst ein Unglücksrabe", mit diesen Worten empfing mich meine Mutter. Nach der Suppe (es gab Kartoffelsuppe) glaubte ich dann selbst, ein Unglücksrabe zu sein, denn die Karten für die abendliche Show hatten sich zwischen den mit Milch übergossenen Papieren, die von mir in viele Stücke zerrissen worden waren, auf der Nähmaschine befunden.

Kartoffelsuppe mit Rahm (Milchrahm)

Eine Zwiebel wird in kleine, feine Würfel geschnitten und in etwas Öl (meine Mutter nahm natürlich Fett) angebraten. Dann werden die Kartoffeln (6–7 Stück) hinzugefügt, die man vorher in Würfel geschnitten hat. Nun wird süßes Paprikapulver (ca. 1 TL) und Kümmel (nach Geschmack) hinzugefügt, das Ganze mit Wasser aufgegossen und so lange gekocht, bis die Kartoffeln gar sind. Danach wird gesalzen und mit Rahm abgeschmeckt.

Die Lieblingssuppe meines Vaters war:

Kartoffelsuppe mit Lorbeerblatt

Kartoffeln in kleine Würfel schneiden und in Öl oder Fett anbraten. Mit Wasser aufgießen und so lange kochen, bis die Kartoffeln gar sind. Mit Einbrenn andicken, Lorbeerblätter hinzufügen und mit Salz und Essig abschmecken.

Aus Grieß bereitete meine Mutter auch einen Grießpudding mit Zitrone zu, den wir Grießpudding mit Chaudeau nannten.

Grießpudding mit Zitrone (mit Chaudeau)

1/2 l Wasser, der Saft einer halben Zitrone und 120 g Zucker werden zum Kochen gebracht. Danach unter ständigem Rühren 80 g Grieß einkochen. Ist diese Masse fertig gekocht und etwas ausgekühlt, fügt man den Schnee von 4 Eiweiß hinzu. Man rührt den Schnee ganz langsam ein, bis er in der Masse verschwunden ist. Danach wird diese Masse in eine nasse Schüssel gegossen.
Chaudeau: 4 Eidotter werden mit Zucker (nach Geschmack) und 1 EL Mehl verrührt. Diese Masse wird in kochende Milch eingekocht, ständig muß gerührt werden, damit sich keine Knötchen bilden. In die Milch selbst gibt man Zucker und Vanillezucker nach Geschmack.

Ist die Grießmasse gut erkaltet, wird sie gestürzt und mit dem inzwischen erkalteten Chaudeau übergossen.

Kein Sonntag ohne Schnitzel

Das Sonntagsessen bestand bei uns zu Hause aus ausgebackenen Schnitzeln (aus Schweinefleisch oder Kalbfleisch), eine Abweichung stellte noch der Braten dar (auch aus Schweinefleisch oder Kalbfleisch). Ein anderes Essen kam für den Sonntag nicht in Frage. Von den Beilagen (geröstete Kartoffeln, gedünsteter Reis und Erbsen) wurde auch nicht abgewichen. An dem Salat, der auf den Tisch kam, konnte man das Fortschreiten des Sommers beobachten. Nach dem Kopfsalat (den wir „grünen Salat" nannten) kam der Gurkensalat und danach die gebratenen Paprika (die wir „Bratardei" nannten). Solange ich mich zurückerinnern kann, war es schwierig, Fleisch zu beschaffen, doch die Ironie des Schicksals wollte es, daß gerade ich, die bis zu ihrem siebten Lebensjahr keinen Bissen Fleisch gegessen hat, in einem Haus aufwuchs, wo es immer Fleisch gab. Dieses wurde aus privaten Quellen bezogen, und die Fleischbeschaffungsaktion war nicht ungefährlich. Ja, wenn man von den Behörden erwischt worden wäre, so hätte man mit Gefängnis büßen müssen. Wir hatten zwei Fleischlieferanten, die aus einer Nachbargemeinde stammten, und die man bei uns im Haus „die Poplaker" (weil ihr Heimatort „Poplaka" hieß) nannte. Mir waren diese Poplaker nicht geheuer, erstens begeisterten mich ihre Fleischlieferungen nicht, und zweitens sprachen sie nur Rumänisch, und ich verstand als Kind kein Wort davon. Wegen der Gefährlichkeit dieser Lieferungen waren die Poplaker natürlich nicht gewillt, nur ein oder zwei Kilo Fleisch zu liefern, deshalb wurde bei uns zu Hause fast immer ein viertel oder ein halbes Kalb angeliefert und in der gesamten Verwandtschaft oder im Bekanntenkreis verteilt. Mein Vater führte dann genaue Listen, in die er den Namen des Bestellers und die gewünschte Menge Fleisch eintrug, natürlich in kodierter Form. Die Angst vor dem Entdecktwerden war so groß, daß mein Vater nie seiner Mutter, also meiner Großmutter, sagte, es gebe Kalbfleisch, sondern er sagte nur, Herr Teleci („Teleci" war das tschechische Wort für Kalb, meine Großeltern väterlicherseits waren aus Böhmen nach Siebenbürgen eingewandert) läßt schön grüßen.

Die Kalbsschnitzel waren besonders zart, und meine Mutter war eine Meisterin im Schnitzelausbacken. So weit ich zurückdenken kann, sagte mein Vater nach jedem Sonntagsmittagessen: „Hm, ein Fleisch, zu dem man

‚Sie' sagen muß", und gegen Ende der Mahlzeit weissagte er: „Genießt das Essen, nehmt Abschied davon, es war vielleicht die letzte Fleischlieferung". Gott sei Dank ist dies nie eingetroffen, und wir haben all die Jahre in Rumänien leckere Schnitzel verzehrt.

Meine Großmutter, die eine sehr pedante Frau und ihr Leben lang Hausfrau war, hatte eine besondere Art, die Schnitzel zu klopfen. Sie startete ihre Tätigkeit schon um acht Uhr am Sonntagmorgen. Da wurden die Schnitzel mit einem Messer geklopft, und zwar mit der Schneideseite, Linie neben Linie, und das dauerte bis zehn oder sogar bis halb elf Uhr vormittags. Meine Mutter hat das Patent in den ersten Jahren ihrer Ehe übernommen, dann aber später das Messer durch den Fleischklopfer ersetzt. Aus Kalbfleisch wurden **Wiener Schnitzel** oder **Pariser Schnitzel** zubereitet.

Wiener Schnitzel

Kalbfleisch (ich ersetze es natürlich auch durch Schweinefleisch) wird geklopft, gesalzen und gepfeffert, in Mehl gewendet, danach in verquirlten Eiern (meine Mutter nahm 1 Ei und verlängerte mit Milch) geschwenkt und dann in Paniermehl (Semmelbrösel) gewendet. Dann in heißem Fett oder Öl ausbacken.

Als Beilage gab es dazu nur gedünsteten Reis und im Sommer noch gedünstete Erbsen. Im Frühsommer aßen wir Kopfsalat dazu, im Hochsommer **Gurkensalat** (siehe bei Maisbrei) und im Spätsommer **gebratene Paprika**.

Gebratene Paprika

Gelbe Paprika werden wie Auberginen auf offener Flamme gebraten. Danach werden sie enthäutet. Dies kann auf zweierlei Art geschehen: Sind die Paprika gar, das heißt, beginnt sich die Haut zu lösen, nimmt man sie vom Feuer, salzt sie und legt sie in ein Gefäß mit Deckel. Danach kann man sie sehr einfach enthäuten. Man kann sie aber auch unter fließendem Wasser enthäuten. Sind die Paprika enthäutet, werden sie leicht gesalzen und in ein Gemisch aus Wasser, Zucker und Essig (alles nach Geschmack) eingelegt.

Aus Kalbfleisch können auch Pariser Schnitzel zubereitet werden.

Pariser Schnitzel

Die geklopften, gesalzenen und gepfefferten Schnitzel werden nur in Mehl gewendet. Aus Eiweiß wird Schnee geschlagen, und danach werden die restlichen Dotter hinzugefügt. In diese Masse werden nun die vorher in Mehl gewendeten Schnitzel eingetaucht und danach in sehr heißem Fett oder Öl gebacken.

Zu Schnitzeln gab es Kartoffeln, die auf dreierlei Art zubereitet werden konnten: Gekochte Kartoffeln werden geschält, geviertelt, in Scheiben geschnitten und mit vorher gerösteten Zwiebeln vermischt. Eine Variante davon war, die Kartoffeln auf dem groben Reibeisen (Reibe) zu reiben und danach mit den gerösteten Zwiebeln zu vermischen. Oder aber es gab Kartoffelpüree, das meine Mutter mit reichlich Milch anrichtete. Als ich dann selbst später zu kochen anfing, habe ich auch Butter hinzugefügt, und wenn Rahm vorhanden war, habe ich auch davon etwas dazugemischt.

Zur Sommerzeit gab es die drei schon oben erwähnten Salate dazu, und im Winter gab es als Zuspeise **Preiselbeeren** oder **Apfelkompott**.

Preiselbeeren

6 l Preiselbeeren, 1 kg Zucker, 100 ml Rum, Salizyl, etwas Vanillestange, 1 kg Birnen.
Die Preiselbeeren werden geputzt, in einen Weidling (ein hohes eimerartiges Emailgefäß) getan und mit kochendem Wasser überbrüht. Man läßt die Preiselbeeren so lange im Wasser, bis man sie mit den Händen waschen und herausnehmen kann. Dann werden sie in die Rein gegeben, in der man sie kocht. Sie werden unter Rühren so lange gekocht, bis sie breiig sind, dann fügt man den Zucker hinzu. Kurz vor dem Fertigsein gibt man in Spalten geschnittene Birnen hinzu. Zum Schluß werden das Salizyl, der Rum und die Vanillestange hinzugefügt. Auf einem Teller probiert man, ob die Masse stockt, und füllt die Preiselbeeren noch warm in Gläser ein.

Die Einladung

Zu Großmutters Zeiten wurden die Schnitzel ganz selten im Sommer durch junge Speisekürbisse (eine Art Zucchini) ersetzt, die auf die gleiche Weise wie das Fleisch paniert wurden.

Meine Mutter hat das Sortiment erweitert, indem sie Blumenkohl ausbackte, später auch Auberginen und zuletzt hielten die Pilze Einzug. Dies geschah alles recht zögerlich und mußte meiner Mutter von erfahrenen Hausfrauen anempfohlen werden. Die Pilze wurden von Zigeunern auf dem Marktplatz feilgeboten. Meine Mutter backte Täublinge aus.

Eines Sonntags standen auch ausgebackene Täublinge an. Die Mittagsstunde näherte sich, meine Mutter wollte soeben mit dem Einpanieren beginnen. Ich mochte ungefähr neun Jahre alt gewesen sein, hatte auch schon das Reisputzen hinter mir (in meiner Kindheit kauften wir den Reis nicht abgepackt, sondern ausgewogen, und er enthielt viele Fremdstoffe, die entfernt werden mußten), auch das Petersilienlaub rupfen (eine weitere mühselige Arbeit, die auch mir zufiel) hatte ich hinter mir und freute mich, daß es zu Mittag kein Fleisch gab. Der Sonntagnachmittag lag wie ein Gespenst vor mir. Dann durfte ich nicht mit meinen Freundinnen spielen, sondern mußte mit meinen Eltern spazierengehen, was mir verhaßt war. Ich wäre viel lieber zu Hause geblieben und hätte eines meiner Phantasiespiele gespielt, oder hätte einfach nur vor mich hin geträumt. Ich stand nun am Zimmerfenster, blickte auf die menschenleere Straße und hörte den Sonntag. Ich fühlte den Sonntag nicht, ich sah ihn nicht, ich hörte ihn einfach. Und das ist bis heute so geblieben. Auch all die anderen Tage kann ich übrigens hören. Dieses Thema habe ich nur einmal meiner Mutter gegenüber angesprochen, sie sah mich nur komisch an, und meinte: „Du spinnst wieder mal“, damit war das Thema ein für alle Mal abgehakt.

Plötzlich erblickte ich in der Ferne drei Gestalten, die sich langsam näherten. Es waren mein Onkel, der Bruder meines Vaters, dessen Frau und im Schlepptau hatten sie meinen zweijährigen Cousin. Ich biß mir auf die Lippen, um nicht in ein Freudengeheul auszubrechen, denn erstens mochte ich meine Tante sehr und zweitens war ich ganz versessen darauf, mich mit meinem einzigen Cousin etwas näher zu beschäftigen. Hätten meine Eltern gewußt, was der Sonntag noch bringen sollte, so wäre ich bestimmt energisch vom Fenster weggeholt worden. So verhielt ich mich still und wartete, bis sie vor dem Fenster waren. Ich liebte Besuch, hatten wir doch so selten welchen. Nachdem mich die Anverwandtschaft nun auch erblickt hatte und nach einer überschwenglichen Begrüßung lud ich sie auf das herzlichste ein, doch hereinzukommen. „Kommt doch bitte, bitte herein, auch meine Eltern würden sich freuen". Das war, schlicht gesagt, erstunken und erlogen, und ich wußte es auch, aber es war mir egal. Der Sonntag würde nun ein etwas anderes Kolorit erhalten.

Durch die Stimmen aufmerksam geworden, eilten meine Eltern ins Zimmer. „Das Mädelchen hat uns in die Wohnung gebeten, aber ihr habt doch bestimmt noch viel Arbeit", erklang die Stimme meiner Tante. „Na ja" begann meine Mutter, doch ich fiel ihr ins Wort „Sie sollen hereinkommen, bitte". Ja, was blieb meinen Eltern anderes übrig, als die Verwandtschaft hereinzubitten, vorher mir jedoch Blicke zuwerfend, die an böse Blitze und an ein Nachspiel erinnerten.

Da mit dem Pilzeausbacken gerade begonnen werden sollte, lud ich Tante und Onkel und Cousin zum Mittagessen ein. Was blieb meinen Eltern wiederum anders übrig, als sich meiner Einladung anzuschließen. Ich jubelte innerlich, wie gut ich das hingekriegt hatte. Ich holte geschwind noch drei Teller aus dem Küchenbuffet (wir nannten diese Anrichte in Siebenbürgen „Kredenz") und machte mich ans Tischdecken. Mein Vater und sein Bruder hatten sich nie sonderlich gemocht. Wenn sie auch ein paar belanglose Worte wechselten, so waren sie immer entgegengesetzter Meinung. Die Atmosphäre blieb frostig. Mein Vater blickte drein, als ob er in einen sauren Apfel gebissen hätte. Meine Tante war voll des Lobs für das Essen (sie war eine miserable Köchin), mein Onkel ließ es sich auch schmecken, und mein kleiner Cousin, der eines der ungezogensten Kinder war, die ich je erlebt hatte, warf mit Erbsen durch die Gegend, tauchte die Finger in den Essig von den Bratardei und grapschte wiederholt nach Pilzen. Die Nervosität meiner Mutter steigerte sich von Minute zu Minute, und sie sehnte wahrscheinlich nichts mehr als das Ende des Besuchs herbei. Eben dieses Ende befürchtete ich. Erstens war endlich mal was los im sonntäglichen Einerlei, und zweitens würde es Schelte geben, weil ich die sonntägliche Idylle mit meiner Einladung zerstört hatte. Also mußte ich mir etwas einfallen lassen. „Bist du Gottes Kind, so hilf dir".

Es schien, als wolle die Verwandtschaft aufbrechen. Da hörte ich plötzlich meine Stimme: „Mutti hat auch einen Kuchen gebacken", und nach diesem Satz schien die Aufbruchstimmung wie weggeblasen. „Tja“, sagte meine Vater, was immer das auch zu bedeuten hatte. Aus den äußersten Augenwinkeln blickte ich meine Mutter an, die mich so gar nicht mehr an meine Mutter erinnerte, sondern etwas von einer griechischen Rachegöttin ausstrahlte. „Was hast du wieder Feines gebacken, meine Gute“, erklang die sanfte Stimme meiner Tante. Mein Onkel ließ sich genüßlich in den Sessel zurückfallen, mein Cousin erhaschte noch die letzte Erbse, meine Mutter, nach Kuchen befragt, verwandelte sich wieder in eine perfekte Hausfrau, und ich räumte emsig den Tisch ab und legte Kuchenteller auf. **„Malibrantschnitten“**, antwortete meine Mutter, wobei mein Vater sich über die Lippen leckte. Meine Mutter hatte ihn an diesem Sonntag gefragt, was sie backen solle, und er hatte „Malibrant“ geantwortet. Bei uns gab es jeden Sonntag eine Mehlspeise, also einen Kuchen, das gehörte zum Sonntag dazu.

Malibrantschnitten

200 g Mehl, 140 g Zucker, 180 Zucker, 100 g Nüsse, 4 Eier, 100 ml Milch, eine Messerspitze Speisesoda (Natron), etwas Zitronenschale, etwas Vanille, Aprikosenmarmelade.
Die Dotter werden mit 140 g Zucker flaumig gerührt, dann fügt man die übrigen Zutaten hinzu. Ist die Mehlspeise halb gebakken, wird sie mit einer feinen Marmelade (was immer man auch darunter versteht) bestrichen und darauf streicht man eine spanische Windmasse. Diese spanische Windmasse wird aus den 4 Eiweiß, 180 g Zucker und etwas Vanille zubereitet und auf die Marmelade gestrichen. Nun wird alles nochmals ins Backrohr geschoben und noch etwas gebacken. Die Windmasse soll nicht braun werden, sondern weiß bleiben.

Nachdem nun auch der Nachtisch verzehrt war, wußte meine Mutter, daß es nur einen Trick gab, um den häuslichen Frieden wiederherzustellen und Ruhe in unsere kleine Welt einkehren zu lassen. Ich wußte auch, daß jeder weitere Trick vergebens sein würde, also knuddelte ich das Baby und sah einem trostlosen Sonntagnachmittag entgegen. Der Trick meiner Mutter bestand in folgendem Satz: „Soll ich euch etwas Kuchen einpacken?“, worauf mein Onkel etwas Undefinierbares murmelte, meine Tante meinte, daß es nicht nötig sei, doch aus diesem negativen Satz klangen so viele „Ja“, daß meine Mutter Tantes Kommentar ignorierte, flink den Kuchen einpackte und somit dem Besuch ein Ende setzte.

Jeder Mensch hat auch gute Seiten. So auch meine erwähnte Tante. Sie konnte zwar nicht kochen, backte aber dafür das beste **Bischofsbrot**.

Bischofsbrot

6 Eidotter werden mit 250 g Zucker eine viertel Stunde lang – flaumig gerührt, dann fügt man 40 g Rosinen, 40 g Weinbeeren, 40 g in Stifte geschnittenes Zitronat oder Orangenschalen, 40 g abgezogene Mandeln, 40 g Nüsse, gleichfalls stiftförmig geschnitten, und ein Töpfchen würflig geschnittene Schokolade hinzu. (Damit die Schokolade weich wird, gibt man sie auf ein Papier in die Backröhre, schneidet sie in kleine Würfel und läßt die Schokoladewürfel wieder steif werden, bevor sie in den Teig gerührt werden, da sie sonst zerbröckeln.) Nun werden 230 g Mehl gleichzeitig mit dem fest geschlagenen Schnee der 6 Eiklar leicht eingerührt und in eine mit Butter geschmierte und mit Mehl ausgestaubte Form gegeben. Nicht zu rasch backen.
Erst am zweiten Tag werden messerrückendicke Scheiben im Backblech geschnitten. Die Form muß hohe Ränder haben und rechteckig sein.

Die Party

Diese Tante hatte eine Freundin, die wir Pussitante nannten. Pussitante war ein wunderbarer Mensch. Sie hatte im Leben alles verloren und sich doch nicht unterkriegen lassen. Ihr Mann war nach zehn Jahren sehr glücklicher Ehe gestorben, und sie hatte ihren einzigen Sohn, der Student war und zum Militär einberufen wurde, als der zweite Weltkrieg ausbrach, bei einem Fliegereinsatz verloren. Ihre Wohnung wurde völlig zerstört, sie hatte in der Hauptstadt gelebt, und Anverwandte hatte sie auch nicht. Wie es zu der Freundschaft mit meiner Tante kam, weiß ich nicht. Bewundernswert war die Tatsache, daß Pussitante trotz dieser vielen Schicksalsschläge kein verhärmter Mensch war, sondern im Gegenteil ein fröhliches Gemüt und immer ein gutes Wort für alle Menschen bereit hatte. Auf mich wirkte sie wie ein Relikt aus einer anderen Zeit. Nachdem sie ihr ganzes Hab und Gut verloren hatte, kam sie aus der Hauptstadt nach Hermannstadt, kaufte sich hier ein kleines hübsches Häuschen mit Garten und versuchte, aus ihrem Leben das Beste zu machen. Ihr Alter konnte ich nie schätzen, was auch schwierig für ein Kind ist. Für mich war sie immer eine ältere Dame, obwohl sie gar nicht so alt gewesen sein kann. Sie war stets elegant gekleidet, und ihr vom Leben so sehr gezeichnetes Gesicht war mit viel Schminke bedeckt, was eine große Anziehungskraft auf mich ausübte. Sie war die beste Freundin meiner Tante, die sich stets bei ihr ausweinte über die Lieblosigkeit und den krankhaften Geiz meines Onkels. Sie war auch die einzige Person, die meinem Onkel ab und zu gehörig die Meinung sagte, was aber an seinem Verhalten nichts änderte.

Pussitante hatte noch eine gute Bekannte, und zwar die dritte Ehefrau des berühmten Nervenarztes Dr. Vatter. Sie hieß Sina, und ich fand sie sehr nett. Die Ehe mit Dr. Vatter war kinderlos geblieben, und so bestand Sinas Lebenssinn darin, sich um das Wohl ihres gestreßten Mannes zu kümmern. Da er mit nervlich lädierten Menschen zu tun hatte, meinte Sina oft besorgt: „Pussilein, da färbt so manches von seinen Patienten ab", worauf Pussi sie mit den Worten tröstete, daß er der beste Arzt in Hermannstadt sei. Noch etwas stimmte Sina sehr traurig, und zwar das Verhältnis zu ihrer Schwiegermutter. Dr. Vatter hatte noch als Student eine Frau aus Liebe geheiratet, die aber nach nur fünfjähriger Ehe an einer schweren Krankheit verstarb. Dr. Vatters Mutter orakelte damals: Diese Frau hat ihm Gott gegeben und auch Gott wieder genommen. Nach einiger Zeit, Dr. Vatter war noch ein junger Mann, stellte ihm ein Kollege eine Bekannte vor, sie fanden sich auf Anhieb sympathisch, mit der Zeit wurde mehr aus dieser Sympathie und die beiden heirateten. Leider meinte es auch diesmal das Schicksal nicht gut mit den beiden, nach ein paar harmonischen Ehejahren starb die zweite Frau bei einem Verkehrsunfall. Der Kommentar von Dr. Vatters Mutter war: Diese Frau wurde ihm von den Menschen gegeben und auch von den Menschen wieder genommen. Kurz nach diesem tragischen Ereignis kam Sina als Sprechstundenhilfe zu Dr. Vatter in die Praxis. Sie war eine hübsche junge Frau mit rabenschwarzen Haaren, die sie kunstvoll auf ihrem Haupt auftürmte. Nach vier Jahren war sie Dr. Vatters Ehefrau. Die beiden gingen sehr liebevoll miteinander um, und jede Mutter hätte sich über das Glück ihres Sohnes gefreut. Nicht so die Mutter von Dr. Vatter: Diesmal lautete ihr Kommentar, noch zu Lebzeiten der Frau: „Diese Frau hat ihm der Teufel geschickt".

Pussitante gab einmal im Jahr eine Gesellschaft, zu der auch meine Eltern eingeladen waren und mich mitnahmen. Für mich war es das Ereignis schlechthin. So stellte ich mir Gesellschaften vor, und so wollte ich es später auch einmal machen. Der Tisch war wunderschön mit einer blütenweißen Damasttischdecke gedeckt, darauf befanden sich Teller, beginnend mit kleinen Tellern für die Vorspeise, Suppenteller, Bratenteller, Dessertteller. Die Teller hatten ein blaues Muster mit einem goldenen Rand. Das Eßbesteck lag neben jedem Gedeck auf kleinen Porzellanbänkchen, und die gestärkten Stoffservietten lagen in runden Porzellanringen. Der Tisch war rund und die Möbel antik. Es war ein Ausflug in eine andere Zeit. Auf dem Parkettboden lag ein schwerer Perserteppich. Auf einer Anrichte standen Aperitifgläser, und als erstes wurde ein **Weichsellikör** (etwas typisch Rumänisches – Pussitante war Rumänin) serviert.

Weichsellikör (Vişinată)

3/4 l Wasser werden mit 1 kg Zucker aufgekocht. Dieser Zuckersirup wird lauwarm über 1 1/2 kg Weichseln geschüttet und dazu werden noch 3/4 l Alkohol gegeben. Danach läßt man dieses Gemisch 3 Wochen lang in der Sonne stehen.

Im Winter kann man aus diesen Weichseln **Weichselkugeln** machen.

Weichselkugeln

140 g gemahlene Walnüsse, 140 g Puderzucker, 1 Stück Schokolade (muß nicht unbedingt sein, kann mit einem Löffel Kakao ersetzt werden), 50 ml Rum, 1 Eiweiß. Alles wird in einer Schüssel verrührt und die Weichseln werden damit überzogen, in Kristallzucker gerollt und zum Trocknen gegeben.

Zum Weichsellikör wurden **Kümmelstangen** gereicht, die Pussitante nach folgendem Rezept zubereitete:

Kümmelstangen

Aus 300 g Mehl, 1 TL Salz, 250 g Margarine, 1 EL Essig und 4 EL Wasser wird ein Teig zubereitet, den man 1 Stunde stehen läßt. Dann wird der Teig ausgewalkt (d. h. ausgerollt), mit einem Rädchen in Stangen geschnitten und obenauf mit Salz und Kümmel bestreut. Die Stangen werden bei mäßiger Hitze gebacken.

Dann ging es mit den eigentlichen Vorspeisen los. Diese bestanden aus:

Salade de bœuf

500–600 g in der Fleischsuppe gekochtes Gemüse (2–3 Möhren, 1–2 Petersilienwurzeln, 1 Sellerie (gibt einen sehr guten Geschmack), 1–2 Kartoffeln, 1 kleine Dose feine Erbsen, 200 g gekochtes Fleisch (Rind-, Kalb- oder Hühnerfleisch) 4–5 Gewürzgurken. Man kann auch einen geriebenen Apfel hinzufügen, er gibt dem Ganzen eine pikante Note, ist aber nicht jedermanns Geschmack.
Nachdem das Gemüse und das Fleisch ausgekühlt sind, wird alles in sehr kleine Würfel geschnitten, man kann auch alles auf einer groben Reibe (wir sagten dazu Reibeisen) reiben. Aus 1 oder 2 Eidotter wird eine Mayonnaise zubereitet. Das Eiweiß wird gesalzen und gepfeffert und in etwas heißem Öl beidseitig gebacken. Danach wird es in kleine Stücke geschnitten.

Das Gemüse, das Fleisch und das ausgebackene Eiweiß werden mit Mayonnaise vermischt und mit Salz und Pfeffer abgeschmeckt. Nach Geschmack kann noch eine kleine, ganz fein geriebene Zwiebel hinzugefügt und mit etwas Zitronensaft abgeschmeckt werden. Zum Dekorieren kann etwas Mayonnaise aufgehoben werden.
Ist die Salade de bœuf fertig, wird sie auf einer länglichen Platte angerichtet, mit der übriggebliebenen Mayonnaise überstrichen und dann je nach Phantasie und Talent dekoriert.

Pussitante zauberte kleine Kunstwerke. Weiße Eierringe hoben sich von der gelben Unterfläche der Mayonnaise ab. Aus der Mitte der Eierringe blickten einem schwarze Olivenaugen entgegen. Der Rand der weißen Eierringe wurde von kleinen, roten, eingelegten Paprikastückchen gesäumt. Auf der gegenüberliegenden Seite befanden sich zwei gezackte Zitronenschalen, die wie Zahnräder aussahen, im Inneren dieser Zahnräder leuchteten dunkelgelbe Eidottersonnen, und abgerundet wurde dieses Kunstwerk durch zarte kleine Petersilienblätter, die wie achtlos hingeworfen aussahen und dem Ganzen eine lebendige Note gaben. Solche Kunstwerke wollte ich auch einmal meinen Gästen servieren.

Neben der Salade de bœuf standen zwei Schüsselchen mit einer cremefarbenen Masse, am Rande mit einem schwarzen Olivenkranz umgeben. Das war ein Salat aus **Fischrogen**.

Fischrogen

1–2 TL Fischrogen werden mit etwas Salz und Öl flaumig gerührt. Nachdem man etwas Öl hinzugefügt hat, gießt man einen kräftigen Schuß Mineralwasser (wir nahmen dafür Sodawasser) dazu. Manche Leute fügen auch etwas zerkrümeltes Weißbrot ohne Kruste (Brot ohne Kruste nannten wir „Schmolle“) hinzu. Dann wird unter Hinzufügen von Öl weitergerührt, bis eine recht konsistente Masse entsteht, die streichfest ist, und die wie eine Qualle etwas „schwabbelt“. Abgeschmeckt wird mit Zitronensaft und wenn nötig mit etwas Salz. Dazu wird Weißbrot serviert.

Nach vielen Jahren hatte ich selbst Gäste. Wir lebten nun in Deutschland, und ich bereitete eine Salade de bœuf vor. Ich war eher etwas skeptisch, weil ich nicht wußte, wie unsere Bekannten dieses Essen aufnehmen würden. Zu meiner Freude schmeckte es allen prima. Als ich nach den genauen Zutaten befragt wurde und auch den Hergang der Herstellung bekanntgab, da sagte einer unserer Bekannten ganz ernst: „Das ist ja ein Recyclingsalat, schmeckt aber ganz lecker". Er hatte recht. Das Suppengemüse findet so Verwertung, wird es doch oft einfach weggeworfen. Unsere gute alte Salade de bœuf hatte einen neuen Namen erhalten.

Nachdem nun Pussitantes Kunstwerke zerstört worden waren, wurde die nächste Speise als etwas ganz besonders Feines angekündigt. Sina hatte das Rezept Pussitante gegeben. Nachdem wir uns alle daran gütlich getan hatten, schrieb meine Mutter das Rezept gleich auf, was für die Qualität dieser Speise sprach, da meine Mutter nur ganz selten etwas in ihre Kochheftsammlung aufnahm. Im Kochbuch meiner Mutter stand dann „Sehr gute Vorspeise (von Pussi)". Ich nannte sie später ganz prosaisch:

Schinkensemmeln

Ganz kleinen Kaisersemmeln wird das Kapperl (der obere Teil) abgeschnitten oder sie werden einfach in der Mitte durchgeschnitten, ausgehöhlt und mit Butter bestrichen. Für 10 Semmeln nimmt man 100 g fein gehackten oder gemahlenen Schinken, 100 ml Sauerrahm, eine fein gehackte Zwiebel, etwas Pfeffer und, wenn nötig, noch etwas Salz.
Schinken, Rahm, Zwiebel und Pfeffer werden gut vermengt und die Semmel damit gefüllt. Vor dem Essen gibt man sie in ein Backblech, läßt sie im Backrohr gut heiß werden und serviert sie mit Bier.

An den Hauptgang kann ich mich nicht erinnern, er ist bis heute für mich der weniger interessante Teil eines Essens. Als Nachtisch fehlte aber nie die berühmte **Bohème**, ein Rezept, das auch meine Mutter sofort in ihr Repertoire aufnahm.

Bohème

Teig: Aus 5 Eiklar wird Schnee geschlagen, 140 g Zucker und 140 g gemahlene Nüsse werden hinzugefügt.

Fülle: 140 g Butter werden flaumig gerührt, mit 140 g Zucker und 5 Eidottern sowie 10 g Kakao verrührt.
Der Teig wird in einem großen Blech gebacken, und wenn er erkaltet ist, wird er in drei Streifen geschnitten. Diese werden dann mit der Fülle gefüllt und auch auf allen Seiten beschmiert. Mit gesüßter Sahne kann diese Torte dekoriert werden.

Hinter verschlossenen Türen

Seit ich mich erinnern kann, wünschte ich mir ein herzlicheres Verhältnis zu meiner Mutter. Leider kam dieses nie zustande. Lag es an mir? Lag es daran, daß ich von meinem Vater vergöttert wurde? Lag es daran, daß ich nie von meiner Mutter geherzt und geküßt wurde? Sie ließ mich nicht an sich heran. Ich habe ganz wenig Erinnerungen, bei denen ich mich ihr richtig nahe fühlte.

Vor dem Küchenfenster stand eine grün angestrichene Bank. In der Speisekammer gab es Haferflocken, die für den Nachmittag vorbereitet waren. Es war einer jener warmen Sommernachmittage, die auch harte Gemüter weich stimmen, es war ein Zeitausschnitt, der, nachträglich betrachtet, in einen fernen Sommer hineinpaßt. Ich wußte, daß es für die Haferflocken noch zu früh war. Meine Mutter ging irgendeiner Tätigkeit wie Stricken nach, ich saß daneben auf der Bank und bedauerte es, keine Geschwister zu haben. „Warum habe ich keine Geschwister?“, wagte ich zu fragen. „Ich habe auch keine Geschwister“, antwortete meine Mutter, eine recht unzureichende Erklärung für ein fünfjähriges Mädchen. „Aber Lulu“ (so nannte ich meinen Vater) „hat Geschwister“, ließ ich nicht locker. „Und“, antwortete meine Mutter recht unwirsch, „was hat er davon, sie verstehen sich wie Hund und Katz“. Da hatte meine Mutter auch recht. „Omi hat auch keine Geschwister“, setzte ich mein Gespräch fort. „Hm“, kam die Antwort meiner Mutter. „Aber Otata (so nannte ich meinen Großvater) „hat noch drei Brüder und zwei Schwestern. Ich weiß auch, wie sie alle heißen: Franzonkel, Willonkel, Vikonkel, Irentante und Gretchentante. Gretchentante hab ich am liebsten“. Leider wurde unser Gespräch da unterbrochen. Herr Frank kam, der eine kleine Werkstatt im hinteren Teil des Hofes angemietet hatte, um nach dem Rechten zu sehen. „Küß die Hand, Frau Dusil“, grüßte er galant meine Mutter. „Grüß Gott, Herr Frank“, antwortete meine Mutter und stieß mich heftig in die Seite. Nachdem Herr Frank in der Werkstatt verschwunden war, fragte meine Mutter ganz zornig: „Warum kannst du nicht wie alle Kinder in der Nachbarschaft grüßen?“. Ich bekam immer irgendwelche Kinder aus der Nachbarschaft als leuchtende Beispiele vorgehalten. „Er hat zu mir nicht auch ‚Küß die Hand‘

gesagt". „Das ist ja wohl die Höhe, schau und grüß gefälligst das nächste Mal". Das Thema wurde immer unbehaglicher. Ich mußte schleunigst davon ablenken. „Darf ich dich kämmen?", das war eine meiner Lieblingsbeschäftigungen, leider ließ sich nur äußerst selten ein passendes Objekt dafür finden. „Tu es in Gottes Namen", war die wenig begeisterte Antwort. Nun begann ich hingebungsvoll, meine Mutter zu kämmen. Sie hatte dunkelblonde dichte Haare, die in Wellen über die Schultern fielen. Zuerst bürstete ich das Haar kräftig durch, dann zog ich links einen Scheitel, dann kämmte ich wiederum alles über den Kopf, dann zog ich rechts einen Scheitel. Alsdann machte ich den Kamm naß, kämmte das Haar hinter die Ohren und steckte es mit Haarnadeln hoch. Vielleicht äußerte meine Mutter so ihre Liebe, indem sie diese Tortur über sich ergehen ließ. Inzwischen war es Zeit für den **Haferflockenbrei** geworden.

Haferflockenbrei (Müsli)

2 EL Haferflocken werden mit 4 EL Milch, 1 EL Rahm und 1 EL Honig verrührt. Obst nach Geschmack. Am besten schmecken Haferflocken mit Johannisbeeren (wir nannten sie „Ribisel").

Ich hatte noch wunderbare Ideen für neue Frisuren, doch wurde meine Tätigkeit durch die Ankunft der Poplakerin, die ein halbes Kalb anlieferte, unterbrochen. Meine Mutter, mein Vater und die Poplakerin verschwanden im Keller mit dem wichtigsten Instrument, der Küchenwaage. Das Tor wurde verschlossen, und eine unglaubliche Hektik und Unruhe machte den schönen Sommernachmittag zunichte. Mein Vater war noch mit Papier und Bleistift bewaffnet, meine Mutter mit einem Fleischmesser und dem Wetzstein. „Zum Teufel", sagte meine Mutter wenig damenhaft, doch ich weiß, daß es ihr insgeheim großen Spaß bereitete, das Fleisch zu tranchieren; sie war darin eine wahre Meisterin. Da wurden Knochen rausgeschält, Geflachse abgetrennt, Oberschale, Nierenbraten, die Schnitzelseite und wie alle Teile noch heißen säuberlich abgetrennt und aufgeteilt.

Der Keller befand sich nicht unter dem Haus, sondern in Verlängerung der Küche. Man ging zwei Treppen hinunter, und da lag der Keller; der Boden war ein Gemisch aus Lehm und Sand, der festgestampft war, und es war angenehm kühl da unten, noch kühler und angenehmer als in der Speisekammer.

Ich stand inzwischen im Hof herum und hoffte, daß diese gefährliche Aktion bald ein Ende haben würde. Es dauerte auch nicht allzu lange, und alles war aufgeteilt. Als wie vorteilhaft hätte sich nun ein Telefon erwiesen! Man hätte nun alle Leute, die Fleisch bestellt hatten, anrufen können. Doch von einem Telefon haben wir damals nicht einmal geträumt. Meine Mutter verständigte die Leute in der Nachbarschaft, mein Vater bewerkstelligte die weiteren Wege.

Und nach kaum einer halben Stunde war auch schon Frau Drotleff, unsere Nachbarin, im Hof, um sich ihr Fleisch abzuholen. Sie war eine herrschsüchtige Frau, die ihren Mann, der Anstreicher war, herumkommandierte und ihren Haushalt mit recht straffer Hand führte. Dabei rauchte sie Zigaretten, was mich unheimlich faszinierte, da ich damals keine Frau kannte, die Zigaretten rauchte. Als sie in den Hof kam, war weit und breit kein fremder Mensch zu sehen, doch Frau Drotleff wußte, daß, ging es ums Fleisch, nur kodiert gesprochen werden durfte. „Haben sie nun das neue Strickmuster“, fragte sie meine Mutter, was selbstverständlich von meiner Mutter bejaht wurde. „Ich muß ihnen dabei allerdings noch einiges erklären“, fuhr meine Mutter fort. „Kommen Sie doch einen Moment in die Küche“. Ich drängte mich auch an Frau Drotleff vorbei in die Küche. Frau Drotleff warf einen fragenden Blick auf meine Mutter, was soviel zu bedeuten hatte, wie „weiß das Kind vom Fleisch Bescheid, verplappert sie sich auch nicht und stürzt uns dabei in Unglück?“ Meine Mutter, die die stille Botschaft erraten hatte, antwortete nur: „Sie schweigt schon, sie weiß Bescheid“. „Willst also nicht doch lieber draußen spielen?“, beharrte Frau Drotleff weiter. Doch ich sah sie nur an, ein Blick, mit dem Frau Drotleff nichts beginnen konnte, setzte mich auf mein grünes Stühlchen und wartete auf den Beginn der Vorstellung. Was von den Drotleffischen kam, war immer äußerst interessant, und so ließ ich mir auch nur ungern etwas vom Dargebotenen in meinem recht eintönigen Leben entgehen. Frau Drotleffs Schwägerin, die Schwester ihres Mannes, des Anstreichers, war Operationskrankenschwester in der Nervenanstalt und hatte immer recht Interessantes zu berichten.

Inzwischen verschwand mein Vater nochmals im Keller und kam flink mit einem Gefäß in die Küche, in der sich laut Waage, es wurde noch einmal vor Frau Drotleffs Augen abgewogen, zwei Kilo Kalbfleisch befanden. „Auf so und so viel Fleisch kommen so und so viel Knochen“, erklärte mein Vater, „aus denen Sie eine herrliche klare Kalbsbrühe zubereiten können“, schaltete sich meine Mutter ein. „Frau Dr. Klein“, das war die Kinderärztin, die gerufen wurde, wenn es schlecht um meine Gesundheit stand, „sagt auch immer, daß es nichts Gesünderes als eine gute Suppe aus Kalbsknochen gibt.“ „Und dann“, fuhr meine Mutter fort, „ein wunderschönes Stück, die Schnitzelseite, „Ein Prachtstück von einem Schnitzel, zu dem man ‚Sie‘ sagen muß“, setzte mein Vater fort. „Und aus diesem Stück Nierenbraten können sie einen herrlichen **Kalbsbraten** zubereiten“, meinte meine Mutter, die so richtig im Erklären drin war; Frau Drotleff wollte zwar etwas sagen, doch das ließ meine Mutter nicht zu. „Ein knuspriger Kalbsbraten“, fiel mein Vater meiner Mutter ins Wort, „ist was Herrliches, ich sag Ihnen, Frau Drotleff, saftiger und besser als ein Schnitzel“. Frau Drotleff holte tief Luft und wollte etwas sagen, doch meine Mutter übernahm flott das Gespräch: „Wichtig, Frau Drotleff, ist, wie man den Kalbsbraten zubereitet und zwar wie folgt:

Kalbsbraten

Ein Stück Kalbfleisch (am zartesten ist Nierenbraten) wird mit sauren, eingelegten Gurken gespickt. Gut gesalzen und gepfeffert wird das Fleisch in heißem Fett (Öl) angebraten. In der Zwischenzeit wird Gemüse (Möhren, Petersilienwurzeln, Selleriewurzeln) fein geschnitten und hinzugefügt. Man fügt etwas Wasser hinzu und läßt das Ganze dünsten, dadurch wird das Fleisch saftig und trocknet nicht aus. Kurz vor dem Garsein kann der Braten in die Röhre geschoben werden, damit er knusprig wird.“

Unten lagen die Knochen, darauf thronte das Schnitzelfleisch, nun kam das Stückchen Nierenbraten, und zu guter Letzt befanden sich im Gefäß noch ein paar Bissen Fleisch. „Tja, liebe Frau Drotleff“, erklärte mein Vater weiter „da sind noch einige Stückchen Fleisch, die vom Abschneiden herrühren, und die wir auch aufteilen mußten“. „Uns bleibt sowieso immer das häßlichste Fleisch“, klagte meine Mutter, „aber das versteht ja keiner. Alle glauben, wir halten uns die schönsten Stücke“. Frau Drotleff hatte es aufgegeben, irgendwelche Einwände zu machen, hörte sich alles ruhig an und dachte wohl, daß die Idee mit dem Kalbsbraten gar nicht so schlecht klang. Sie hatte ihn nie gespickt und mit Gemüse zubereitet, sondern von Anfang an in die Bratröhre gesteckt, und er war tatsächlich recht trocken gewesen, doch das wollte sie nicht vor den Dusilischen zugeben, die mußten ja nicht alles wissen. „Aus diesen Stücken können sie ein herrliches **Pörkölt** zubereiten", mein Vater ließ die einzelnen Fleischbissen nun auf den Nierenbraten fallen, „ein Pörkölt mit Nockerl", fügte er hinzu.

Laut Duden ist Pörkölt (ungarischer Herkunft) ein gulaschähnliches Fleischgericht, das mit Paprikapulver zubereitet wird.

Pörkölt

Zwiebeln andünsten, Kalbfleischstückchen hinzufügen, alles etwas anbraten. Nun Paprikapulver hinzufügen, salzen und mit Wasser aufgießen und dünsten, bis das Fleisch weich ist.

In das Pörkölt werden **Nockerl** (österreichisch für „Klößchen") eingekocht. Bei uns in Siebenbürgen waren Nockerl das, was wir im Schwabenland als Spätzle wiedergefunden haben. Es war eine Abwandlung der Spätzle.

Siebenbürger Nockerl

Aus einer Schale Milch, Eiern (etwa 2–4), Mehl und Salz wird ein geschmeidiger Teig geschlagen. Man formt mit einem TL kleine längliche Schiffchen, läßt diese in kochendes Salzwasser gleiten und kocht sie gar. Sind sie fertig, werden sie mit kaltem Wasser abgeschreckt und in das Pörkölt gegeben.

Auch das mit dem Pörkölt war eigentlich keine schlechte Idee, dachte Frau Drotleff wohl, doch natürlich mußte sie das auch nicht zugeben, sonst hätten diese Leute noch gedacht, sie habe überhaupt keine Phantasie und Ideen beim Kochen.

Ich saß in der Zwischenzeit auf meinem grünen Stühlchen und hörte mir diese Zaubertricks an, ein Zauber war bestimmt dabei und meine Mutter tat gut daran, ihn nicht zu verraten. Frau Drotleff stand nun von ihrem Sessel auf, nahm das eingepackte Fleisch in Empfang und verstaute es in einer grüner Stofftasche. „Also wie gesagt, Frau Drotleff", setzte meine Mutter wieder an, doch diesmal war Frau Drotleff nicht weiter bereit, sich die Ratschläge meiner Mutter, die zudem viel jünger war als sie, weiter anzuhören, sondern sie sagte resolut: „Meine liebe junge Frau, was ich aus dem Fleisch mache und wie mein Speiseplan aussehen wird, das müssen sie schon mir überlassen."

Im Hof zündete sich Frau Drotleff eine Zigarette an, zog genüßlich an ihr und ging zielstrebig aufs Tor zu. „Sie vergessen auch nicht, liebe Frau Drotleff", rief ihr meine Mutter nach „bei Frau Krauss ans Fenster zu klopfen und sie bis zu uns herüber zu schicken".

Ich wurde zu Gretchentante, der Schwester meines Großvaters geschickt. Das war auch gut so. Frau Krauss war nicht so interessant. Innerlich jubelte ich. Oft suchte ich nach einem Grund, Gretchentante zu besuchen. Der Weg war nicht weit, doch mir schien er damals recht lang. Mit einem Kilo Kalbfleisch in der Tasche machte ich mich auf den Weg. Zuerst führte mein Weg durch die Färbergasse, dann durch ein ganz schmales Gäßchen, das so schmal war, daß nicht zwei Leute nebeneinander Platz hatten, und wo es von der Lederfabrik nach gegerbtem Leder roch. Dann ging es in die Maurergasse, bei der Riegerschen Fabrik überquerte ich eine Straße und war alsbald in der Schlachthausgasse, wo Gretchentante mit ihrer Tochter Rita und dem Schwiegersohn Ossi wohnte. Gretchentante begutachtete das Fleisch, war auch sehr zufrieden damit, gab mir das Geld für meinen Vater und fragte so ganz nebenbei, ob ich ein Schälchen Vanillepudding haben möchte. Und ob ich **Vanillepudding** haben wollte. Aus unerfindlichen Gründen hat meine Mutter in meiner Kindheit nie Pudding gemacht.

Vanillepudding

1 l Milch mit Zucker (nach Geschmack) und Vanille aufkochen. 1 EL Mehl gut mit Wasser verrühren, damit sich keine Knötchen bilden, 2 Eidotter hinzufügen und so viel Wasser dazugeben, bis diese Masse flüssig ist. Alles unter ständigem Rühren in die kochende Milch schütten und nach Erkalten den Schnee von 2 Eiweiß hinzufügen.

Bei Gretchentante war es wie auf einer Insel. Der Hof erstreckte sich wie ein langer Schlauch, und vor dem Fenster waren bunte Eimer mit Blumen, Oleander, Petunien und Geranien. Durchschritt man den Hof, kam man in einen kleinen Garten, wo hübsche Beete angelegt waren, und ein Weichselbaum war auch da. Am Rande des Gartens waren Ribiselsträucher. Es war still und sonnig, da gab es kein Geräusch von Sägen wie aus der Werkstatt meines Großvaters, sondern nur das Summen der Bienen unter-

Hermannstadt - Bahngasse

brach die schon fast zur Unerträglichkeit sich hinstreckende Lautlosigkeit. Ich durfte mit meiner Schale Vanillepudding neben dem Oleanderstrauch sitzen. Gretchentante hantierte eifrig in der Küche herum. Nie habe ich diese Frau auch nur einen Augenblick müßig herumsitzen sehen. So emsig wie sie sich verhielt, so schnell sprach sie auch. Manchmal eilten die Worte ihren Gedanken voraus.

Inzwischen warf die Sonne lange Schatten, und die schöne Zeit unter dem Oleanderstrauch nahte ihrem Ende. Gretchentante kam mit einer Schüssel Ribisel aus dem Garten und gab mir auch für nach Hause welche mit. Daraus backte meine Mutter einen **Ribiselkuchen**.

Ribiselkuchen

140 g Butter, 280 g Mehl, 2 Dotter, 2 EL Rahm, etwas Salz und 2 EL Zucker werden zu einem Teig verarbeitet, den man einige Zeit ruhen läßt.
Vier Eiklar werden zu festem Schnee geschlagen und gut gesüßt. Dann fügt man einen Teller Ribisel hinzu. Der Teig wird in ein eingefettetes und ausgestaubtes Backblech gelegt und halb gebacken. Danach gibt man den Schnee darauf und bäckt ihn fertig.

Eine Spezialität meiner Mutter war **Ribiselgelee**, das für verschiedene Kuchen verwendet wurde. Mich faszinierte die satte rote Farbe, diese Durchsichtigkeit und das doch Unsichtbare dahinter, das man erkennen konnte, wenn die Sonne durch ein volles Einkochglas schien.

Ribiselgelee

Ribisel werden von den Stielen geputzt, gewaschen und durch ein feines Sieb (oder sonst einen Mechanismus) passiert. Auf 1 l Fruchtsaft gibt man 1 kg Zucker. Die Masse wird eine Stunde lang nach einer Seite gerührt. Danach wird die Masse gekocht. Auf einem Teller probiert man, ob alles stockt. Danach heiß in Gläser füllen.

Wenn meine Mutter gut gelaunt war und das Ribiselgelee besonders gut gelungen war, gab es noch am selben Tag eine Kostprobe davon, und zwar wurde ein **Omelett** gezaubert.

Omelett

2 kleine EL Mehl werden mit etwas Milch fein abgerührt, 1 TL Staubzucker wird hinzugefügt und 3 Eidotter werden nacheinander eingerührt. Zum Schluß wird aus den 3 Eiklar ein fester Schnee geschlagen, der untergehoben wird. Danach wird in einer flachen Pfanne Fett (Öl) heiß gemacht, die Masse hineingegossen und auf beiden Seiten goldgelb gebacken. Das fertige Omelett wird mit Ribiselgelee bestrichen, von beiden Seiten drüber geschlagen, mit Puderzucker bestreut und sogleich serviert.

Mein Vater verwendete die Ribisel, um Wein herzustellen, der sehr süffig war.

Ribiselwein

1 l Ribiselsaft, 2 l Wasser, 1 kg Zucker, 1 große Zitrone.
Die gut gewaschenen Ribisel werden durch einen Entsafter getrieben. Der Saft wird in einem Gefäß aufgefangen. Der Zucker wird im Wasser aufgelöst, danach fügt man den Zitronensaft hinzu. Der Zuckersirup wird 10 Minuten gekocht. Nachdem der Zuckersirup ausgekühlt ist, wird er mit dem Ribiselsaft vermischt und in große Gefäße gegossen, die obenauf mit einem Gärungsstopfen versehen werden. Nach 4–6 Wochen ist der Gärungsprozeß abgeschlossen. Der Wein wird in Flaschen abgezogen, mit Korken zugestopft und an einem kühlen Ort gelagert.

Zwetschgenknödel und Co.

Im August wurden die Zwetschgen reif. Dann gab es ein- bis zweimal pro Sommer **Zwetschgenknödel**. Ich mochte Zwetschgenknödel, und ausnahmsweise durfte ich mich auch an der Herstellung der Knödel beteiligen. Schon früh am Morgen wurden Kartoffeln gekocht. Das mußten alte Kartoffeln sein, auf keinen Fall junge, also neue Kartoffeln. Die würden die Güte der Zwetschgenknödel vereiteln und alles zunichte machen. Deshalb wurden immer alte Kartoffeln für Zwetschgenknödel aufgehoben. Sie mußten auch mehlig sein, denn wässerige Kartoffeln konnte man nicht gut gebrauchen. Die Kartoffeln wurden heiß geschält und entweder durch den Fleischwolf getrieben oder passiert oder aber auf der groben Reibe gerieben.

Zwetschgenknödel

500 g Kartoffeln (passiert oder gerieben) werden mit einem Ei, etwas Mehl und Salz gut durchgeknetet. Fügt man noch 1 EL Rahm und etwas Butter hinzu, wird der Teig noch feiner. Den Teig etwa 5 mm dick ausrollen. In gleichmäßige Vierecke schneiden. Eine Zwetschge in die Mitte des Vierecks legen und gut mit Teig umhüllen. Knödel in kochendes Salzwasser einlegen, ca. 5–8 Minuten ziehen lassen. Herausnehmen und in mit Butter (Fett oder Öl) gerösteten Semmelbröseln wälzen und servieren.

Irgendwann begann meine Mutter, auch **Marillenknödel** nach genau der gleichen Verfahrensweise zu machen. Die Marillenknödel hatten einen pikanteren Geschmack.

Was mich so faszinierte, war die Anzahl der Knödel, die zubereitet wurden. Nun gut, die Knödel waren immer als Hauptgang nach einer Suppe zum Mittagessen gedacht. Es wurden Hunderte von Knödeln zubereitet. Jeder legte dann beim Mittagessen die Kerne fein säuberlich an den Tellerrand, und nach dem Mittagessen begann man sich damit zu brüsten, wer die meisten Knödel gegessen hatte. Warum das so war, weiß ich nicht. Sonst lobte sich nie jemand mit dem vielen Essen. Es war auch eines der wenigen

Essen, bei denen ich mithelfen durfte, und es machte mir auch Spaß. Natürlich hätte es mir am meisten Spaß bereitet, auch Teigstücke zu schneiden und Knödel zu wickeln, das ließ aber meine perfekte Mutter nicht zu. So mußte ich mich mit den Randstücken begnügen, was das Einwickeln sehr erschwerte. Hauptverantwortlich war ich für das Abwischen der Zwetschgen, die aus irgendwelchen Gründen nicht gewaschen, sondern nur mit einem Küchentuch gründlich abgewischt wurden. Ich tat dies mit Feuereifer, und es erquickte mein Herz, wenn die Zwetschgen dann dunkelviolett glänzten. Ich stellte sie dann in Zweierreihen auf und legte je nach Sympathie für die einzelnen Zwetschgen meiner Mutter eine zum Einwickeln hin. Flink formte sie kugelrunde Bälle daraus, wälzte sie in Mehl und stellte sie auf die andere Seite des Nudelbrettes in Viererreihen auf. Vier, acht, zwölf usw. zählte sie nach jeder Reihe. Salzwasser köchelte inzwischen auf dem Ofen vor sich hin. Dann wurde die erste Tour ins Salzwasser befördert. Ich stand daneben und guckte zu. Es faszinierte mich, wie die Knödel ins Wasser plumpsten und für eine Weile verschollen blieben. Dann, nach ein paar Minuten, kam Unruhe im Wasser auf und schwuppdiwupp entstand plötzlich ein kleiner Wirbel und Knödel nach Knödel wurde an die Wasseroberfläche katapultiert, wo sie noch eine kurze Zeit verweilen durften. Ich bettelte derweil um ein paar Randstücke, um mir am Ofen „Matzen“ zu backen. Es war natürlich nicht echter Matzen, den ich von meiner besten, jüdischen Freundin kannte, schmeckte aber fast genau so gut.

Mein Großvater aß fast alles, was meine Großmutter ihm vorsetzte. Zwetschgenknödel gehörten nicht zu seinen Lieblingsspeisen, dafür aß er lieber aus diesem Teig hergestellte winzigkleine „Würstchen“, die auch in Salzwasser gekocht, danach in Semmelbröseln geschwenkt und mit Hagebuttenmarmelade (wir nannten sie „Hetschenpetschmarmelade“) gegessen wurden. Diese kleinen Würstchen nannten wir „Wutzerl“. Mein Großvater nannte sie „Tambourschwanzel“ (und sprach es „Tamboschwanzel“ aus). Tambour ist die veraltete Bezeichnung für Trommler. Ich nehme an, daß dieser Ausdruck eine Reminiszenz aus dem Ersten Weltkrieg war, an dem mein Großvater vier Jahre lang teilgenommen hatte.

Großmutters Tod

Essen und Trinken gehören zum Leben, ebenso wie Lachen und Weinen. Zum Leben gehört aber auch der Tod, und diese Erfahrung machte ich bewußt an einem 29. September, als meine Großmutter starb. Bedrückende und beklemmende acht Wochen gingen diesem Ereignis voraus. Eines Tages mußte meine Großmutter ins Krankenhaus (wir sagten „Spital“) eingeliefert werden. Es war Sommer, und das Haus war so leer. Da mein Großvater ein sehr guter Möbeltischler war und verschiedenen einflußreichen Leuten Sonderanfertigungen wie zum Beispiel einen Webstuhl angefertigt hat, hatte er so seine Beziehungen, und meine Großmutter wurde ins Militärspital eingeliefert, wo die besten Ärzte tätig waren. Wem sollte ich nun von meinen Zukunftsplänen erzählen? Wer hörte mir zu, wenn ich über den Froschkönig meditierte, Häuser und Kleider entwarf, wer sah mir nun zu, wenn ich vor dem Spiegel tanzte und schwungvoll meine Pirouetten drehte? Die Diagnose lautete: Gelbsucht, und zwar eine besondere Art der Gelbsucht, Verschlußikterus. Damals nahm man an, daß die Krankheit ansteckend sei. Ich durfte meine Großmutter im Krankenhaus nicht besuchen. Acht Wochen lang bin ich aber jeden Nachmittag bis zum Militärspital gegangen, begleitet von meiner treuen Freundin Gabi, die mir Trost zusprach. Ich stand dann in einer schmalen Seitengasse. Das Zimmer meiner Großmutter war im zweiten Stockwerk, es war das dritte Fenster von links. Wir stellten uns unten vor dem Fenster auf, und ich schrie aus Leibeskräften „Omi!“. Dann erschien sie am Fenster, ich winkte heftig, sie lächelte ein müdes Lächeln, wir wechselten ein paar belanglose Worte, und ich ging wieder ein wenig getröstet nach Hause. Manchmal durfte ich ihr eine Scheibe Wassermelone mitnehmen, die ich beim Pförtner abgab. Die Ärzte hatten meiner Großmutter verordnet, viel Wassermelone zu essen. Mein Großvater besorgte jeden Tag eine riesig große Wassermelone. Es war fast so, als ob die Größe der Melone über das Wohlergehen meiner Großmutter entscheiden könnte. Und jede einzelne Melone war besonders gut. Mein Großvater kaufte die besten Melonen. Ich weiß nicht, welchen Trick er dabei anwendete, aber sie waren alle reif, rot mit neckisch schwarzen Kernen und grieslig (Herkunft des Wortes unbekannt).

Leider halfen auch die Melonen nicht, und über den Ernst der Lage wurde ich mir am Vortag des Todes meiner Großmutter bewußt, als ich bei meiner Freundin Gabi übernachten durfte. Um mein Leiden zu lindern, hatte Gabis Mutter zwei leckere Kuchen gebacken, von denen sie wußte, daß ich sie besonders gerne mochte.

Godelpussel

400 g Butter, 400 g Mehl, 3 Eidotter und 3 EL Zucker werden zu einem Teig verarbeitet. Den Teig dünn auswalken (ausrollen), mit einem kleinen Becher ausstechen, mit Glasur bestreichen und langsam backen.
Glasur: 3 Eiklar, 300 g Zucker, etwas Zitronensaft. 1/2 Stunde rühren.
Creme: 2 ganze Eier, 200 g Zucker gut verrühren und 6 EL starken, gekochten Kaffee hinzufügen. Alles so lange rühren, bis es ausgekühlt ist, dann 200 g Butter flaumig rühren und dazu geben. Mit dieser Creme je zwei ausgestochene „Pussel" zusammenkleben.

Schokoladewürfel mit weißer Nuß

Teig: 180 g Zucker und 8 Eidotter flaumig rühren. 2 TL Kakao und den Schnee von 8 Eiweiß hinzufügen sowie 180 g gemahlene Walnüsse. Diese Masse in einem gefetteten und ausgestaubten Backblech bei kleiner Hitze backen.
Creme: 60 g gemahlene Nüsse und 60 g Zucker in etwas Milch kochen. Wenn die Masse ausgekühlt ist, 80 g Butter und etwas Rum hinzufügen.
Glasur: 150 g Zucker, 1 EL Kakao, 3 EL Wasser dicklich kochen und rühren, bis die Glasur ausgekühlt ist, dann 80 g Butter hinzufügen.
Der Teig wird durchgeschnitten und mit der Creme gefüllt. Dann werden Vierecke geschnitten, und jedes Viereck wird in die Glasur eingetaucht. Obenauf wird ein halbe Walnuß gelegt. Diese Walnußhälften werden vorher in eine Masse (1 Eiklar wird mit Staubzucker flaumig gerührt) getaucht und trocknen gelassen.

Ich biß in ein Godelpussel, ließ es auf meiner Zunge zergehen. Wie oft hatte meine Großmutter diese beiden Mehlspeisen gebacken? Nun sollte sie vielleicht sterben müssen. Hieß das dann, daß es meine Großmutter nicht mehr geben würde? So etwas Schlimmes konnte doch der liebe Gott nicht zulassen. Ich würde am Abend noch länger beten als sonst. Und wenn auch Leute sterben mußten, man hörte ja immer wieder von dem einen oder anderen, daß er gestorben war, aber doch nicht meine Großmutter! Man wollte sie doch heute abend operieren, darum verbrachte meine Mutter die Nacht im Krankenhaus, darum durfte ich bei Gabi schlafen, und am nächsten Morgen würde alles wieder gut sein. Wie konnte ich auch nur denken, daß meine Großmutter sterben würde? Alle in der Familie lebten noch. Da war zwar vor ewig langer Zeit, als ich drei Jahre alt war, meine Urgroßmutter gestorben, doch die war sehr, sehr alt, und ich spürte damals auch keinen Schmerz. Das hatte damals wohl seine Richtigkeit, aber doch nicht jetzt bei meiner Großmutter. Wer würde dann am Freitagabend die Holzbadewanne aus dem Keller holen und mich baden? Und wer würde nachher mit mir Milchkaffee trinken, der warm und aromatisch die Kehle hinunterfloß, und zu wem würde ich mich in das große nußbraune Ehebett legen, und an wen würde ich mich kuscheln? Da mußte der liebe Gott etwas übersehen haben, aber nun würde ich ihm alles in Erinnerung bringen, die Operation würde gut ausgehen und am Morgen wird alles wie früher sein. „Wie früher" waren meine letzten Gedanken, bevor ich einschlief.

Am 29. September war nichts mehr wie früher. Meine Großmutter war aus der Narkose nicht mehr erwacht. Warum, fragte ich mich immer wieder, warum? Keiner hätte mir da eine Antwort geben können. Keiner kümmerte sich im Grunde genommen um mich. Die Erwachsenen waren zu sehr mit ihrem eigenen Schmerz beschäftigt.

Namenstag

In Goethes „Faust“ heißt es, daß Namen nur Schall und Rauch sind. Das mag seine Richtigkeit haben. In Siebenbürgen waren Taufnamen besonders wichtig, und jeder Namenstag wurde gebührend gefeiert und stellte sich als wichtiger heraus als der eigentliche Geburtstag. Dieses muß dem rumänischen Einfluß zuzuschreiben sein, wo für gewöhnlich das Kind den Namen jenes Heiligen erhielt, dessen Tag auf seinen Geburtstag fiel. Nun muß man wissen, daß es in der orthodoxen Kirche eine große Anzahl von Heiligen gibt, und so war das mit der Namensgebung einfach zu handhaben. Auch später, als durch die amerikanischen Serienfilme die Kinder mit modernen Namen wie Loredana, Jessica, Elvis und Co. beglückt wurden, feierte man weiter die Namenstage, und das Kind erhielt als Zweitnamen den Namen eines Heiligen. Diese Sitte des Namenstagsfeierns schwappte auch auf die deutsche Bevölkerung über, und so war man über jede Gelegenheit froh, die sich zum Zusammensitzen und Beisammensein darbot. Es gab sehr wichtige Heilige und weniger wichtige und dementsprechend gab es Namenstage, deren Datum man auswendig kannte, und solche, bei denen doch ein Blick in den Kalender notwendig war. Einer der meist verbreiteten Vornamen war und ist Maria. Die evangelische Bevölkerung feierte ihn am 2. Februar, da ist Maria Lichtmeß, die katholische Bevölkerung feierte ihn am 8. September, da ist Maria Geburt, und die rumänische Bevölkerung feierte ihn am 15. August. Von diesem Namen leitet sich eine große Anzahl von Diminutiven ab. Meine Tante nannten wir Mimi, die Tante meines Mannes nannten wir Mitzi, da gibt es noch die Variante Mitzo, im Rumänischen gab es die Verkleinerungsform Mia, manche ließen die erste Silbe weg und nannten sich Ria, und in der heutigen Zeit ist es schick, sich Mary zu nennen.

Wenn der Himmel sein erstes tiefes Herbstblau zeigte und die Sonne wohlig warm die Haut umschmeichelte, aber nicht mehr heiß auf der Haut brannte, dann war es Anfang September. Am achten September gingen wir nachmittags zu meiner Tante, um ihren Namenstag zu feiern. Am Morgen schon verspürte ich ein leichtes Hochgefühl. Meine Mutter würde mich hübsch kleiden, mein Vater würde einen hellgrauen Anzug anziehen, in der Sakkotasche würde ein Seidentuch passend zu der Krawatte stecken, und meine Mutter würde ein Seidenkleid anziehen, denn die Tage waren noch warm. Dann würden sie mich in die Mitte nehmen, links mein Vater, rechts meine Mutter, und ich würde ordentlich einherschreiten. Doch an der ersten Ecke würden sich meine Beine wie immer selbständig machen und hoppla würde ich von einem Bein auf das andere hüpfen. „Geh anständig!“ würde meine Mutter sagen, und ich würde einen flehenden Blick auf meinen Vater werfen, dazu müßte ich den Kopf in den Nacken legen, weil ich so klein und mein Vater so groß war, und er würde über meinen Kopf hinweg meiner Mutter sagen: „Laß sie doch“. Inzwischen würden wir auf dem Großen Ring angekommen sein, ich würde mich vom Hüpfen etwas ausruhen und wieder brav einherschreiten, was meine Mutter als Folgsamkeit interpretieren würde, und wir würden zielstrebig auf das „Generalloch“ zugehen. Auf dieser Strecke hatten wir schon viele Bekannte getroffen, und mein Vater grüßte nach links und nach rechts ein „Küß die Hand“ oder, wenn es ein Herr ist, „Habe die Ehre“ (was immer wie „habigjere“ klang, und ich konnte mir nie einen Reim drauf machen), meine Mutter grüßte „Grüß Gott“, und ich murmelte notgedrungen auch etwas vor mich hin. Inzwischen haben wir auch das Generalloch hinter uns gelassen, meine Eltern wären bestimmt gerne mit dem einen oder anderen Bekannten stehengeblieben und hätten bestimmt ein paar Neuigkeiten ausgetauscht. Doch sobald ein bekanntes Gesicht in der Ferne auftauchte, beschleunigte ich meine kleinen Schritte und zog an beiden Händen. Inzwischen näherten wir uns dem Harteneckpark. Da ging es Treppen runter. Ich packte nun beide Hände fester an, zog beide Beine hoch und ließ mich die Treppen hinuntertragen. „Schau und benimm dich anständig“, sagte meine Mutter, doch ich überhörte dies beflissentlich und blinzelte meinen Vater verschwörerisch an. Nachdem wir die Straße überquert hatten, kam der alte Friedhof in Sicht und gleich darauf der Turnschulgrund. Nun war es nicht mehr weit, und bald würden wir bei meiner Tante sein, die mit meiner Großmutter in einer Wohnung lebte. Wir mußten einen Hof mit vielen Bäumen überqueren, und im Hintergrund sahen wir schon die Veranda mit den üppigen Blumen, die so herrlich unter der Pflege meiner Großmutter gediehen. Es waren flammend rote Geranien, doch wir nannten sie „stinkete Liesel“. Auf der Veranda stand ein Schaukelstuhl, der noch leicht vor sich hin wippte, und auf den drei Treppen, die zur Veranda führten, lag der Jagdhund des Nachbarn, der Nero hieß und mir nicht geheuer war.

Bis es aber soweit war und wir beim Namenstagsfest angekommen sein würden, mußte noch der ganze Morgen, Mittag und frühe Nachmittag vergehen. Am Morgen blickte mein Vater immer wieder zum Fenster hinaus, sein Blick schweifte zu den Telegrafendrähten, wo sich am 8. September eines jeden Jahres die Schwalben versammelten, um in südlichere Gefilde zu fliegen. „Haben sie sich schon versammelt?“, wollte ich wissen. „Ja“, sagte dann mein Vater, „der Sommer ist zu Ende, Maria Geburt fliegen die Schwalben furt“. Ich wurde dann sehr, sehr traurig, da der nächste Sommer Millionen von Monaten weit entfernt lag, falls er überhaupt jemals kommen würde. Die Traurigkeit verflog aber rasch angesichts der Tatsache, daß der Nachmittag und der Abend in so einer Art gesellschaftlichem Ereignis enden würden.

Als wir dann die drei Treppen zu der Veranda hochstiegen, lag Nero, der Jagdhund, tatsächlich auf den Stufen. Ich drängte mich näher an meinen Vater und zog auch meine Mutter näher an mich heran. „Der Hund hat nicht deine Sorgen“, sagte meine Mutter barsch. Der Schaukelstuhl wippte kaum merklich vor sich hin, mein Vater nahm mich auf den Arm, damit ich den Klingelknopf drücken konnte, und kurz darauf erschien meine Tante in der Türe. Ich durfte den riesigen Blumenstrauß überreichen. Da es September war, waren es meistens Astern, die die Fülle des Sommers in sich trugen, aber auf die die Farben des Herbstes schon vorgegriffen hatten. Jahr für Jahr sagte ich dieselben Wort: „Alles Gute zum Namenstag, du sollst lange leben und gesund bleiben“. Ich wurde nun meiner Tante gereicht, die eine große stattliche Frau war, ich drückte sie fest an mich und küßte sie herzhaft auf beide Wangen. Die Gratulation meiner Mutter fiel etwas kühler aus, die beiden Frauen hatten einander nicht viel zu sagen. Meine Tante war eine Dame von Welt, die im gleichen philharmonischen Orchester wie meine Vater Cello spielte, sich gegen eine Eheschließung entschieden hatte und die für gewöhnlich sagte, was sie dachte und kein Blatt vor den Mund nahm. Was mein Vater dann seiner Schwester zum Namenstag sagte, könnte man schon als frostig bezeichnen.

Der schön gedeckte Tisch lockerte aber die Stimmung sofort auf. Da gab es Brötchen, die im Backofen überbacken worden waren.

Überbackene Brötchen

200 g Emmentaler Käse, 2 hartgekochte Eier, 1 1/2 Tomatenpaprika (wir nannten sie „Gogoschar“) werden durch den Fleischwolf getrieben und mit 1/2 Stück Butter flaumig verrührt. Danach mit Salz und Pfeffer abschmecken. Die Brötchen werden damit bestrichen und in der Backröhre kurz überbacken.

Außerdem gab es **Plätzchen**, die wie folgt zubereitet wurden:

Mimi-Plätzchen

250 g Mehl, 250 g Margarine, 125 g Quark (wir sagten „Topfen“), 125 g Schafskäse (es kann Feta genommen werden) und etwas Salz werden zu einem Teig verarbeitet. Mit einem Glas oder einer Form werden runde Plätzchen ausgestochen, die obenauf mit Ei bestrichen und mit etwas Salz und Kümmel bestreut werden. Bei mäßiger Hitze backen.

Der **Schinkenroulade** wurde besonders zugesprochen.

Schinkenroulade

50 g Butter werden in einem Kochtopf zerlassen und 80 g Mehl hinzugefügt. Nachdem diese Masse sich gut erwärmt hat, fügt man unter ständigem Rühren 1/2 l Mich hinzu. Diese Masse muß gut verrührt werden, damit sich keine Knötchen bilden. Die Masse wird gekocht, bis sie anfängt, dicklich zu werden. Danach wird sie vom Ofen genommen und so lange gerührt, bis sie ausgekühlt ist. 5 Eidotter werden nun nacheinander hinzugefügt. Aus den 5 Eiklar wird Schnee geschlagen und unter obengenannte Masse untergezogen. Ein rechteckiges Backblech wird nun eingefettet und mit Mehl ausgestaubt. Die Masse wird in das Backblech geschüttet und bei mäßiger Hitze gebacken. Nachdem die Masse fertig gebacken ist, wird sie auf ein feuchtes Küchentuch gestürzt.
Fülle: 300 g in Würfel geschnittener oder gemahlener Schinken, 300 g geriebener Emmentaler Käse, 1 Stück Butter und eine Schale Sauer-

rahm (oder Créme fraîche), Salz (wenn der Schinken nicht genug gesalzen ist) und Pfeffer werden verrührt.
Diese Fülle wird auf den gebackenen Teig gestrichen, mit dem feuchten Handtuch gerollt und 20 Minuten vor dem Servieren in das Backrohr geschoben und warm serviert.
Diese Roulade kann mit süßer geschlagener Sahne, in die reichlich Merrettich eingerührt wurde, serviert werden.

Als eine besondere Spezialität gab es **marinierte Champignons**.

Marinierte Champignons

Kleine Champignons werden gewaschen und einmal in etwas Salzwasser aufgekocht. Danach werden sie in Einweckgläser gelegt und mit folgendem Sud übergossen:
1 Glas Essig, 2 1/2 Gläser Wasser, Lorbeerblätter, ein paar Pfefferkörner, ein paar Knoblauchzehen und Salz (30 g Salz auf 1 l Wasser) werden gekocht und kochend über die Pilze gegossen. Danach sofort verschließen.

Zu diesen leckeren Speisen tranken die Erwachsenen Wein. Meine Tante holte aus dem Keller, wo der Wein nie versiegte, zwei kostbare Flaschen Muskat Ottonel, was die Laune meines Vaters steigen ließ, er wurde nun seiner Schwester gegenüber etwas gnädiger gestimmt, was sich so äußerte, daß die gegensätzlichen Gespräche zwischen Bruder und Schwester über das letzte Konzert versiegten und man sich neutraleren Themen wie Kindheitserinnerungen zuwandte. Dann ging man zu Kuchen über. Eine Spezialität war:

Szeklerkuchen

Teig: 250 g Mehl, 100 g Zucker, 250 g Margarine, 2 ganze Eier und 1 Dotter, 3 EL Rahm oder 1 EL Fett, etwas Zitronenschale werden zu einem Teig verarbeitet. Ins Mehl gibt man ein Päckchen Backpulver, das mit 1 EL Essig oder Zitronensaft gelöscht wird.
Der Teig wird in ein geschmiertes und ausgestaubtes Backblech gegeben und mit einer säuerlichen Marmelade bestrichen. Obenauf wird folgende Masse gelegt:

250 g Nüsse, 200 g Zucker, etwas Zitronenschale, 4 Dotter und der geschlagene Schnee aus 4 Eiweiß werden verrührt und über die Marmelade gestrichen. Langsam backen.

Was auch nie bei der Namenstagsfeier meiner Tante fehlte, waren die berühmten **Greta-Garbo-Schnitten**. Wie wohl der Kuchen zu diesem Namen kam? Ich wußte, daß diese eine berühmte Schauspielerin war. Doch warum der Kuchen, dazu noch im fernen Siebenbürgen, nach dieser eleganten Schauspielerin benannt worden war, war mir rätselhaft. Und warum meine Tante immer diesen Kuchen backte, verstand ich auch nicht. Ich mochte ihn nicht. Doch ich sah, wie die anderen Gäste genüßlich ein Stückchen abbissen, es auf der Zunge zergehen ließen und dann hinunterschluckten, wobei sie ein langgedehntes „Hmm" verlauten ließen. Ich ließ zwar auch etwas auf der Zunge zergehen, aber nicht den Kuchen selbst, sondern den Namen Greta Garbo. Dabei betonte ich ihn verschiedenartig, mal auf der ersten Silbe, mal auf der zweiten Silbe, mal sagte ich Greta leiser, mal Garbo lauter. Es schien auch niemandem außer meiner Mutter etwas auszumachen, daß ich so vor mich hin redete. Doch nach einer Weile wurde mir geheißen, zu schweigen. Nun mußte ich mir etwas Neues ausdenken, um mir die Zeit zu vertreiben. Ich blickte meine Tante an und bemerkte nun, daß sie die Augenbrauen genau so gezupft hatte wie die große Greta Garbo, das heißt, es waren da nur zwei ganz dünne Striche vorhanden, die mit einem Kohlestift nachgezogen worden waren. „Deine Augenbrauen sind wie bei Greta Garbo", sagte ich plötzlich, zu meiner Tante gewandt. Meiner Tante schien der Vergleich zu gefallen, sie lächelte mich freundlich an. „Sonst hat niemand solche Augenbrauen da", fuhr ich nun etwas ermutigt fort. „Am hübschesten ist eine Frau, wenn sie natürlich ist", ließ meine Mutter verlauten. Ich schloß daraus, daß gezupfte Augenbrauen nicht natürlich sind. „Aber Greta Garbo", wollte ich fortfahren. „Das ist wohl ein neues Rezept", wurde ich recht unsanft von meiner Mutter unterbrochen. Was hatte sie nur gegen die gezupften Augenbrauen der Greta Garbo? Wahrscheinlich schickte sich so etwas nicht bei uns in der Stadt. Meine Mutter wußte immer bestens Bescheid, was sich schickte und was nicht. Bei nächster Gelegenheit wollte ich aber meine Tante fragen, was das mit den Augenbrauen auf sich habe. „Es ist ein neues Rezept, und zwar von Frau Fekete, unserer ersten Geigerin", ließ meine Tante verlauten. Sie schien nun doch nicht an einer Fortsetzung des Gesprächs über gezupfte Augenbrauen interessiert zu sein. Und damit wurde das neue Rezept bekanntgegeben.

Greta-Garbo-Schnitten

Aus 500 g Mehl, 1 Ei, 200 g Butter, etwas Fett oder Rahm, 10 g Hefe, 1 Messerspitze Speisesoda, 1 Päckchen Vanillezucker und etwas Zukker wird auf dem Nudelbrett ein Teig zubereitet.
Fülle: 250 g gemahlene Walnüsse und 250 g Zucker werden vermischt und in zwei Teile geteilt.
Der Teig wird auf drei Teile aufgeteilt. Das Backblech wird mit Fett geschmiert und mit Mehl ausgestaubt, und der erste Teil wird ausgerollt und ins Backblech gelegt. Dann wird er mit einer Marmelade bestrichen, und ein Teil der Fülle wird draufgelegt. Danach wird das Ganze wiederholt.
Vor dem Backen muß der Kuchen 1/2 Stunde im Blech aufgehen.
Glasur: 250 g Staubzucker, 2 EL Kakao, 100 g Butter, etwas Rum. Zucker, Kakao und Butter gut verrühren und mit einem halben Weinglas voll Wasser vermengen. Auf kleinem Feuer aufkochen lassen. Vom Ofen nehmen und unter ständigem Rühren abkühlen lassen. Auf den Kuchen streichen. Ist die Glasur zu dick, etwas Rum hinzufügen.

Ich saß geduldig da und wartete. Der Höhepunkt der Namenstagsfeier würde ein Kuchen sein, der zwar keinen so klangvollen Namen wie die Greta-Garbo-Schnitten hatte, ja der überhaupt keinen Namen trug, der aber umso besser schmeckte. Und weil die Mehlspeise keinen Namen hatte, nannte ich sie „Ohne Namen“, was bis heute so geblieben ist.

Mehlspeise „Ohne Namen“ (oder die Namenlose)

Teig: Aus 6 Eiweiß wird ein steifer Schnee geschlagen. Man fügt 6 EL Zucker hinzu, danach die 6 Eigelb, 140 g gemahlene Walnüsse, 2–3 EL Mehl und etwas Backpulver. Bei nicht zu hoher Temperatur backen (ca. 170°).
Fülle: 250 g Butter und 200 g Zucker werden flaumig gerührt. Dann fügt man 3 TL Löskaffee und 2 Eidotter hinzu. 50 g Walnüsse werden

grob gehackt und in einem Gefäß auf dem Ofen geröstet. Wenn die gerösteten Walnüsse erkaltet sind, werden sie der Fülle zugefügt.
Ist der Teig erkaltet, wird er mit dieser Fülle bestrichen.
Glasur: 1 Tafel Bitterschokolade reiben, mit 1 EL Puderzucker verrühren und 2 EL Öl hinzufügen. In einem heißen Wasserbad schmelzen, etwas erkalten lassen und danach über die Fülle streichen.

Kartenspiel und Huhn

Meine Eltern hatten gesellschaftlich ein recht zurückgezogenes Leben geführt. Vielleicht war darum später unser Haus immer voller Gäste und Leben. Es ging nicht so geordnet wie in meinem Elternhaus zu, es wurde viel improvisiert, organisiert, und wenn es möglich war, auch delegiert. Da gab es nur noch wenige festgesetzte Rituale. Wir betrachteten alles viel lockerer, der Zeitgeist hatte voll auf uns abgefärbt, wir waren echte Kinder der 68-er Jahre. Unser Kind durfte auf einem oder auf zwei Beinen hüpfen, so viel es wollte, gekocht wurde das, was man gerade im Haus hatte, und bei Festen gab es zwar den einen oder anderen festen Bestandteil an Essen und Trinken, doch es fehlte nie an Überraschungen. Um so verwunderlicher ist es darum, daß wir in diesem Organisationschaos uns doch jeden Samstag mit unseren Freunden Carmen und Florin zum Kartenspiel trafen und es tatsächlich triftige Gründe geben mußte, um an einem Samstag das Kartenspiel ausfallen zu lassen. Wir spielten „Preference“, was auf französisch soviel wie „Vorzug“ bedeutet. Das Spiel kann zu dritt oder zu viert gespielt werden, das heißt, wenn es zu viert gespielt wird, setzt derjenige, der die Karten mischt, ein Spiel aus. Preference wird mit Pikettkarten oder mit deutschen Spielkarten gespielt. Die Karten werden in folgender steigender Reihe bewertet: Pik (Grün), Karo (Schell), Cœur (Rot) und Treff (Eichel). Jeder Spieler erhält 10 Kartenblätter; zwei Karten werden verdeckt als Talon weggelegt. Wer das Spiel nimmt, muß wenigstens 6 Stiche machen, um zu gewinnen; wollen mehrere das Spiel nehmen, entscheidet die höchste Trumpffarbe.

Bei diesem samstäglichen Kartenspiel gab es immer Huhn zu essen und zwar in zwei Varianten zubereitet, dazu gab es Pommes frites (die wir „Strohkartoffeln“ nannten), 10 Flaschen Bier und 1 l Wein.

Huhn im Stanitzel (d. h. in einer Papiertüte, die unbedingt braun sein mußte, auf rumänisch hieß es **„pui la pungă“**)

Ein Brathuhn (ca. 1 kg), das von den Innereien befreit wurde, wird unter kaltem Wasser gewaschen, mit Küchenpapier abgetupft, mit Öl eingerieben, gesalzen und gepfeffert. Nun kommt es in ein braunes

Stanitzel, dessen Öffnung zugebunden wird. Diese Tüte wird nun in eine feuerfeste Schüssel gelegt, in die auch etwas Öl und Wasser gegossen wird. Bei 250° wird das Huhn ca. 1 Stunde goldgelb gebraten. Danach wird die Tüte aufgeschnitten, das Huhn wird tranchiert und serviert.

Eine Spezialität, die dazu in Rumänien gegessen wird, ist eine Art **Knoblauchsauce**, die auf zweierlei Arten angerichtet werden kann. Sie heißt „mujdei“ (gelesen wird es „muschdei“).

Knoblauchsauce

***Mujdei** 1: 4–5 Knoblauchzehen werden geputzt und zerkleinert. Danach werden sie in einem Holzmörser gut verrieben, gesalzen und mit Wasser aufgefüllt. Damit wird das Huhn übergossen.*

***Mujdei** 2: 4–5 Knoblauchzehen werden geputzt, zerkleinert und in einem Holzmörser gut verrieben. Nun werden diese zerkleinerten Knoblauchzehen in ein Plastikgefäß gegeben und mit etwas Salz und Öl wie eine Mayonnaise gerührt. Am einfachsten geschieht dies mit dem Mixstab. Dies wird zum Huhn als eine Art Dip gereicht.*

Huhn im Deckel (pui la capac)

Ein Brathuhn (ca.1 kg), das von den Innereien befreit wurde, wird unter kaltem Wasser gewaschen, mit Küchenpapier abgetupft, reichlich mit Butter eingerieben und gesalzen. In ein Gefäß wird heißes Wasser geschüttet und darauf wird ein Deckel mit der oberen Seite nach unten gelegt. Das Huhn wird in die Innenseite des Deckels gelegt. In das Innere des Huhns gibt man ein nußgroßes Stück Butter, Pfefferkörner, Lorbeerblätter und ein paar Zweige getrocknetes Bohnenkraut und Dill. So vorbereitet wird das Huhn in die Backröhre geschoben und bei ca. 250° gar gebraten. Den Saft, der sich aus der Butter und den Gewürzen bildet, serviert man als Sauce.

Was zu so einem Huhn nicht fehlen durfte, war etwas Saures, das heißt saure Gurken (Essiggurken oder Salzgurken, eingelegte Tomatenpaprika oder ein gemischter Salat). All diese Gemüsesorten wurden im Herbst eingelegt und mußten bis zur Zeit des ersten grünen Blattsalates reichen. In Siebenbürgen wurden die verschiedenen Gemüsesorten mit verschiedenen geographischen Regionen verbunden. So freuten wir uns im Frühjahr auf die ersten Banater Kohlrabi, im Sommer auf die schwarzen Michelsberger Kirschen, auf die gelben Tomaten aus dem Regat (das heißt aus der Region südlich der Karpaten), und Gurken wurden aus Ludoş besorgt. Die Hausfrauen gingen Anfang September über den Markt, wo die Bäuerinnen Gurken in Säcken neben sich stehen hatten, wobei einige auf einer Decke ausgebreitet daneben lagen, damit die Güte der Gurken begutachtet werden konnte. Die Gurken wurden nicht per Kilogramm verkauft, sondern pro hundert Stück wurde ein Preis bezahlt. Mir war eigentlich die Form der Gurken egal. Doch meine Mutter und Carmen und jede gute Hausfrau achtete darauf, daß die Gurken nicht zu groß und nicht zu klein waren, nicht zu krumm und nicht zu dick usw. Man ging dann über den Marktplatz, und die erste Frage lautete immer: „Sind Sie aus Lugosch?“, worauf die Bäuerin antwortete: „Aber natürlich, meine Dame“. Dann wurde der Preis für hundert Stück ausgehandelt, die Käuferin hielt einen Stoffbeutel geöffnet neben den Gurkensack, und die Bäuerin begann flink zu zählen, indem sie in die rechte Hand geschickt fünf Gurken nahm.

Essiggurken (nach dem Rezept meiner Mutter)

100 Lugoscher Gurken passen in ein 4-l-Glas. Auf 1 l Essig rechnet man 2 l Wasser.
Man bereitet in einem Gefäß ein Salzwasser vor, in das die Gurken bis zum nächsten Tag hineingelegt werden.
Danach werden die Gurken gut abgebürstet und auf ein Brett gelegt. Inzwischen kocht man den Essig mit dem Wasser in einem eins zu zwei Verhältnis auf. Auf diese Menge gibt man 3 Lorbeerblätter, 1 Handvoll Zucker, Pfefferkörner, Senfkörner und 60 g Salz.
Das Glas wird auf ein Brett gestellt. In das Glas selbst gibt man unten Fenchel und Bohnenkraut und schlichtet die Gurken darüber. In die Mitte des Glases und obenauf legt man nochmals Fenchel und Bohnenkraut. Zwischendurch kann man ein paar Weichselblätter oder Traubenblätter legen. Obenauf werden die Gurken mit zwei durch-

schnittenen Krenwurzeln (Meerrettichwurzeln) festgeklemmt, damit sie sich nicht zur Oberfläche hin bewegen. Dann werden die Gurken mit dem heißen Sud übergossen, mit einem Deckel bedeckt und zwei Tage lang stehen gelassen. Wenn nach zwei Tagen die Gurken nicht vollständig mit Sud bedeckt sind, dann noch Essigwasser nachschütten und abbinden. An einem kühlen Ort stehen lassen.

Salzgurken

Die Gurken von einem Tag auf den anderen in Salzwasser stehen lassen. Am nächsten Tag werden in ein Glas Krenwurzeln, Knoblauchzehen und Weichselblätter gelegt. Dann wird ein Sud gekocht aus 1 l Wasser und 1 1/2 EL Salz, wobei getrockneter Dill und Bohnenkraut mitgekocht werden. Die gut gewaschenen Gurken werden nun in das Glas geschichtet und mit dem heißen Sud übergossen. Am nächsten Tag wird der Sud nochmals abgegossen, aufgekocht und die Gurken werden nochmals mit dem heißen Sud übergossen und das Glas abgebunden.

Herbstsalat (für den Winter)

1 kg gelbe Paprika, 1 kg Tomatenpaprika, 1 kg Zwiebeln, 2–3 kg grüne Tomaten (wir nannten sie „Gogonele"), 3 kg Gurken.
Auf ein Wasserglas Essig gibt man 2 Wasserglas Wasser und 150 g Zucker.
Am Abend wird das Gemüse gehobelt und gut gesalzen und über Nacht stehengelassen. Am nächsten Tag läßt man das Gemisch 2 Stunden abtropfen, kocht einen Sud aus dem Wasser, Essig und Zucker und läßt das Gemüse darin 5 Minuten aufkochen.
Danach heiß in Gläser füllen und abbinden. Die Gläser in Decken hüllen, bis sie ausgekühlt sind.

Um im Winter über die Runden zu kommen, mußten in Siebenbürgen im Herbst Keller und Kammer angefüllt werden. Da mußte man Kartoffeln anschleppen und Zwiebeln. Bei den Zwiebeln spielte die Herkunft abermals eine Rolle. Es wurden weiße Zwiebeln zum Kochen gekauft und rote zum Essen. Die roten Zwiebeln mußten aus Turda, einer kleinen Stadt neben Klausenburg, wo wir unsere Studienzeit verbracht hatten, stammen. Sie wurden meistens als Zopf geflochten angeboten, und es wiederholte sich das Spiel wie bei den Gurken, nur lautete diesmal die Frage: „Kommen Sie aus Turda?“ und die Anwort lautete „Ja, meine Dame, aus Turda“. Und dann wurde die Ware weiter angepriesen, „Meine Dame, ein Zwiebelchen, süß wie ein Apfel, ganz zart, fühlen sie nur selbst“, und dann wurde die Zwiebel von der Besitzerin mit dem Daumen gedrückt und konnte sich nicht wehren. Neben den roten Zwiebelzöpfen lagen weiße Knoblauchzöpfe, und so einen mußte man auch für den Winter erstehen. Dann galt es, Wurzelgemüse zu besorgen, und zwar Möhren und Petersilienwurzeln und Selleriewurzeln. Dieses Wurzelgemüse mußte nun fachgerecht im Keller eingelagert werden. Das geschah meistens Ende Oktober, als die Tage noch sonnig waren, aber die Abende schon recht kühl wurden. Meine Mutter kam dann aus dem Keller, wo sie das Gemüse für den Winter „einschlug“. Im Klartext bedeutete dies, daß sie jede einzelne Wurzel in Zeitungspapier fest einwickelte und diese dann, jede einzeln natürlich, in Sand im Keller „einschlug“. Der Sand wurde am Vortag angefeuchtet. Um den Kopf hatte sie ein Tuch gebunden, und sie hatte rote Wangen von der Kälte. Sie hatte meistens gute Laune, wenn sie diese Tätigkeit vollbracht hatte, es war wahrscheinlich das Gefühl der Sicherheit, ihre Familie mit Nahrung versorgt zu wissen. Zum Abendessen gab es dann **Bratkartoffeln** mit Butter und Zwiebeln.

Bratkartoffeln / Backkartoffeln / Kümmelkartoffeln

Kartoffeln werden geschält. In ein Backblech werden nur ein paar Tropfen Öl gegeben. Dann gibt man die geschälten, ganzen Kartoffeln hinein und bestreut sie reichlich mit Kümmel. Bei 200° werden die Kartoffeln goldgelb gebacken. Sie werden dann mit Butter gegessen.

Dazu aßen wir Turdaer Zwiebeln, die in kleine Würfel geschnitten und gesalzen wurden. Es war der Test für die Zwiebeln. Sie waren fast immer süßlich, und meine Mutter sagte „Die Marktfrau hatte recht, er schmeckt fast wie ein Apfel“. Und ich knackte die kleinen Zwiebelwürfel mit der Zunge, spießte ein Stück mehlige Kartoffel auf die Gabel, nahm ein Stückchen Butter dazu, und dachte so für mich, daß ich doch das glücklichste Kind dieser Erde bin. Wir schlossen das Fenster, und im Küchenofen knisterte ein Holzfeuer, wir zogen die Küchenlampe am Flaschenzug etwas herunter, das Licht wurde nun heimeliger, und draußen begann der Wind zu pfeifen. Ein langer, nebliger Herbst stand nun vor Tür. Meine Mutter hatte ihre Strickerei hervorgeholt, aus dem Zimmer erklang eine Mozartsymphonie, die mein Vater an diesem Abend genoß, meine Großmutter las in irgendeinem Groschenroman und freute sich auf das bevorstehende Happy End, und mein Großvater las mir mit monotoner Stimme ein Märchen vor. An diesem Abend wünschte ich mir, daß es nie Morgen werden solle.

Reise nach Alzen und Fremdsprachen

Die Unrast, von der ich noch heute befallen bin, hat ihre Wurzeln in der Kindheit. Der Wunsch, irgendwohin zu fahren, war immer da. Jeder noch so kleine Ausflug hatte den Stellenwert einer großen, weiten Reise. In Gedanken bereiste ich die ganze Welt. So wurde auch eine Reise, die ich mit einer Nachbarin und deren Töchterchen in eine etwa 20 km entfernte Gemeinde machte, zu einem großen Sommerereignis. Autos gab es damals noch kaum, und Busse fuhren auch nicht dorthin. Also blieb uns als Fortbewegungsmittel die Eisenbahn. Es fuhr aber nicht die reguläre Eisenbahn dorthin, sondern eine kleine Eisenbahn, die auf Schmalspurschienen fuhr, sich in einem gemächlichen Tempo fortbewegte und an jeder noch so kleinen Haltestelle hielt. Die gesamte Strecke, die von dieser Bahn bewältigt wurde, betrug insgesamt etwa 50 km bis in eine nahe Kleinstadt. Man nannte diese Eisenbahn die „Agnethler Kaffeemühle“ oder auch „Wusch“. Drei Tage sollte ich von zu Hause fortbleiben, zwei Nächte in einem fremden Bett schlafen. Meine Mutter hatte nur halbherzig ihre Zustimmung gegeben, mein Vater war auch etwas zögerlich. Doch ich bat und bettelte, nervte und versprach alles mögliche, und als die Zustimmung da war, war ich völlig erschöpft von diesem Kampf um die Reise. Ich war damals ungefähr zehn Jahre alt, das kleine Nachbarskind drei.

Und dann war endlich der Sommermorgen da. Wir mußten mehr als eine Stunde Weg bis zum Bahnhof einplanen. Ich hatte eine kleine Tasche dabei mit Schlafzeug, Waschzeug und was man so alles für eine dreitägige Reise benötigt. Die Nachbarin hatte eine kleine Reisetasche in der rechten Hand und ihre Tochter an der linken Hand. Ich hielt die andere Hand des Kindes. Wir gingen durch die Färbergasse, kamen in die Saggasse, vorbei ging es an der Dragonerwache, und nun lag die unendlich lange Elisabethgasse vor uns. Es konnte uns niemand zum Bahnhof begleiten, und das war auch gut so. Ich war nicht mehr ich selbst, das schüchterne, störrische Kind, das die Nachbarn nicht grüßte, sondern ich war nun jemand der verreiste, der sogar über Nacht wegblieb. Ich trug meinen Kopf sehr hoch an diesem Sommermorgen, man sah es mir bestimmt an, daß ich an diesem Morgen eine längere Reise vorhatte, eine Zugreise. Der eine oder andere Bekannte kam uns entgegen, und gegen meine Gewohnheit lächelte ich alle an, grüßte freundlich „Grüß Gott“, und als ich den einen oder anderen, wie mir schien, fragenden Blick erhaschte, fügte ich hinzu „Wir verreisen mit der Kleinen“, so nannte ich das Kind der Nachbarin. Es war eigentlich nicht nötig, irgendwelche Erklärungen abzugeben, denn man sah mir bestimmt an, daß ich mich auf eine Reise begab, etwas von dem Flair der großen Welt umgab mich, auch wenn es nur ein winziges Kaff war, wohin die Reise führte.

Dann hatten wir endlich den Bahnhof erreicht. Die Kleine war nun recht müde von dem langen Weg und hob kaum noch ein Beinchen vor das andere, sondern ließ sich von uns einherschleifen. Ich verspürte überhaupt keine Müdigkeit, sondern eher ein Gefühl der Schwerelosigkeit. Um die kleine Eisenbahn herum herrschte viel Hektik. Wir bestiegen den vorletzten Waggon, ich entdeckte ein leeres Abteil und wurde dafür von der Nachbarin gelobt, die mich eine kluges Mädchen nannte. Wir waren selbstverständlich viel zu früh da, doch ich war froh darüber, denn so konnte ich den Augenblick der Abfahrt in die weite Welt richtig genießen. Die Kleine saß da und fragte, wann wir bei ihrer Oma sein werden. Ich lächelte vor mich hin. Wie dumm doch kleine Kinder sind. Dann fielen ihr die Augen immer öfter zu, der lange Weg hatte Spuren hinterlassen. Die Nachbarin machte es sich auch bequem. „Freust du dich, mit uns aufs Dorf zu fahren?“ Und wie ich mich freute. Ich war noch nie auf dem Land gewesen. „Da ist es anders als in der Stadt“, erklärte die Nachbarin weiter, „und du wirst in einem großen Bett auf einem richtigen Strohsack schlafen“. „Wie die Prinzessin auf der Erbse?“, wollte ich wissen. Die Nachbarin lachte. „Na, hoffentlich nicht“. Die Hektik um den Zug herum nahm zu. Der Stationsvorsteher lief in seiner blauen Uniform auf und ab, sagte etwas nach links gewandt, dann etwas nach rechts gewandt, dabei gestikulierte er wild mit den Händen. Er war ein kleiner, schmächtiger Mann, doch durch die Wichtigkeit seiner Funktion schien er den ganzen Bahnhof zu beherrschen. Dann zog er plötzlich eine kleine Pfeife aus der linken Tasche, stieß einen schrillen Pfiff aus, hob die rechte Hand, es gab einen kräftigen Ruck, der Zug setzte sich in Bewegung. Aufgerüttelt durch die unsanfte Anfahrt wachte die Kleine auf und begann zu weinen. Ich stand am Fenster, der Zug fuhr nun ganz langsam. Ruck-zuck, ruck-zuck. Der kleine Bahnhofsvorsteher wurde immer kleiner. Dann machte der Zug eine Biegung, und weg war der Bahnhof. Ich befand mich nun auf Reisen. Die Nachbarin bot mir **gefüllte Oblaten** an. (Wir nannten sie „Lica-Waffel“, weil man die Oblaten aus der Fabrik organisierte, die vor dem Krieg „Lica“ geheißen hatte).

Hermannstadt - Kleiner Ring

Gefüllte Oblaten

300 g Zucker werden zu Karamel gebrannt. Dann gibt man 300 g gemahlene Walnüsse dazu. 8 Dotter werden mit 300 g Zucker flaumig gerührt. 300 g Butter läßt man zergehen und gibt sie zu den mit Zukker flaumig gerührten Dottern. Danach wird alles vermengt und in 2 Oblaten gefüllt.

Es gibt eine Vielzahl von Rezepten für gefüllte Oblaten. Hier einige Füllungen dafür:

Lica-Schnitten I

150 g Butter, 150 g Zucker, 1 1/2 Riegel Schokolade, 2 ganze Eier. Diese Zutaten werden flaumig gerührt, bis die Masse dicklich ist.

Lica-Mandoletti II

200 g Zucker, 200 g Butter und 4 Dotter werden flaumig gerührt und über Dunst gekocht. Dann werden 200 g Nüsse beigemengt und die Waffeln damit gefüllt.

Einfache Lica-Schnitten III

6 Dotter verrührt man mit 300 g Puderzucker schaumig, gibt 2 Stück Schokolade und 6 EL schwarzen Kaffee hinzu, kocht die Creme über Dunst dick und läßt sie abkühlen. Danach werden 150 g flaumig gerührte Butter hinzugefügt.

Lica mit Keks IV

250 g Butterkeks, 250 g Zucker, 100 g Butter, 2 Eier, 1 EL Kakao. Zucker, Eier, Butter und der Kakao werden in einem Gefäß auf dem Ofen verrührt und die zerbröckelten Kekse hineingemengt und sofort auf die Oblaten gestrichen.

Füllung mit Rahat (türkischer Honig) V

350 g Rahat, 50 g Butter, 100 g Nüsse, etwas Rum

Lica-Schnitten VI

200 g Butter, 200 g Zucker, 2 ganze Eier, 1 Päckchen Vanillezucker, 200 g gemahlene Nüsse werden zu einer Creme verrührt.
200 g Zucker werden extra gebrannt. In diesen gebrannten Zucker wird die Creme eingerührt.

Genüßlich verzehrte ich einige Stücke der gefüllten Oblaten, wobei ich am Fenster stand und die Pappeln an mir vorbeiziehen sah. Der Zug fuhr langsam, tuka, tuka, tuka. Tagelang hätte ich in diesem Bummelzug fahren können. Das Harbachtal lag da wie eine faule Katze in der Sonne. Plötzlich tauchten Häuser in der Ferne auf, und alsbald gab es einen Ruck, der Zug hielt; wir waren an unserem Ziel angekommen. Alzen hieß die Gemeinde, wo die Mutter der Nachbarin wohnte. „So, nun bist du auf dem Land, gefällt's dir?“ Ich nickte, konnte aber noch nichts Genaues sagen, ich mußte mich doch zuerst umsehen. Die Erwachsenen waren immer so voreilig, wollten immer sofort wissen, ob einem etwas gefällt oder nicht. Wir gingen eine lange, unasphaltierte Straße entlang. Kein Lüftchen bewegte sich. Die Menschen, die aus dem Zug ausgestiegen waren, verschwanden in die verschiedenen Richtungen. Plötzlich waren nur noch wir auf der Straße. Vielleicht war dieses ein Geisterdorf, weit und breit war kein Mensch zu sehen. Die Fenster waren meist mit blauem Papier verdunkelt, damit die Hitze nicht in die Wohnung eindringt, erklärte mir die Nachbarin, und die Häuser waren eines an das andere geklebt. Jedes Haus hatte ein Tor mit einem runden Bogen; die Tore waren verschlossen. Nichts bewegte sich. Vor den Häusern standen Bänke. Nachdem wir die lange Straße entlanggegangen waren, bogen wir nach rechts ab und standen dann vor dem Haus der Großmutter. Die Nachbarin klopfte an das Tor und rief, und nach kurzer Zeit wurde geöffnet, und die Großmutter trat heraus. Es war eine alte Frau, die eine Tracht trug. „So, das ist das kleine Fräuleinchen aus der Stadt?“, begrüßte sie mich herzlich. Die Kleine war inzwischen ganz munter geworden und küßte ihre Griesi (wie sie ihre Großmutter nannte) auf beide Wangen.

„Und Hunger habt ihr bestimmt auch?“, stellte die Großmutter fragend fest. Den hatten wir. Die Küche schien mir riesengroß, und in einer Ecke stand ein mächtiger Backofen. „Es gibt **Paradeissuppe** (Tomatensuppe) und **falsches Hirn**“. Die Tomatensuppe kannte ich nur mit einer Reiseinlage. Doch diese hier war etwas Besonderes.

Paradeissuppe (Tomatensuppe) mit Einlage

Eine Zwiebel wird in Wasser gekocht. Wenn man Gemüse hat, kocht man auch Gemüse mit. Wenn das Gemüse und die Zwiebel ungefähr 1/4 Stunde gekocht haben, seiht man das Wasser ab und fügt Tomatensaft hinzu (ungefähr 1:1). Nun wird die Suppe gesalzen und, wenn vorhanden, kann etwas Suppengewürz hinzugefügt werden. Eine Prise Zucker wird auch hinzugefügt. Inzwischen verquirlt man ein paar Eier mit etwas Mehl, salzt und pfeffert die Masse und bäckt sie in einer Pfanne, in die man etwas Öl gegossen hat, auf beiden Seiten goldbraun. Dann wird die Masse mit zwei Gabeln in Stücke zerkleinert und in die Tomatensuppe eingekocht. Beim Servieren kann die Suppe individuell mit noch etwas Zucker abgeschmeckt und mit gehacktem Petersilienlaub und Sauerrahm verfeinert werden.

Wie das schmeckte! Die Großmutter stellte einen Krug Rahm auf den Tisch. „Es scheint dem Stadtkind zu schmecken“, stellte sie fest. „Das ist die Luftveränderung“, erklärte die Nachbarin ihrer Mutter. Bis das falsche Hirn zubereitet war, wurden die Kleine und ich in den Hof geschickt. Auch da war es unendlich still. Nur die Luft zitterte. Ab und zu krähte ein Hahn, sonst war kein Geräusch zu vernehmen. Die Kleine führte mich in den Garten. Da gab es unzählige Tomatensträucher, an denen dicke, herzförmige Tomaten hingen. Ich staunte. So etwas hatte ich noch nie gesehen. Später wurde ich belehrt, daß es Ochsenherzentomaten sind. Wenn ich nur wüßte, was falsches Hirn ist. Obwohl ich nun auf der Reise war, traute ich mich nicht, danach zu fragen. Irgendwie war meine Schüchternheit wieder da. „Weißt du, was falsches Hirn ist?“, fragte ich die Kleine. Doch die sah mich nur an und sagte: „Falsches Hirn.“ Ich konnte es bei Tisch nicht identifizieren und dachte, man wolle mich auf den Arm nehmen.

Falsches Hirn

Ein Blumenkohl (wir sagten „Karfiol") wird in Salzwasser gar gekocht und zerkleinert. Inzwischen röstet man eine in Würfel geschnittene Zwiebel und fügt den zerkleinerten Blumenkohl hinzu. Dann werden verquirlte Eier (die vorher gesalzen und gepfeffert wurden) darüber gegossen und kräftig durchgerührt, bis sie stocken.

Abends kam Bewegung im Dorf auf. Wie aus dem Nichts waren plötzlich Menschen da. Alte Bäuerinnen standen vor den Häusern oder saßen auf den Bänken davor, Kinder schlenderten barfüßig durch die Straße, Männer gingen mit Sensen und anderen landwirtschaftlichen Geräten emsig einher, es wurde geschwatzt und gelacht. Noch mehr Bewegung kam auf, als die Kuhherden abends heimkamen. Wie die Menschen waren auch sie plötzlich da; die Glocken baumelten an ihren Hälsen, die dicken Euter wackelten und schwabbelten, und zwischendurch klangen gedehnte Muh-Rufe durch die Straße. Manche Tiere schienen es eiliger zu haben, andere wiederum weniger eilig. Ich ergötzte mich daran, daß ein jedes Tier tatsächlich wußte, wo es zu Hause war und zielstrebig durch das richtige Tor schritt.

Zum Abendessen gab es einen Brotaufstrich aus Speck und Zwiebeln auf frischem Schwarzbrot und dazu eine Tasse Büffelmilch.

Speck-Brotaufstrich

Speck und eine Zwiebel werden durch den Fleischwolf getrieben und mit hartgekochten, gehackten Eiern vermengt, gesalzen und gepfeffert.

Ich aß mit großem Appetit, wenn ich auch die Büffelmilch verschmähte und die Bäuerin sagte: „Es schmeckt also, ich sage ja immer: ‚Speck und Brot macht Wangen rot'".

So plötzlich, wie das Dorf zum Leben erwacht war, wurde es wieder still. Die Sonne war mit einem Mal hinter dem Berg verschwunden, Tiere und Menschen waren in ihren Behausungen, die Stille hatte das Dorf wieder in ihrer Gewalt. Die Dunkelheit tastete sich behutsam heran, hier und da flammte ein Lichtlein auf, und ich wurde in ein Zimmer geführt, wo unter anderem ein Bett mit einem riesigen Strohsack darauf stand. Ich mußte auf einen Stuhl klettern, um auf den Strohsack zu kommen, schaffte es endlich, legte mich darauf, sank ein, es pikste ein wenig, ich schloß die Augen und dachte an die Prinzessin auf der Erbse.

Sehr früh am nächsten Morgen erwachte das Dorf zum Leben. In einer Art Halbschlaf, zwischen Traum und Wirklichkeit, hörte ich die Hähne krähen, das Trampeln der Tiere, die auf die Weide getrieben wurden, eilige Schritte einiger Dorfbewohner, die an der Hauswand zu hören waren, das Zwitschern der Vögel. Dann war alles wieder still, und ich erwachte sehr spät, als mir Sonnenstrahlen über das Gesicht fuhren.

„Heute führe ich dich zur Burg", sagte die Großmutter beim Frühstück. „Wir müssen dem Kind ja etwas zeigen", wandte sie sich an ihre Tochter. Au ja, das freute mich, ich liebte alte Burgen, Sagen, Vergangenes aus uralten Zeiten, altes Gemäuer, wo jeden Augenblick etwas Unerwartetes geschehen konnte. In meiner Phantasie eilte ich schon zur Burg empor, gekleidet als Burgfräulein in samtene Gewänder gehüllt, oben stand ein Ritter oder noch besser vielleicht ein Prinz, der mich auf sein Pferd setzen und mit mir davoneilen würde.

Dann machte sich die Großmutter mit mir auf den Weg zur Burg. „Ich habe gehört, daß du so gerne Bücher liest", sagte sie, „wenn du willst, dann wird dir der Herr Pfarrer etwas über die Burg erzählen". Und ob ich wollte. So erfuhr ich vom Pfarrer, daß die Alzener Burg eine der ältesten Kirchenburgen in Siebenbürgen sei, auch wenn man nicht genau wußte, wann die Kirchenburg entstanden war. Im Turm, wo die Glocken hängen, machte ich meine erste Bekanntschaft mit der lateinischen Sprache. Da stand: „O rex gloriae veni cum pace". Ich las dies laut, verstand aber den Sinn nicht, und so übersetzte mir der Herr Pfarrer das Lateinische: „O König der Ehren, komm mit Frieden". „Wofür sich dies Kind interessiert", wunderte sich die Großmutter. Dann zeigte mir der Pfarrer noch den Speckturm. Das war ein dreigeschossiger Turm, in dem die Dorfbevölkerung ihren Speck aufbewahrte. Da war ich sehr beeindruckt. Alles andere, was mir erzählt wurde, habe ich vergessen. Dazwischen sprach die Großmutter mit dem Pfarrer noch über die letzte Hochzeit, die am vergangenen Samstag stattgefunden hatte. Sie sprachen Sächsisch, und ich hörte aufmerksam zu, verstand auch fast alles. Danach verabschiedeten wir uns, und die Großmutter sagte noch dem Pfarrer, daß es heute mittag

„Brodelåwend“ zu essen gebe. Der Pfarrer fuhr sich mit der Zunge über die Lippen und wünschte einen guten Appetit. Ich dagegen wurde hellhörig. Ich konnte mir nichts Konkretes darunter vorstellen. Was war wohl dieses geheimnisvolle „Brodelåwend“? Ob ich wohl fragen sollte? Lieber nicht. Es klang eigentlich so ähnlich wie Brot. Ob es etwas mit Brot zu tun hatte? Vielleicht eine Brotsuppe? Nun, zum Mittagessen würde das Rätsel gelöst werden.

Brodelåwend (sächsischer Eintopf, Bratensuppe)

Das klassische Rezept wird mit Rindfleisch zubereitet. Aber „bist du Gottes Kind, so hilf dir“. In dem Fall kann das Gericht auch mit Schweinefleisch zubereitet werden.
2 Zwiebeln werden in Fett oder Öl glasig gedünstet, und 600–700 g Fleisch, das vorher nudelig geschnitten wurde, werden hinzugefügt. Dann wird alles mit heißem Wasser übergossen und so lange gedünstet, bis das Fleisch weich ist. Wenn das Fleisch weich zu werden beginnt, gibt man noch kochendes Salzwasser hinzu. Zwei bis drei Kartoffeln werden gewaschen, geschält und in Würfel geschnitten und dem Ganzen hinzugefügt. Außerdem fügt man noch Lorbeerblätter hinzu. Sind Fleisch und Kartoffeln gar gekocht, wird Einbrenn in kaltem Wasser aufgelöst, glatt verrührt, mit der Brühe aufgelöst und ungefähr eine viertel Stunde gekocht. Die fertige Suppe wird mit Bertramessig (Estragonessig) gesäuert. Der Eintopf kann mit gehacktem Petersilienlaub und mit Rahm verfeinert werden, der vor dem Auftragen hinzugefügt werden kann.

Ich probierte den Eintopf. Er schmeckte sehr gut. Ich aß mehr Kartoffeln und weniger Fleisch und brütete vor meinem Teller so vor mich hin. Wo war das Brot? Ob es wohl zerkocht war? Ob die Großmutter vergessen hatte, Brot hineinzutun? Ich dachte nach und dachte nach und konnte keine Erklärung finden.

Wieder zu Hause in Hermannstadt angekommen, erzählte ich meinen Eltern von dem guten Essen. Meine Mutter wollte wissen, was das war, und ich erklärte ihr, daß wir Brotsuppe gegessen hatten. „Brotsuppe?“, sagte meine Mutter verständnislos, „da muß ich die Nachbarin mal nach dem Rezept fragen.“ „Brotsuppe?“, wiederholte die Nachbarin verwirrt. „Wir haben Brodelåwend gegessen". Die Erwachsenen begannen zu lachen. „Wie wohl das Kind auf Brotsuppe gekommen ist?", fragte mein Vater. „Na, Brode heißt doch Brot auf sächsisch, oder nicht?", bemerkte ich. „Das kommt von Braten", erklärte mir mein Vater. Das Rätsel war gelöst. Neben diesem herrlichen Eintopfgericht habe ich von dieser Reise, bedingt durch die lateinische Inschrift auf der Alzener Burg und die etymologische Erklärung des Eintopfes, meine Vorliebe für Fremdsprachen ins Leben mitgenommen.

Hochzeiten in der Nachbarschaft

In unserer Nachbarschaft wohnten einige Mädchen, die älter waren als ich. Wenn eine dann heiratete, kam unerwartete Hektik in der Nachbarschaft auf. Die Vorbereitungen liefen auf Hochtouren, konkret war ich in folgender Hinsicht davon betroffen: Erstens wurde ich mit einem Blumenstrauß oder mit einem kleinen Geschenk in das Hochzeitshaus geschickt. Dieser Gang kostete mich viel Überwindung, aber am Ende lachte mir ein Geldstück entgegen, das ich sorgfältig in meinem Sparkrug verwahrte, der einen winzigkleinen Schlüssel besaß. Dieser Sparkrug war von meinem Großvater angefertigt worden, und zwar aus Holz. Auf der einen Seite befand sich ein Schlitz zum Einwerfen des Geldes. In das Holz waren Stiefmütterchenblüten eingebrannt. Ich liebte diesen Sparkrug und entnahm ihm selten Geld. Zweitens wurde kurz vor oder nach der Hochzeit ein Teller mit Köstlichkeiten zu uns herübergeschickt, und drittens durfte ich am Samstagabend (die Trauungen fanden immer am Samstagabend statt) mit meiner Großmutter zur Kirche gehen und das Brautpaar bewundern. Mich interessierte am meisten das Kleid der Braut und die Gewänder der Kranzeldamen. Diese Kranzeldamen waren junge unverheiratete Mädchen, die meistens in pastellfarbenen Kleidern, begleitet von einem jungen Herren, hinter den Trauzeugen (wir sagten den „Beiständen“) in die Kirche schritten. Meistens nahm ich alles nur recht vage und unscharf wahr und stellte mir vor, selbst eine Kranzeldame (nicht eine Braut) und Mittelpunkt des Geschehens zu sein.

Als das junge Mädchen aus unserem Hof heiratete, bekamen wir die Hochzeit hautnah mit. Das Oberkommando über die Essenszubereitung hatte ein Onkel des Bräutigams, der ein berühmter Koch war. Das Hübscheste, was der Koch aber vorbereitet hatte, waren Körbchen aus Tomaten, die mit einer Käsefüllung gefüllt waren.

Gefüllte Tomaten

Aus kleinen festen Tomaten wird zu beiden Seiten des Stiels je ein Dreieck herausgeschnitten, damit nur ein Bug für ein Körbchen erhal-

ten bleibt. Das Innere der Tomate wird ausgehöhlt. Nun wird aus fein geriebenem Schafskäse und flaumig gerührter Butter eine Masse gerührt. Es ist nicht nötig, diese Masse noch zu salzen, da der Käse meist sehr gesalzen ist. Diese Masse wird nun in einen Spritzbeutel getan, und die Tomatenkörbchen werden damit mit rosettenförmigen Blüten gefüllt.

Es gab dann noch unzählige Arten von Kleingebäck. Da waren zum Beispiel kleine, wie Fäßchen aussehende Kuchenstücke. Der berühmte Koch belehrte meine Mutter, daß dieses die bekannten **Sarah-Bernhard-Pussel** sind.

Sarah-Bernhard-Pussel

500 g gemahlene Nüsse. 7 Eiweiß werden zu einem festen Schnee geschlagen, 500 g Puderzucker und 100 g gemahlene Nüsse werden leicht untergezogen. In ein mit Butter geschmiertes und ausgestaubtes Backblech gibt man mit einem Teelöffel kleine Plätzchen aus dieser Masse. Die Kunst ist es, diese Plätzchen möglichst gleichmäßig und schön rund zu machen. Gebacken wird bei niedriger Temperatur (ca. 180°) und mit offener Backröhre.
Creme: 7 Eigelb, 350 g Zucker, 1 Weinglas Wasser, 2 EL Kakao werden über Dunst geschlagen, bis die Creme dicklich ist. Dann wird die Creme vom Ofen genommen, und man läßt sie auskühlen. Inzwischen werden 200 g Butter flaumig gerührt und zu der ausgekühlten Creme dazu gerührt.
Mit der spitzen Seite werden nun die Pussel aneinandergefügt und rundherum mit Creme bestrichen. Danach werden sie in gemahlenen Nüssen gewendet.

Neben diesen kleinen Nußfäßchen tummelten sich noch andere kleine runde Kuchenstücke, die den klangvollen Namen **Non plus ultra** trugen.

Non plus ultra

280 g Butter, 350 g Mehl, eine Handvoll Zucker, 3 Eidotter und etwas Vanillezucker werden zu einem Teig verarbeitet, ausgewalkt und kleine Krapfen werden ausgestochen. In den sehr festen Schnee von

3 Eiweiß rührt man leicht 250 g Zucker unter, bestreicht die Krapfen damit und bäckt sie nicht zu heiß. Nach dem Erkalten werden je 2 mit Marmelade (am besten ein säuerliches Gelee) zusammengesetzt.

Die Symmetrie der runden Kuchenstücke wurde durch längliche Schnitten unterbrochen, die obenauf mit Puderzucker bestreut waren und andere, die eine weiß glänzende Glasur obenauf hatten.

Rahmschnitten

Teig: 420 g Mehl, 150 g Zucker, 180 g Butter, 2 Eier, etwas Speisesoda werden zu einem Teig verarbeitet und 4 Blätter werden daraus gebacken.
Fülle: 300 g gemahlene Walnüsse, 300 g Puderzucker, 500 g Rahm, etwas Vanillezucker und etwas Rum werden gut verrührt und die ausgekühlten Blätter werden damit gefüllt. Der Kuchen muß 2 Tage vor dem Verzehr gebacken und an einen feuchten Ort gestellt werden.
Obenauf werden die Schnitten mit Puderzucker bestreut.

Weiße Schnitten

Teig: 500 g Mehl, 100 g Zucker, 200 g Butter, 150 ml Milch, 1 Ei und etwas Speisesoda. Diese Zutaten werden zu einem Teig verarbeitet, und es werden 3 Blätter daraus gebacken.
Fülle: 3/4 l Milch werden mit 5 EL Mehl und 4 EL Kakao, etwas Vanillezucker und Zucker nach Geschmack zu einer festen Masse gekocht. Ist diese Masse ausgekühlt, werden 300 g flaumig gerührte Butter löffelweise dazu gerührt. Die Blätter werden damit gefüllt.
Glasur: Eine Vanille Fondant Glasur.
500 g Zucker werden befeuchtet und in einem Gefäß so lange gekocht, bis von einer Gabel, die man hineintaucht, große Blasen fliegen, wenn man darauf bläst. Nun wird die Masse auf eine ganz flache Porzellanschüssel gegossen. Da läßt man sie so lange stehen, bis sich oben ein Häutchen bildet. Dann rührt man mit einem Holzlöffelstiel so lange weiter, bis die Masse rahmartig weiß und dick ist. Mit einem langen, flachen Messer wird sie nun über das Kuchenblatt gestrichen.

Die Kinder Gottes der Unterstadt

Meine Heimatstadt bestand aus einer Oberstadt und aus einer Unterstadt. Wir wohnten in der Unterstadt. In unserer Nachbarschaft wohnten nicht nur Deutsche, sondern Leute verschiedener Nationen. Wahrscheinlich wurde ich damals als Kind geprägt, nur das Menschliche zu beachten, die Nationalität spielte keine Rolle. In unserer Nachbarschaft wohnten Sachsen, Rumänen, Ungarn, Italiener, Juden. Und dann gab es noch in der Nachbarschaft das Mädchen Dorina, das zwar Rumänisch sprach, von dessen Eltern man aber sagte, sie seien „refugiaţi“, also Flüchtlinge. Ich fand das sehr aufregend und hätte gerne etwas Näheres darüber erfahren, doch Dorina schwieg beharrlich, und meine Eltern wollte ich nicht danach fragen. Irgendwann kriegte ich nur heraus, daß sie nach dem 2. Weltkrieg aus der Nordbukowina, einem Landstrich, der bis dahin zu Rumänien gehört hatte und der nach dem 2. Weltkrieg an Sowjetrußland gefallen ist, vor den Russen fliehen mußten und bis nach Siebenbürgen gekommen sind. Wahrscheinlich konnte sich Dorina nicht mehr an ihr Geburtsland erinnern, ihre Mutter hatte aber manchmal einen nostalgischen Glanz in den Augen, sie beachtete die Dinge in ihrer Umgebung nicht, und ihr Blick schwebte weit weg in die Ferne. Einmal um die Mittagsstunde, als ich mich bei Dorina in der Wohnung aufhielt, bereitete ihre Mutter das Mittagessen vor, und es sah recht verführerisch aus. „Das werden **französische Kartoffeln**“, erklärte mir ihre Mutter, „Willst du mit uns essen?“. Das war mir zwar strengstens verboten worden, doch ich dachte blitzschnell nach, was es bei uns zu Hause zum Mittagessen gab und zog die französischen Kartoffeln vor.

Französische Kartoffeln

500–600 g Kartoffeln werden mit Schale in Salzwasser gar gekocht. Wenn sie noch warm sind, werden sie geschält, in vier geteilt, und in Scheiben geschnitten. In einem Gefäß werden die Kartoffeln gesalzen und mit ein paar Butterflocken gemischt. In der Zwischenzeit werden 6 Eier hart gekocht und mit kaltem Wasser abgeschreckt. Eine feuer-

feste Schüssel wird mit Butter ausgeschmiert, und man legt nun eine Schicht Kartoffeln in die Schüssel. Die Eier werden in Scheiben geschnitten, und es folgt eine Reihe Eierscheiben. Nun folgen erneut Kartoffeln usw. Obenauf ist eine Schicht Kartoffeln. Nun wird Rahm mit einem Ei verquirlt und darüber gegossen. Die Kartoffeln werden in der Backröhre gebacken, bis die obere Schicht schön goldgelb ist. Das Rezept kann noch verfeinert werden, und obenauf kann eine Schicht geriebener Käse gestreut werden.
Die französischen Kartoffeln können als Hauptgang serviert werden mit Kopfsalat, Gurkensalat oder sauren eingelegten Gurken. Wem Süßes eher zusagt, der kann die Kartoffeln auch mit Preiselbeeren essen.
Die französischen Kartoffeln können aber auch als Beilage serviert werden zu Braten, was dann aber sehr üppig ist.

Nach dem Mittagessen wollte Dorinas Mutter noch eine **Hexentorte** zubereiten, da am Nachmittag Besuch kam, und zwar die Czernowitzerin. Dorina erklärte mir, daß Czernowitz die Hauptstadt der Bukowina gewesen war, und die Dame, die zu Besuch erwartet wurde, stammte aus Czernowitz.

Hexentorte

1. 7 EL Zucker bei sehr starker Hitze karamelisieren. In der Rein schwenken (Durchmesser der Rein ca. 22 cm) und auskühlen lassen, bis es „crash" macht.
In der Zwischenzeit eine andere Rein mit Wasser füllen, in die die erste mit dem gebrannten Zucker hineinpaßt, und das Wasser zum Kochen bringen.
2. 750 ml lauwarme Milch, 6 ganze Eier, 2 Päckchen Vanillezucker (am besten Bourbon), 6 EL Zucker.
Alles verquirlen und in die Rein mit dem ausgekühlten Karamelzukker gießen. Diese wiederum in die Rein mit dem Wasser stellen und alles in die Backröhre geben. Ca. 45 Minuten bei ca. 170° stocken lassen.
3. Teig: 4 Eigelb, 4 EL Öl, 4 EL Mehl, 4–5 EL Staubzucker, Backpulver, etwas Zitronensaft zum Löschen des Backpulvers. Alles gut verrühren.

Aus den 4 Eiweiß Schnee schlagen und unter die Masse ziehen.
Nach den 45 Minuten diese Masse auf die gestockte Masse gießen und weitere 40 Minuten bei 170° backen. Noch fünf Minuten bei ausgeschalteter Hitze im Backrohr lassen.
Auskühlen lassen und stürzen.

Ab und zu besuchte ich meine Großmutter väterlicherseits. Manchmal begleitete mich meine Freundin Gabi. Wir schritten dann einträchtig nebeneinander, und es hat wohl nicht oft so kleine sieben- oder achtjährige Mädchen gegeben, die sich über Gott und die Welt ihre Gedanken machten. Wir gingen durch die Kälbergasse, überquerten die Schmiedgasse, wo damals noch die Straßenbahn fuhr und sahen alsbald den Eisverkäufer, der vor den Sagstiegen stand. Wie eine Kulisse stand die ehrwürdige evangelische Kirche hinter dem Mann, der Eis verkaufte und auf dem Kopf einen Fes trug. Es war ein Türke, der einzige Türke, den ich in Hermannstadt kannte. „Der hat einen anderen Gott", ließ mich Gabi wissen. „Aber dein Vater hat auch einen anderen Gott", wandte ich ein. Gabis Vater war Jude. „Ja, aber der Gott meiner Mutter ist auch dein Gott", erklärte mir Gabi weiter. Gabis Mutter war eine ungarische Christin. „Gehst du sonntags in diese Kirche?", wollte Gabi wissen und zeigte auf die hohe evangelische Kirche. „Nein", antwortete ich, „das ist die Kirche meiner Großeltern. Ich bin katholisch, meine Kirche steht auf dem Großen Ring". „Dann hast du also einen anderen Gott als deine Großeltern?", wollte Gabi wissen. „Eigentlich nicht", antwortete ich. Ich hatte mir noch nie so richtig Gedanken darüber gemacht. Obwohl, wenn ich jetzt so nachdachte, mußte es doch ein anderer Gott sein. Jede Kirche, jeder Glauben hat doch seinen eigenen Gott. „Es gibt aber nur einen Gott", erklärte ich Gabi, so hatte ich das im Religionsunterricht gelernt. „Mag sein", antwortete Gabi, „wichtig ist, daß man nichts Schlimmes im Leben tut, sagt mein Vater". Das fand ich auch. „Und wenn meine Kirche und deine Kirche einen anderen Gott haben, dann sind die vielleicht Freunde so wie wir", meinte Gabi. Die Idee gefiel mir. „Vielleicht gehen die Götter jetzt auch spazieren", dachte ich laut weiter. „Vielleicht besuchen unsere Götter Aishas Gott", spann Gabi den Faden weiter. Aisha war die kleine Tochter des türkischen Eisverkäufers, mit der wir ab und zu spielten. Aisha stand auch jetzt neben ihrem Vater. Gabi und ich holten ein Geldstück hervor und erstanden je eine Kugel Eis. Gabi nahm eine Kugel Vanilleeis und ich eine Kugel Fistik (das heißt Pistazieneis). Aisha zerrte uns in die Wohnung. Sie wollte uns unbedingt etwas zeigen. Auf dem Küchentisch lag eine große rechteckige Schüssel mit einer Speise, die ich noch nie gesehen hatte, die aber gut roch. **„Mussaka“**, sagte Aishas Mutter, mit der wir Verständigungsschwierigkeiten hatten, da sie kaum Rumänisch sprach und Deutsch schon gar nicht.

Mussaka

6–8 Auberginen in 1 – 1 1/2 cm dicke Scheiben schneiden, salzen, abtropfen lassen, in heißem Öl ausbacken und auf Küchenpapier legen.
1 Zwiebel kleinwürflig schneiden. 100 g Reis weich kochen.
Die Zwiebel in heißem Öl anbraten, 750 g Rinderhack (es kann auch mit Schweinehack gemacht werden oder mit gemischtem Fleisch) werden zu der Zwiebel hinzugefügt und angebraten, der Reis wird auch hinzugefügt. Alles wird mit Salz und Pfeffer abgeschmeckt. Inzwischen werden saftige Tomaten in Scheiben geschnitten.
In eine feuerfeste Schüssel wird nun eine Reihe von den gebackenen Auberginen gelegt, danach folgt eine Reihe von dem Fleisch-Reis-Gemisch und danach eine Reihe Tomatenscheiben. Danach wird alles wiederholt. Im Backofen bei 200° 30–40 Minuten backen. Es kann mit einem Klacks Rahm serviert werden.

Aisha durfte uns ein Stück bis zur Kirche begleiten. „Aisha, welches ist eure Kirche?“, wollte ich wissen. „Wir haben keine Kirche hier“, antwortete Aisha. „Wir beten zu Hause auf einem Gebetsteppich, unsere Kirchen heißen nicht Kirchen, sondern Moscheen. Und unser Gott heißt Allah“, fuhr Aisha fort. „Und meiner heißt Gott“, hielt ich entgegen. „Wie meiner heißt, darf ich nicht sagen“, erklärte Gabi, „aber unsere Kirche heißt Synagoge“. „Bald werden wir in die Türkei fahren“, ließ Aisha vernehmen, „in eine wunderschöne Stadt, die wie eine Märchenstadt ist, und wo tausend Kuppeln der Moscheen golden leuchten“. Auf Aishas Gesicht spiegelte sich ein verklärtes Lächeln. Wir waren inzwischen bei der Kirche angekommen. „Nun muß ich aber zurück“, sagte Aisha und hüpfte davon. „Wir werden auch nach Palästina (gemeint war Israel, doch in Hermannstadt sagten damals alle Palästina) fahren“, sagte Gabi plötzlich. Es war ein heißer Sommertag, doch mir wurde es plötzlich eiskalt. „Aber nicht für immer“, versuchte ich, das Schlimmste abzuwenden. „Doch, für immer, das ist unser Land", erklärte mir Gabi. „Du kommst einfach mit", schlug sie als Lösung vor. Na, ich wußte nicht so recht. Ich erinnerte mich plötzlich, daß Judas Christus verraten hatte und ein Jude war. Obwohl, Gabi würde nie so etwas tun. Gabi schien meine Gedanken erraten zu haben. „Auch Christus war eigentlich Jude", sagte sie.

Eines Tages war dann alles anders. Der türkische Eisverkäufer war weg, und dann war auch Gabi weg, als ob es sie nie gegeben hätte. Und Hermannstadt war auch nicht mehr Gegenwart, sondern Vergangenheit, in die man ab und zu zurückkehrte. Vier wunderschöne Lyzeumsjahre waren vorbei, die Hürde Matura (Abitur) war genommen, es folgte ein Sommer voller Vorfreude und Hoffnungen. Im Herbst war die Aufnahmeprüfung auf die Hochschule bestanden, ich war frei, eine goldene Zeit lag vor mir. Meine neugewonnene Freiheit konkretisierte sich in dem Kauf zweier Schachteln Zigaretten. Kulinarisch gesehen begann nun eine Zeit voller Höhen und Tiefen, wobei allerdings die Tiefen dominierten. Das Kantinenessen war ungenießbar. Also aß man im Restaurant, so lange das Geld reichte und hielt sich danach schlecht und recht durch originelle Improvisationen über Wasser. Wir hatten im Studentenheim, wo wir zehn Studentinnen in einem Zimmer hausten, eine wunderschöne Terrasse hoch über den Dächern der Stadt. Da lagen wir im Sommer im Badeanzug und tranken kaltes Wasser und im Winter machten wir es uns in einer großen Küche gemütlich bei einem Getränk, das wir Tee nannten, und das aus gebranntem Zucker zubereitet wurde, den man mit Wasser auflöste, und dazu gab es Schwarzbrot.

Gute Zeiten bedeuteten, etwas Geld zu haben und eines der unzähligen kleinen Lokale aufzusuchen und sich das Mittag- oder Abendessen schmecken zu lassen. Meistens aßen wir **Rahm-, Zwiebel- oder Knoblauchschnitzel.**

Rahmschnitzel

Aus Schweinefleisch werden ca. 1,5 cm dicke Schnitzel geschnitten, geklopft, gesalzen und gepfeffert. In Öl werden die Schnitzel angebraten und danach in etwas Wasser gedünstet, bis das Fleisch weich ist. Die Schnitzel werden nun aus der Pfanne genommen und in ein Gefäß gelegt. In die Flüssigkeit, die in der Pfanne verbleibt, fügt man

1–2 TL süßen Paprika und eine Tasse Sauerrahm hinzu. Zwecks Verfeinerung kann man etwas Suppengewürz hinzufügen.

Champignon-Rahmschnitzel

Schnitzel wie oben beschrieben zubereiten. Ist die Rahmsoße fertig zubereitet, kann man fein geschnittene Champignons hinzufügen.

Zwiebelschnitzel

Schnitzel wie die beschriebenen Rahmschnitzel vorbereiten. Statt Schweinefleisch kann auch Rindfleisch verwendet werden. Nachdem die Schnitzel angebraten wurden, werden sie in ein Gefäß gelegt. Inzwischen schneidet man 2–3 weiße Zwiebeln (Menge ist von der Schnitzelmenge abhängig) blättrig und läßt sie in dem Schnitzelöl schön glasig anlaufen. Danach werden die Schnitzel auf das Zwiebelbett gelegt und in etwas Wasser weichgedünstet. Man kann zum Schluß die Soße mit etwas Suppengewürz abschmecken. Möchte man die Soße etwas sämiger haben, kann man einen Teil des Gemüses mit dem Mixstab pürieren.

Zwiebelschnitzel à la Adriana

Schnitzel wie oben beschrieben vorbereiten. Zu den blättrig geschnittenen Zwiebeln fügt man noch eine kleingehackte Knoblauchzehe, 2–3 Lorbeerblätter und 1–2 in dünne Scheiben geschnittene Möhren hinzu.

Knoblauchschnitzel

Schnitzel wie die beschriebenen Zwiebelschnitzel zubereiten. Zwiebel werden durch feingehackte Knoblauchzehen ersetzt.

Fragmente aus der Studentenzeit

In der Studentenzeit war es bei uns Pflicht, an den Vorlesungen und Seminaren teilzunehmen. Wenn wir ab und zu einen freien Tag hatten, was recht selten vorkam, kundschafteten wir die Umgebung unserer Studentenstadt aus. Da waren Hügel, wo Tausende von Adonisröschen im Frühjahr blühten, und dichte Wälder, wo riesige Steine zwischen Bäumen herumlagen, die wie von einem fremden Stern anmuteten. Wir durchstreiften diese verlassenen Gegenden, und wenn uns der Hunger plagte, so holten wir einen kleinen Grill hervor, entfachten ein Feuer und legten kleine Fleischröllchen drauf, die wir in einer Kneipe erstanden hatten. Diese Fleischröllchen heißen auf rumänisch **Mititei** oder Mici (in Deutschland nennt man sie „Ćevapčići"), was soviel bedeutet, daß sie klein oder winzig sind. Es gibt eine Vielfalt von Rezepten. Eines lautet wie folgt:

Fleischröllchen (**Mititei** oder **Mici**)

1 kg saftiges Rindfleisch vom Nacken, 200 g Rinderfett, Salz, Pfeffer, Wacholder, Koriander, 3–4 Zehen Knoblauch, 1 TL Speisesoda.
Das Fleisch und das Rinderfett werden dreimal durch den Fleischwolf getrieben. Die Knoblauchzehen werden mit einem gestrichenen TL Salz mit der Kehrseite eines Löffels zerstoßen. Dann fügt man zu dem Knoblauch 200 ml warmes Wasser hinzu. Dieses Wasser wird durchgeseiht und über das Fleisch gegossen, das Speisesoda wird auch hinzugefügt, damit die Röllchen beim Grillen aufgehen und puffig werden. Zwecks Aroma fügt man einen TL Wacholder und Koriander hinzu. Diese beiden Gewürze sind typisch für diese Röllchen. Diese Masse wird gut durchgeknetet und in einer Nylontüte bis zum nächsten Tag im Kühlschrank aufbewahrt. Es werden ungefähr 2 cm dicke und 8–10 cm lange Röllchen geformt, die 4–5 Minuten auf jeder Seite auf dem Rost gegrillt werden. Die Röllchen werden mit Brot und Senf heiß serviert.

Abends hatte uns die Stadt wieder. Und ein mächtiger Durst auch. In einer Tüte hatte ich Unmengen weißer Blüten gepflückt, die ich als Waldmeister identifiziert hatte und für meinen Vater trocknen wollte. „So eine Bowle wäre ja auch nicht schlecht", meinte mein Freund. Gesagt, getan. Wir erstanden zwei Liter Wein und schritten zur Tat. Dunkel erinnerte ich mich an ein **Orangen-Bowle**-Rezept meines Vaters, und in gleicher Manier bereiteten wir die Waldmeister-Bowle zu.

Orangen-Bowle

450 g Zucker werden in ein Glasgefäß gegeben.
Den Saft und die abgeriebene Schale von 1 unbehandelte Orange und 1 unbehandelten, kleinen Zitrone dazugießen. Eine ungeschälte und ebenfalls unbehandelte Orange in kleine Stücke schneiden und hinzufügen. Mit etwas Rum und einer Messerspitze Zitronensäure und 1/2 l Wein ergänzen. Dieses Gemisch muß mehrere Stunden zugedeckt ziehen. Vor dem Auftragen noch 1 1/2 l Wein zugießen und mit kaltem Mineralwasser auffüllen.

Die Bowle mußte bis zum nächsten Tag „ziehen". Wir hatten aber Hunger. Geld war auch keines mehr da. Eine rettende Idee mußte gefunden werden. Wir schlenderten durch die Stadt, die voll von Studenten war, manchen knurrte der Magen genau wie uns; und trotzdem, selten waren wir wohl in das Leben so verliebt gewesen wie damals. Es war einer jener ganz besonderen Abende, an denen das Grün der Bäume noch so jung war, daß man es noch gar nicht Grün nennen konnte, es war phosphoreszierend und verströmte den Geruch von Jugend und Mai, von Unbeschwertheit und Sorglosigkeit, von Idealen und Luftschlössern, von Erhabensein und alles wissen wollen, von der leisen Ahnung, daß es nie mehr so sein würde wie in diesem Augenblick. Wir gingen zielstrebig in eine Richtung, wenn wir auch nicht wußten wohin. Dann blieb mein Freund plötzlich stehen und sagte: „Ich hab's". Es klang wie die Entdekkung des Jahrhunderts. Hoffentlich ist es nichts zu Revolutionäres. „Wir gehen Viktoronkel besuchen", fügte er hinzu. Beim Wort Viktoronkel schluckte ich, denn ein Besuch bei Viktoronkel bedeutete ein gutes Essen für arme Studenten. Was wir dann vorgesetzt bekamen, habe ich auch heute noch in guter Erinnerung. Viktoronkels Frau stammte aus dem

Banat, einem Landstrich, der im Westen von Rumänien liegt und unter anderem für seine gute und üppige Küche bekannt ist. Das folgende Rezept stammt auch aus dem Banat.

Majorannudeln

1 große Zwiebel oder 2 kleine Zwiebeln klein würfelig schneiden und in etwas Öl oder Fett andünsten lassen. Man fügt 500 g würfelig oder nudelig geschnittenes saftiges Schweinefleisch hinzu, läßt das Ganze anbraten und fügt danach Wasser hinzu, so daß das Fleisch bedeckt ist. Dann wird das Fleisch so lange gedünstet, bis es gar ist. Inzwischen kocht man 200 g Nudeln bißfest und fügt sie zu dem Fleisch hinzu. Alles wird nun gesalzen und gepfeffert, und man fügt frischen kleingehackten oder getrockneten Majoran hinzu.

Als Nachtisch gab es einen **Walderdbeerkuchen** und **Zitronenschnitten.**

Walderdbeerkuchen

Teig: Aus 6 Eiklar wird Schnee geschlagen. Man fügt 250 g Zucker hinzu und der Reihe nach je eines von den 6 Dottern. Dann fügt man den Saft einer Zitrone hinzu und 125 g Speisestärke (Mondamin). Ein rechteckiges Backblech einfetten, ausstauben und die Masse ins Blech füllen. Nach dem Backen in der Mitte durchschneiden und mit folgender Creme füllen:
Creme: 200 g Butter und 200 g Puderzucker flaumig rühren, 1 Päckchen Vanillezucker und 1/2 l Walderdbeeren hinzufügen.

Zitronenschnitten

Teig: 500 g Mehl, 100 g Puderzucker, 100 g Butter, 2 Eier, 100 ml Milch, 1 Päckchen Vanillezucker, 1 Messerspitze Speisesoda werden zu einem Teig verarbeitet. Daraus werden 4 Blätter gebacken.
Fülle: 200 g Butter, 200 g Puderzucker, Saft und Schale von einer unbehandelten Zitrone werden gut verrührt. Aus 200 ml Milch, 1 EL Mehl wird eine Béchamelsoße gekocht. 2 Dotter werden der Reihe

nach eingerührt. Ist diese etwas erkaltet, wird sie mit der oben beschriebenen Masse vermischt, und die Blätter werden damit gefüllt. Guß: 2 Eiweiß, 150 g Puderzucker und etwas Zitronensaft werden glatt verrührt. Damit wird das Blatt obenauf bestrichen. Erst am nächsten Tag aufschneiden.

Es gibt einige Dinge, die sich dem Verständnis unserer heutigen Zeit entziehen. Ich war schwanger und wohnte mit meinem Mann, der als Lehrer arbeitete, irgendwo auf dem Lande. Wir hatten inzwischen auch geheiratet, also war ich nun eine Ehefrau. Wir wohnten in einem Zimmer bei netten Bauersleuten. Im Zimmer stand ein großer Küchenofen, ich hatte auch einige Reinen und Töpfe und neben meiner schöngeistigen Literatur auch ein Kochbuch dabei. Aber vom Kochen hatte ich keine Ahnung. Ich wollte auch eine gute Hausfrau sein, nur wie ich das anstellen sollte, das wußte ich nicht. Nun bedauerte ich es, meiner Mutter nicht das eine oder andere abgeguckt zu haben. Ich bemühte mich auch stets, geschmackvolle Speisen auf den Tisch zu bringen, doch ich erlitt das eine oder andere Fiasko. So schien es mir, daß das Essen zu langsam auf dem Ofen koche, und kurzerhand kochte ich auf der Kehrseite eines Bügeleisens. Ja, ich versuchte sogar, mehrere Gänge auf den Tisch zu bringen. Ich möchte diese Zeit nicht missen, als die Weinberge voller Trauben hingen und die letzten Herbstsonnenstrahlen uns einhüllten. An solch einem Herbstabend, als es nach verbranntem Laub und Nostalgie roch, spürte ich die ersten Bewegungen des Kindes, erkannte diese nicht als solche und bekam einen mächtigen Schreck. Mein Mann holte den Dorfarzt, einen jungen Arzt, der sein erstes Praktikumsjahr nach dem Hochschulstudium hier verbrachte und der auch ins Schwitzen kam. Er wußte auch nicht Bescheid, gab mir eine Spritze zur Beruhigung, die er vorher in einem kleinen Gefäß ausgekocht hatte, wo ich mittags unsere Möhrchenzuspeise zubereitet hatte. Wir lebten unbewußt und locker. Die Spritze tat ihre Wirkung, das Baby hatte seinen Platz gefunden, der Arzt trank noch einen selbstgebrannten Schnaps vom Bauern, und am Morgen strahlte die Sonne noch heller am Himmel.

Im Garten lagen unzählige Krautköpfe herum. Einen davon verwendete ich für mein erstes **Weinsteinkraut**.

Weinsteinkraut

In einem Topf wird Öl oder Fett erhitzt und eine kleingehackte Zwiebel wird darin angebraten. Man fügt würfelig geschnittenes Schweinefleisch und etwas süßes Paprikapulver hinzu. Danach wird heißes Wasser hinzugegossen und einige Zweige frisches oder getrocknetes Bohnenkraut und Dill werden dazugegeben. Ist das Fleisch halb weich, wird das zerkleinerte Kraut und 1–2 Tomaten zum Säuern dazugegeben . Sind Fleisch und Kraut gar, wird 1 EL Mehl mit kalter Milch glatt angerührt und 5 Minuten mit dem Kraut aufgekocht. Danach wird alles gesalzen und gepfeffert. Es wird mit Sauerrahm serviert.

Das grüne magische Auge und die große weite Welt

In meiner Kindheit war der Kontakt zur großen Welt ein Radioapparat, ein Blaupunkt, dessen grünes magisches Auge mich faszinierte. Dieser Apparat brachte uns die freudigen und die schrecklichen Nachrichten dieser Welt ins Haus. Meine Mutter, die eine gute Stimme hatte, trällerte die Schlager, die sie in der Hitparade auf RIAS Berlin hörte. (Ich verstand immer „Hiparade“ und konnte mir, wie so viele andere Worte, auch dieses nicht erklären). Mein Vater hingegen saß abends um sieben konzentriert vor dem Radioapparat und hörte Nachrichten. Er hörte den Wiener Sender, weil dieser angeblich die Nachrichten am neutralsten brachte. Fünf Minuten vor sieben schloß mein Vater die Fenster und Türen, woraus ich folgerte, daß es nicht erlaubt war, fremde Sender zu hören. Irgendwann in den fünfziger Jahren unterbrach meine Mutter ihre Bügelarbeit, bei der sie den neuesten Hit „Marina“ sang. (Sie trällerte nie, sondern sang immer den ganzen Text mit.) Sie fragte meinen Vater, was es am nächsten Tag zu essen geben solle. „Mach ein paar Laberl“, meinte mein Vater. „Also Faschierte“, antwortete meine Mutter. „Du willst Frikadellen machen?“, sagte fragend meine Großmutter. Mein Großvater, der sonst nie etwas sagte, meinte: „Buletten, auch gut“. Am nächsten Tag bereitete meine Mutter die Mischung für das Essen vor, als eine rumänische Nachbarin hereinkam und lächelnd sagte: „Oh, sie machen Chiftele“ (ausgesprochen „Kiftele“). Chiftele schien das rumänische Wort dafür zu sein, doch warum die Erwachsenen jeder ein anderes Wort verwendeten, das wollte ich nun doch genau wissen. Mein Vater schien die geeignete Person zu sein, um diese Frage zu beantworten. Er erklärte mir, daß dies Synonyme sind, also sinnverwandte Wörter. Daraufhin ging ich zu meiner Mutter und fragte sie ganz stolz, ob wir heute Synonyme essen. Meine Mutter warf mir einen jener unergründlichen Blicke zu, die besagten, daß ich nicht ihrer Wunschvorstellung von einem Kind entspräche und meinte nur „Du spinnst“. Ich meinte trotzdem, daß mein Vater mir nichts Unrechtes gesagt hatte, wahrscheinlich hatte ich da wieder etwas verwechselt, nannte aber daraufhin die Frikadellen nicht mehr Synonyme.

Meine Mutter formte die Frikadellen zu großen, flachen Kreisen und backte sie in heißem Fett aus. Manchmal kochte sie auch ein paar Eier hart, umwickelte diese mit dem Hackfleisch und backte sie dann aus. Die rumänische Nachbarin erklärte meiner Mutter, daß die Rumänen die Frikadellen zu kleinen runden Bällchen formten und diese dann ausbackten. Ich ziehe bis heute die rumänische Variante vor. Viele Jahre später habe ich in der Türkei kleine runde Fleischbällchen aus Rindfleisch gegessen, die man „Köfte" nennt. Die Rumänen haben das Rindfleisch durch Schweinefleisch oder ein Gemisch aus Schweine- und Rindfleisch ersetzt und aus Köfte (die rumänische Sprache kennt den Umlaut „ö" nicht) sind Chiftele geworden.

Laberl, Faschierte, Frikadellen, Buletten, Chiftele, Köfte

500 g gemahlenes Schweinefleisch werden mit 4 Scheiben Toastbrot (besonders geeignet Dreikorn-Toastbrot), das vorher in etwas Milch eingeweicht und ausgewrungen wurde, 4 kleinen oder 2 großen feingeraspelten Möhren, 1 Ei, einer in sehr kleine Würfel geschnittenen Zwiebel und 2 kleingehackten Knoblauchzehen, etwas Pfeffer, Salz, Majoran gut vermischt. Die Möhren können durch 2 Kartoffeln ersetzt werden. Ein kräftiger Schuß Wasser macht die Fleischbällchen locker.
Man formt kleine Bällchen und backt sie in heißem Öl auf beiden Seiten.

Zu Frikadellen gab es bei uns zu Hause Röstkartoffeln und einmal im Sommer **Kürbiszuspeise**.

Kürbis(Zucchini)-Zuspeise

1 Zwiebel wird in kleine Würfel geschnitten. Man läßt sie in heißem Öl glasig dünsten. 4 kleine Zucchini oder 1 große Zucchini werden in Würfel geschnitten oder auf der groben Reibe geraspelt und zu der Zwiebel gegeben, ebenso wie eine in schmale Spalten geschnittene Tomate. Nun fügt man etwas Suppengewürz und etwas Wasser hinzu und läßt alles weich kochen. Sind die Zucchini gar, wird etwa 1 EL Einbrenn aufgelöst und dazugegeben. Sauerrahm rundet den Geschmack ab.

Hermannstadt - Reispergasse

Möhrchenzuspeise (oder Rübenzuspeise, wie wir sagten) gab es öfters, da Möhren das ganze Jahr über verfügbar waren. Veränderungen der Formen und des Geschmacks machten auch vor der Küche und vor dem Essen nicht halt. Anfangs wurden die Möhrchen für die Zuspeise in kleine gerade Stifte geschnitten. Und da meine Mutter Gleichmäßigkeit und Symmetrie liebte, waren diese Stifte alle gleich, etwa so lang wie Zündhölzchen, nur etwas dicker. Was nicht dieser Länge oder Dicke entsprach, wanderte in ihren oder in meinen Mund. Dann folgte eine Zeit, als die Möhren zu Parallelogrammformen geschnitten wurden, die Stücke waren nun etwas größer als vorhin. Das war die Zeit der klassischen Möhren. Danach folgte die romantische Zeit, als die Möhren zu Kreisen geschnitten wurden. Danach ereilte meine Mutter der Kubismus, und die Möhren wurden zu Würfeln geschnitten. Und die letzte Phase war die, als die Möhren flink auf der groben Reibe geraspelt wurden. Zeit begann eine immer größere Rolle zu spielen, doch noch war es nicht soweit.

Möhrchenzuspeise

1 kg Möhren, etwas Öl, 1 EL Einbrenn, Salz, etwas Zucker, etwas Muskatnuß, weißer Pfeffer, Petersilienlaub. Je nach Wunsch werden die Möhren in eine der obenerwähnten Formen gebracht und in heißem Öl angedünstet. Dann wird so viel heißes Wasser hinzugegossen, daß sie halb bedeckt sind. Wenn die Möhren gar sind, werden sie gesalzen. Etwas Einbrenn wird mit etwas Wasser von den Möhren aufgelöst, dazugeschüttet und verrührt. Mit etwas Muskatnuß, Zucker, Petersilienlaub und weißem Pfeffer wird alles abgeschmeckt.

Besonders fein schmecken Möhren, wenn sie glasiert sind.

Glasierte Möhren

Die in Scheiben geschnittenen Möhren werden in eine Kasserolle mit heißem Öl getan, Zucker nach Geschmack hinzufügen und salzen. Die Möhren werden nun gar gekocht unter öfterem Schütteln der Kasserolle und Umrühren (ab und zu) mit einer Gabel. Wasser soll nicht hinzugegossen werden. Der Deckel sollte möglichst fest schließen und selten aufgehoben werden.
Die Möhren sollten langsam dünsten.

Hermannstadt war für mich als Kind eine Oase des Friedens, der ab und zu durch beunruhigende Nachrichten, sei es aus dem Radio, sei es unter vorgehaltener Hand von Bekannten zugeflüstert, unterbrochen wurde. Mein Vater erzählte mir viel von der Vergangenheit, wobei die k. u. k. Monarchie einen besonderen Stellenwert hatte. Diese Zeit wurde in einem verklärten Licht dargestellt. Mein Vater erzählte mir von der Kaiserin Elisabeth, von der Tragödie, die sich in Mayerling abgespielt hatte, aber er erzählte mir auch von dem letzten russischen Zaren, der mit seiner ganzen Familie erschossen worden war. „Wer macht so etwas?“, wollte ich wissen. Darüber wollte mein Vater sich nicht näher äußern. Eines Abends, als mein Vater neben seinem Radio saß, kamen alarmierende Nachrichten. Das grüne magische Auge begann heftig zu blinken, ein Zeichen dafür, daß der Sender gestört wurde. Mein Vater rückte noch näher an den Apparat heran, und es wunderte mich, daß er die Lautstärke zurückstellte, da durch das Brummen kaum noch etwas zu hören war. Einzelnen Satzfetzen konnte man entnehmen, daß russische Panzer in Budapest Einzug gehalten hatten, und daß viel Blut in der ungarischen Hauptstadt floß. Mit einer Kopfbewegung deutete mir mein Vater an, das Zimmer zu verlassen. Die Nachrichten waren zu brisant. Doch ich blickte weg und rührte mich nicht. „Sag zu keinem Menschen ein Wort in der Schule, hast du verstanden?“ „Du stürzt uns noch ins Unglück“, drohte mir meine Mutter. Ich war gekränkt. Meine Eltern wußten doch, daß ich schweigen konnte. Am nächsten Morgen hörte mein Vater ausnahmsweise noch einmal Nachrichten. Die Lage spitzte sich zu.

Am Morgen eines jeden Schultages versammelten sich die Schüler im Schulhof. Paarweise gingen wir dann – an der Spitze die Lehrerin – in die Klasse. Auch über dem Schulhof schwebte an diesem Morgen eine gewisse Unruhe. Ich hätte gerne meinen Freundinnen gegenüber mit meinem Wissen über den Einmarsch der Russen in Budapest geprahlt, doch ich hielt es letztendlich doch für ratsamer zu schweigen. Plötzlich hörte ich, wie eine kleine Rothaarige neben mir sagte: „Sie sollen fürchterlich viel geschossen haben, es soll viele Tote geben“. „Mein Vater hat es auch gehört“, fügte ein anderes Mädchen hinzu. Nacheinander stellte sich heraus, daß alle Kinder über den Aufstand der Ungarn Bescheid wußten und wie ich das gleiche Verbot erhalten hatten, zu schweigen. Da standen nun kleine, siebenjährige Mädchen im Schulhof herum und kommentierten das Weltgeschehen. Es bewirkte in unserem Verhalten eine noch nie dagewesene Solidarität. Wir waren artiger als sonst im Unterricht und alle nur von dem einen Wunsch beseelt, daß uns nicht auch das Schicksal der Budapester ereilen möge.

Am Nachmittag dieses Tages war ich auf dem Geburtstag eines Mädchens aus unserer Klasse eingeladen, das Martha Bindner hieß. Meinen Eltern war es nicht recht, daß ich hinging. Dieses Mädchen wohnte in einer richtigen Villa. Die Villa war wunderschön und erweckte meinen ganzen Neid. Martha selbst war ein sanftes Mädchen mit einem blonden Lockenkopf und großen blauen Augen. Man wußte nicht, woher die Bindners kamen. Sie waren eines Tages in Hermannstadt und in der schönen Villa. Frau Bindner war eine zartgliedrige Frau und Herr Bindner ein eleganter Herr, von dem man erzählte, er sei Direktor einer großen Firma. „Der Bindner ist nicht koscher“, pflegte mein Vater meiner Mutter zu sagen.

In einem großen, mit Parkett ausgelegten Zimmer waren viele Kinder versammelt, Marthas Mutter bediente uns mit Kuchen. Einige Erwachsene standen auch herum, Herr Bindner selbst befand sich in einer Gruppe von Männern und Frauen, die mir unbekannt waren. Plötzlich tauchte vor mir Marthas Mutter mit dem Kuchenteller auf. Ich griff wahllos nach einem Stück und biß hinein. Dieser Biß bedeutete für mich fast den Weltuntergang. Es war **Topfenkuchen** (Quarkkuchen), und ich mochte als Kind keinen Topfen.

Topfenkuchen (Quarkkuchen)

Teig: 280 g Mehl, 2 Eidotter, 3 EL Rahm, 1 EL Butter, 150 g Zucker, 1/2 TL Speisesoda (mit Zitronensaft löschen) werden zu einem Teig verarbeitet. In ein eingefettetes und ausgestaubtes Backblech wird die Hälfte des Teiges gelegt und mit folgender Füllung belegt:
Fülle: 500 g Topfen, 2 Eidotter, 200 g Zucker, 1 Päckchen Vanillezucker, eine Handvoll Zibeben, 2 EL Rahm, 2 EL Grieß werden verrührt und der Schnee von 4 Eigelb druntergezogen.
Auf die Fülle kommt die andere Hälfte des Teiges.

Der Geburtstagsnachmittag schritt fort, und ich hatte noch immer den ersten Bissen Topfenkuchen im Mund. Ich drehte diesen Bissen nach links und nach rechts, vermengte ihn mit dem Speichel, drehte ihn nochmals rundherum, es gab kein Entrinnen. Ich sprach mit niemandem ein Wort, da mein Mund voller Kuchen war. Die Qual nahm kein Ende. Ich guckte auf die große Pendeluhr und stellte fest, daß meine Mutter mich in ein paar Minuten abholen würde. Mit noch immer vollem Mund und einem Teller mit einem Stück Kuchen in der Hand, von dem nur ein Bissen fehlte, durchquerte ich nochmals das Zimmer und kam an der Gruppe Personen vorbei, zwischen denen auch Marthas Vater stand. Seine Gesten wirkten so elegant, und die Gäste um ihn herum schienen förmlich an seinen Lippen zu hängen. Als ich ganz in der Nähe war, hörte ich Marthas Vater sagen: „Liebe Genossen, dieses Blut in Budapest mußte vergossen werden, es dient unserer Sache, wir dürfen die Dinge nicht entgleiten lassen". Ich war so baff, darum sagte also mein Vater, daß Herr Bindner nicht koscher sei. Vor Schreck oder Erstaunen oder was immer es auch gewesen sein mag, schluckte ich den Bissen Topfenkuchen hinunter.

Zu Hause angekommen, sagte ich nichts von dem, was ich gehört hatte. Und das war auch besser so. Nach ein paar Monaten kam das Mädchen Martha nicht mehr in die Schule. Und ich hörte, wie sich mein Vater mit einer vertrauenswürdigen Person unterhielt, leise und hinter vorgehaltener Hand, doch ich hatte ein ausgezeichnetes Gehör und hörte, wie mein Vater sagte, daß „der Bindner nun ein hohes Tier in Bukarest sei".

Das verhängnisvolle Gold

Auch Gerüchte innerhalb der Stadt beunruhigten meine verletzliche Kinderseele. Da kam die Schwester meines Großvaters eines Mittags und erzählte ganz aufgeregt, man habe Herrn X gestern nacht ausgehoben, so wie er war, nur im Pyjama, und abgeführt, wo er doch sowieso alles verloren habe und nun auch das noch. „Was heißt ‚ausgehoben', Irentante?" wollte ich wissen. Irentante war eine redselige Frau und würde mir das bestimmt erklären. „Ach, das Kind habe ich gar nicht gesehen, es ist die Aufregung, meine Liebe", antwortete statt dessen Irentante meiner Mutter. „Schau', mach, daß du in den Hof kommst, bei diesem schönen Wetter", sagte meine Mutter unwirsch und schob mich aus der Küche in den Hof. Dort stellte ich mich aber vor das mit Fliegengitter bespannte Küchenfenster, um doch noch etwas von dem Gespräch mitzubekommen. „Gold?", sagte meine Mutter sehr leise und fragend. Irentante nickte. „Hinter einem Ziegelstein im Keller vergraben, diese Kommunistenschweine", ereiferte sich Irentante. „Ps", machte meine Mutter, „die Wände haben auch Ohren".

Durch den Schreckensbissen Topfenkuchen bei Marthas Geburtstag aß ich inzwischen Topfen. Am liebsten aß ich eine kalt angerührte Creme:

Kalte Topfencreme

Topfen wird mit einem Eidotter, Zucker, etwas Zitronensaft und etwas abgeriebener Schale von einer unbehandelten Zitrone flaumig verrührt und kalt serviert.

An jenem Mittag allerdings, als Irentante die Geschichte von Herrn X erzählte, gab es nicht Topfencreme, sondern **Topfenknödel**.

Topfenknödel

500 g Topfen werden mit 2 ganzen Eiern verrührt. Man fügt 50 g Grieß hinzu. Diese Masse läßt man 15–20 Minuten stehen. Dann fügt man 50 g Semmelbrösel und 50 g Mehl hinzu. Es werden kleine Knödel geformt, die in Mehl gewälzt und dann in Salzwasser 15 Minuten langsam gekocht werden. Inzwischen werden Brösel geröstet und die fertigen Knödel darin gewendet. Man ißt die Topfenknödel mit Puderzucker, Kompott, Zwetschgenröster oder Marmelade.

Irentante blieb auch „auf ein paar Topfenknödel", wie meine Mutter meinem Vater erklärte. Ich aß still vor mich hin, und das Gold des Herrn X ließ mir keine Ruhe. Dann hatte ich eine Lösung gefunden. „Wir können das dicke Goldarmband und die beiden Goldketten im Sand im Keller vergraben", ließ ich stolz verlauten, „sonst heben sie euch auch aus", fügte ich hinzu. Mein Vater warf Irentante und meiner Mutter zornige Blicke zu. „Dieses Kind kriegt aber auch alles mit", sagte meine Mutter besorgt. „So etwas redet man nicht vor einem Kind", maßregelte mein Vater die beiden Damen. Ich schien nun wieder der Zwickmühle entwischt zu sein. „Soll ich die Schmuckschatulle holen?" erbot ich mich beflissen. „Du bleibst sitzen und rührst dich nicht von der Stelle", schnauzte mich meine Mutter an. „Herr X hatte Goldmünzen, die man nicht haben darf", erklärte mein Vater nun nolens volens. „Die Münzen heißen ‚Cocoschei'. So, und damit ist das Thema beendet", sagte mein Vater und blickte dabei Irentante bedeutungsvoll an. „Wie sehen aber Cocoschei aus?" erdreistete ich mich zu fragen. „Gott behüte uns, das zu wissen", meinte Irentante theatralisch und griff sich an den Kopf. „Ende des Themas", wiederholte mein Vater und hob dabei die Stimme, was selten bei ihm vorkam. „Möchtest du nicht etwas Zwetschgenröster, liebe Irentante?", fragte meine Mutter zuckersüß.

Zwetschgenröster

10 l Zwetschgen (ca. 8 kg), 1 kg Zucker, 200 ml Rum, Zimt und Nelken, Salizyl. Abwechselnd werden in eine Rein Zwetschgen und Zucker gegeben. Zimt und Nelken dazugeben. Die Masse wird zum Kochen gebracht, wobei man leicht rührt, damit die Zwetschgen nicht zerquetscht werden. Wenn die Zwetschgen weich sind, fügt man Rum und Salizyl hinzu und läßt das Ganze noch einmal aufkochen. Die Zwetschgen werden heiß in Gläser gefüllt. Bis zum nächsten Tag läßt man alles auskühlen und bindet dann die Gläser zu. Die Schale der Zwetschgen darf sich nicht runzeln.

Irentante wollte Zwetschgenröster und ließ sich die Topfenknödel schmecken. Dabei hatte sie immer etwas Neues zu berichten, doch das Thema von vorher mußte sie meiden. Also versuchte sie es mit etwas weniger Gefährlichem und berichtete von einem neuen Topfenknödelrezept ihrer Nachbarin, der Frau Ispas, mit der sie zwar zerstritten war wegen der Wäschestricke, die quer durch den Hof liefen, was aber dem Austausch von Rezepten keinen Abbruch tat.

Topfenknödel mit Vanillecreme

Wie in dem Rezept „Topfenknödel" wird die Masse vorbereitet. Es werden Knödel geformt, die jedoch flach sind, man wendet diese in Mehl und backt sie in heißer Butter aus. Sie werden dann mit einer Vanillecreme übergossen, die man wie folgt zubereitet:

Vanillecreme für Topfenknödel

2 Eidotter werden mit 100 g Zucker flaumig gerührt. Man fügt 1 EL Stärkemehl hinzu und löst das Ganze mit 200 ml kalter Milch auf. Dann fügt man noch 200 ml heiße Milch und eine gespaltene Vanillestange hinzu. Die Creme wird so lange unter ständigem Rühren oder Schlagen gekocht, bis sie dicklich ist. Man kann noch den Schnee von den 2 Eiklar hinzufügen, solange die Creme noch heiß ist.

Nikolaustag

Am 6. Dezember ist Nikolaustag. Alle christlichen Feiertage wurden in Rumänien nicht offiziell gefeiert. Trotzdem gab es wohl kaum eine Familie, wo der Nikolaustag nicht gefeiert wurde. Schon Tage vorher standen die Zigeunerinnen an den Straßenecken herum und boten silberfarbene und goldfarbene Ruten an. In Siebenbürgen kam der Nikolaus am 5. Dezember abends persönlich, oder er legte seine Gaben in die Schuhe, und dann fand man die Geschenke am 6. Dezember am Morgen in den Schuhen, die am Vorabend blank geputzt vor die Türe gestellt werden mußten. So absurd es klingen mag, bis zu meinem neunten Lebensjahr glaubte ich an die Existenz eines echten Nikolaus. Schon Tage vorher war eine Vorfreude da, gemischt mit etwas Furcht, es war ein prickelndes Gefühl vorhanden, diese kleine Neugier, ob der Nikolaus tatsächlich alles wußte, ob er auch über verbotene Dinge, die man begangen hatte, Bescheid wußte, eine kleine Lüge vielleicht, ein Naschen in der Speisekammer, ein freches Antworten, ein blitzschnelles Ausgießen des Milchkaffees, auf dem sich eine Haut gebildet hatte, am Morgen. All das versetzte mich in große Unruhe, anderseits überwog bestimmt das Gute; ich hatte meine Hausaufgaben in wunderschöner Schrift niedergeschrieben, habe jeden Abend mein Nachtgebet aufgesagt, habe beim Geschirrabtrocknen geholfen und trotz großer Überwindung zwei Wochen vor dem Nikolaustag sogar die Nachbarn artig zu grüßen begonnen. Auch ein langes Gedicht konnte ich aufsagen, es konnte also nichts schiefgehen. Der Tag zog sich dann doch in die Länge. Sekunden wurden zu Stunden, Stunden zu Wochen, Wochen zu Ewigkeiten. Endlich, gegen vier Uhr nachmittags, brach die erste leise Dämmerung herein. „Kommt er dieses Jahr persönlich?“ wollte ich wissen. Meine Mutter nickte. „Vielleicht will er meine Hefte sehen?“, meinte ich und holte drei besonders schöne Hefte aus der Schultasche heraus und legte sie Kante auf Kante auf den Küchentisch. „Hoffentlich kommt der Krampus (so nannten wir Knecht Ruprecht) nicht mit“, sagte ich. „Wird schon nicht mitkommen“, meinte meine Mutter lapidar. „Ich habe heute Frau Brobonea gesehen und habe sie rumänisch gegrüßt, auch Frau Draser war im Fenster, der habe ich ‚Grüß

Gott' gesagt", erzählte ich meiner Mutter. Der Nikolaus mußte dies auch hören, falls er es noch nicht mitbekommen haben sollte. „Na und", erwiderte meine Mutter „so etwas ist doch normal, die Nachbarn zu grüßen, oder nicht?" Es war wirklich schwer, Zugang zum Herzen meiner Mutter zu finden.

Für gewöhnlich backte meine Mutter am Nikolaustag einen Kuchen, der **Tag-und-Nacht** hieß.

Tag-und-Nacht-Kuchen

130 g Butter, 250 g Zucker, 4 Eier, 1/8 l Milch, 250 g Mehl, 1/2 Päckchen Backpulver, 20 g Kakao, etwas Zitronensaft.

Die Butter wird flaumig gerührt. Danach fügt man den Zucker hinzu und der Reihe nach je ein Eidotter. Nun gießt man langsam die Milch dazu und fügt das Mehl hinzu. Das Backpulver wird mit etwas Zitronensaft gelöscht. Nun wird alles gut durchgerührt, und zuletzt fügt man den Schnee von den 4 Eiweiß hinzu. Die Masse wird nun in zwei Teile geteilt. In einen Teil wird der durchgesiebte Kakao hinzugefügt. In ein gefettetes und ausgestaubtes Backblech wird auf die helle Masse die dunkle Masse gegossen.

In diesem Jahr hatte meine Mutter Schokoladenwürfel gebacken. Es war inzwischen dunkel geworden, und es hatte zu schneien begonnen. Dieses betrachtete ich als mein erstes persönliches Geschenk vom Nikolaus, denn ich liebte Schnee über alles. Ich behielt aber diese Gedanken für mich, da die Erwachsenen manchmal komisch reagierten. Die Vorfreude, der Zustand der prickelnden Vorfreude war jäh vorbei, als ein heftiges Klopfen an der Türe zu hören war. Der Nikolaus war endlich da und ließ mich wissen, daß der Krampus draußen im Schlitten auf ihn warte. Das beruhigte mich einerseits, daß er den Krampus draußen gelassen hatte, beunruhigte mich aber durch die Tatsache, daß er ihn überhaupt mitgebracht hatte und ließ irgendwelche Zweifel aufkommen bei dem Wort Schlitten, da doch erst einige Schneeflocken gefallen waren. Doch darüber wollte ich erst später nachdenken, jetzt hieß es, sich auf den Nikolaus zu konzentrieren. Ich sagte ihm das lange Gedicht vom Knecht Ruprecht, das ich auswendig gelernt hatte, er lobte mich dafür, erwähnte auch die Tatsache, daß ich die Nachbarn immer schön grüßen müsse, ich fügte schnell hinzu, daß ich dies auch täte, worauf der Nikolaus sagte „Hm, ja, ich weiß, doch nicht immer". Er guckte sich auch meine Schulhefte an, wie mir schien recht flüchtig, und leerte dann seinen Sack mit den Geschenken aus. Mein Vater mußte auch Besserung geloben, denn dieses Jahr hatte der Nikolaus ihm nur Kartoffeln und Möhren gebracht. Das war eigentlich jedes Jahr so und erheiterte mich immer wieder aufs Neue. Mit meiner Mutter schien der Nikolaus zufrieden zu sein, er rügte sie nicht, wahrscheinlich mochte er pflichtbewußte, ernste Menschen. Meine Mutter brachte dann eine Mehlspeisschüssel mit lecker aussehenden **Schokoladenwürfeln**. Der Nikolaus hatte sich inzwischen auf einen Küchenstuhl gesetzt, und da es recht warm in der Küche war, und ich meine gute Erziehung nochmals unter Beweis stellen wollte, fragte ich den Nikolaus, ob er nicht den roten Mantel ablegen wolle. Das wollte er aber nicht, und meine Mutter unterwies mich, daß der Nikolaus schon wisse, wie er sich zu verhalten habe. Er probierte nun einen in Puderzucker gehüllten Schokoladenwürfel.

Schokoladenwürfel

300 g Zucker, 150 g Mehl, 2 Rippen Bitterschokolade, 6 Eier, 150 g Butter.
Die Butter wird mit dem Zucker flaumig gerührt. Je ein Dotter wird von den 6 Eiern der Reihe nach hinzugefügt. Dann fügt man das Mehl hinzu und zum Schluß die auf Dampf flüssig gemachte Schokolade. Der Schnee von den 6 Eiweiß wird steif geschlagen und druntergezogen.
Bei ca. 170° backen. Danach in Würfel schneiden und in Puderzucker wickeln.

Der Nikolaus war begeistert von den Schokoladenwürfeln und sagte meiner Mutter, sie solle auch ihrer Tante das Rezept geben. Mich wunderte es sehr, daß sich der Nikolaus auch um solche Dinge kümmerte, doch zugleich war ich nun überzeugt, daß der Nikolaus allwissend war, denn die Tante meiner Mutter probierte jedes neue, gute Rezept aus. Meine Mutter hatte mir inzwischen einen Kakao gemacht, und ich dachte, es wäre eigentlich höflich gewesen, auch dem Nikolaus einen anzubieten. Anderseits wunderte es mich sehr, daß er den Krampus so lange draußen warten ließ, wo es doch zu schneien begonnen hatte. Doch das war nicht mein

Problem. Er trank dann noch mit meinem Vater einen Kräuterschnaps, ich versprach, weiter brav zu sein, und dann war er fort.

„Die Stimme vom Nikolaus klang wie die vom Ossionkel“, stellte ich fest. „Ach was“, sagte meine Mutter und machte eine Handbewegung, die ich nicht deuten konnte. Mein Vater hingegen lachte, goß sich noch einen Schnaps ein und meinte „Du kannst recht haben, irgendwie klang sie wie Ossionkels Stimme“. Doch das wollte noch lange nichts heißen, ich wollte auch nicht weiter darüber nachdenken, auch das mit dem Schlitten und dem Krampus hatte bestimmt seine Richtigkeit, ich wollte nicht aus meiner Traumwelt herausgerissen werden, noch nicht. Wer weiß, was das Leben noch für Überraschungen für mich bereit hielt, angenehme und weniger angenehme, ich wollte vieles überhaupt nicht wissen. Und der Nikolaus mag vieles wissen, doch ab morgen würde es wieder lockerer mit dem Grüßen zugehen, aber das behielt ich auch für mich. Ein Jahr war lang, und auch der Nikolaus wird gewisse Dinge vergessen.

Am nächsten Morgen lag eine dicke Schneeschicht auf der Erde. Ich sah den Nikolaus nie wieder persönlich.

Das arme Schwein

Ende November oder Anfang Dezember wurde jedes Jahr in meiner Kindheit ein Schwein gekauft, ein Metzger wurde geordert, um es zu schlachten, und eine Vielfalt von Wurstarten wurde daraus zubereitet. Wie wünschte ich mir, daß es diesen Tag nicht gebe. Das Schwein wollte ich nicht sehen. Die Vorbereitungen, die aber drumherum stattfanden, bekam ich nolens volens mit. Die Erwachsenen hatten gute Laune. Man würde bis zum Frühjahr eine geruhsame Zeit verbringen können. Die Speisekammer war voll, ebenso der Keller mit Gemüse, und das arme Schwein würde die Abrundung der Versorgung bedeuten. Außerhalb der Stadt gab es einen Markt, der hieß Schweinemarkt, und wie der Name es schon besagt, wurden da Schweine feilgeboten. Allerdings barg der Kauf eines Schweines auf dem Schweinemarkt ein Risiko; man wußte nämlich nicht genau, womit das Schwein gefüttert worden war, und eben diese Fütterung machte die Schmackhaftigkeit des Fleisches aus. Daher war es ratsam, das Schwein von einem bekannten Bauern zu kaufen.

War das Schwein erstanden, wurden riesige Töpfe, Reinen und ein wannenähnlicher hölzerner Behälter ausgeliehen, den man „Molter“ nannte. Stroh war auch nötig, um die Borsten des Schweines abzusengen (in Siebenbürgen sagten wir, das Schwein muß „geperschelt“ werden). Wenn alles bereit war, schlug die letzte Stunde des Schweines. Den Augenblick hätte ich um nichts in der Welt zu Hause verbracht. Als ich zu Hause ankam, lag zwar noch etwas verbranntes Stroh im Hof, das Schwein selbst war aber schon in Stücke zerteilt, und ich wollte es mir auch nicht mehr als ganzes Schwein vorstellen. Die Erwachsenen liefen geschäftig herum, eingehüllt in alte Kleider, meine Mutter hatte ein grünes Wolltuch über den Kopf gebunden. Da lagen Berge von Fleisch für die verschiedenen Wurstarten, der Speck lag rosig zu Tafeln geschnitten da, ein Teil wurde geräuchert, ein anderer Teil kam eingesalzen auf den Dachboden. Zwischen den Fleischteilen stand eine Schnapsflasche und mehrere Stamperl, und der Fleischhauer, sein Sohn und mein Vater prosteten sich dann und wann damit zu. Ich versuchte, mich ungesehen durch die Küche zu schleichen, was mir leider nicht gelang. „Freust dich über das Schwein, Mädle, nicht wahr? Nur schade, daß du erst so spät kommst, na ja, kann man halt nichts machen, nun bist halt den ganzen Nachmittag dabei, wenn wir all die guten Sachen machen", so sprach der Fleischhauer zu mir, und ich versuchte ein klägliches Verziehen des Mundes, das eigentlich ein Lächeln sein sollte, versuchte mit dem Kopf zu nicken und schlich mich ins Zimmer. Mein Magen knurrte, und ich dachte an Weihnachten, wo wir gekochte geräucherte Wurst essen würden. Einen Tag vorher würde mich meine Mutter zu einer Nachbarin um Krautsuppe (Sauerkrautsaft) schicken, die für die Wurst benötigt wurde. Im Vorjahr hatten die Nachbarsleute fürchterlich über mich gelacht, doch nun war ich auf der Hut. Und das war so: Ich wurde um Krautsupppe geschickt. Die Nachbarin fragte mich, ob ich um Gech (sächsisch für Krautsuppe, doch das wußte ich nicht) gekommen sei. Ich guckte verständnislos drein. „Na, um Geige", erklärte die Nachbarin weiter. „Geige?", nun war ich ganz konfus. Sollte ich wieder etwas schlecht verstanden haben, aber wozu hatte mir dann meine Mutter die Flaschen mitgegeben? Ich erklärte aber trotzdem, daß mein Vater Kontrabaß spiele, meine Tante Cello und ich selbst vor einiger Zeit begonnen habe, Klavier zu lernen. Dabei stellte ich die Flaschen auf den Tisch. „Ist schon gut", meinte die Nachbarin, „dann hol ich mal die Gech". Hoffentlich brachte sie nun tatsächlich Krautsuppe, ich hatte keine Lust auf Krach mit meiner Mutter. Bald darauf erschien die Nachbarin mit den gefüllten Flaschen, in denen sich eine kristallklare Flüssigkeit befand. „Willst ein Glas probieren, meine Kleine?" wurde ich freundlich gefragt. Und ob ich wollte. Auch heute als erwachsene Frau trinke ich leidenschaftlich gerne Krautsuppe, die meiner Meinung nach vielen Übeln den Garaus macht.

Am Weihnachtsabend aßen wir in meiner Kindheit geräucherte Wurst.

Geräucherte Wurst in Krautsuppe

In einem Gemisch, das zur Hälfte aus Wasser und zur Hälfte aus Krautsuppe besteht, wird die geräucherte Wurst weichgekocht und mit Essigkren oder Senf und Brot serviert.

Essigkren (Meerrettich mit Essig)

500 g Krenwurzeln (mit möglichst dünner Schale, das bedeutet, daß der Kren jünger ist) werden geschält und auf der Reibe fein gerieben. Nun kocht man 200 ml Wasser mit 100 ml Essig auf, süßt nach Geschmack und übergießt den Kren damit. Der Kren wird in Gläser gepreßt, mit dem heißen Sud übergossen, und die Gläser werden mit Deckeln verschlossen.

Aus Krautsuppe kann eine wunderbare Suppe zubereitet werden, die den ungarischen Namen „Király Leves“ trägt, was soviel wie „Königssuppe“ bedeutet. Und es ist tatsächlich eine Suppe, die eines Königs würdig ist.

Király Leves

Ein Kalbshirn (zur Not können es auch zwei Schweinshirne sein) wird heiß überbrüht, abgehäutet und kurz blanchiert. 4 l Krautsuppe werden zum Kochen gebracht und die in Stücke geschnittene geräucherte Wurst und das Hirn (ganz oder in Stücke geschnitten, je nach Belieben) werden darin gekocht. Dann wird die Suppe mit 1 EL frischem geriebenem Meerrettich bestreut. Ein oder zwei Eidotter werden mit 100 ml Rahm vermischt und die Suppe wird damit legiert. Ist die Krautsuppe nicht genügend gesalzen, kann nachgesalzen werden. Pfeffer nach Geschmack.

Trotz meiner Abneigung gegen das Schweineschlachten gab es auch richtig „süße“ Augenblicke kurz danach in Form von **Schmerkipfel** (Schmer heißt in Siebenbürgen das Bauchfett des Schweines).

Schmerkipfel

670 g Mehl, 500 g gemahlenes Schmer, 3 Dotter, 2 EL Essig, 1–2 EL Wasser, etwas Salz, Himbeermarmelade.
Das Schmer wird mit etwas Mehl verarbeitet und kaltgestellt. Aus dem übrigen Mehl wird ein Teig mit den Dottern, dem Essig, dem Wasser und dem Salz zubereitet. Dann wird dieser Teil rund ausgewalkt (d. h. ausgerollt), in die Mitte wird der kalte Schmerklotz gelegt,

und der Teig wird aufs neue ausgewalkt. Der Teig wird dreimal zusammengeschlagen und wieder ausgewalkt. Jedes Mal muß der Teig 1/4 Stunde rasten.
Nach dem dritten Mal werden Vierecke geschnitten, die auf zwei Seiten mit Eiklar bestrichen werden. In die Mitte wird 1 TL Himbeermarmelade getan, die mit Eiklar bestrichenen Seiten werden zusammengedrückt. Auf der Oberseite mit Eidotter bestreichen. Sind die Schmerkipfel gebacken, werden sie leicht mit Puderzucker bestreut.

Auf einem großen blauen Glasteller wurden dann die Schmerkipfel angeordnet. Sie wirkten dabei wie riesige Schneeflocken, so leicht und locker, die sich gegen den Himmel abhoben. Das war wahrscheinlich die Nahrung der Engel. Ich könnte ja mal meine Mutter fragen. Ich unterließ es dann doch, und das war wohl auch besser so.

Aus einem Teil des Schmers und des Specks wurde Fett ausgelassen, da mein Vater behauptete, schmackhaftes Essen könne nur mit Fett zubereitet werden. Im Alter hat er seine Meinung revidiert. Ich mochte den Prozeß des Speckauslassens. Da schrumpften Berge von Speck wie Schnee zusammen, die Speckwürfel wurden immer kleiner, das flüssige Fett gewann die Oberhand, es zischte, und ab und zu spritzte es auch, ich wollte möglichst nahe heran, um diesen Vorgang gut beobachten zu können, wurde aber von meiner Mutter, wie immer, wenn ich zu sehr an etwas interessiert war, verscheucht. Zum Abendessen gab es dann frische Grammeln (so nannten wir die Grieben) mit roten Zwiebeln. Nach zwei, drei Tagen bereitete meine Mutter aus den Grammeln einen Brotaufstrich zu.

Grammelbrotaufstrich

Die Grammeln werden durch den Fleischwolf getrieben und mit etwas Senf, Salz und Pfeffer vermischt.

Da es viele Grammeln von einem Schwein gab, wurde ich mit einem Säckchen zu Gretchentante geschickt, die die besten **Grammelpogatscherl** in der ganzen Familie backte.

Grammelpogatscherl

600 g Grammeln, 2 EL Fett, 750 g Mehl, 200 g Butter, 2 EL Zucker, 2 Eidotter, 30 g Hefe, 1 TL Salz, Pfeffer und 400 ml Milch.

Hefeteig: Die Zutaten müssen für den Hefeteig zimmerwarm sein.

Aus der Hefe, etwas Zucker, etwas Milch und dem Mehl wird ein Dampfel (eine Art Vorteig) zubereitet. Das Dampfel wird an einen warmen Ort gestellt. Ist das Dampfel aufgegangen, d. h. hat sich der Teig gewölbt und ist die obere Mehlschicht rissig geworden, werden die restlichen Zutaten für den Hefeteig, d. h. die zerlassene Butter, der restliche Zucker, Milch und die Eidotter hinzugefügt. Diese Masse wird mit einem Holzlöffel durchgeknetet und geschlagen (kann auch mit dem Knetstab des Mixers gemacht werden), bis sich der Teig vom Schüsselrand löst und sich Blasen bilden. Obenauf wird der Teig mit Mehl bestreut, dann läßt man ihn eine halbe Stunde lang aufgehen.

Die Grammeln werden nun durch den Fleischwolf getrieben und mit 2 EL Fett und gemahlenem Pfeffer erwärmt. Der Hefeteig wird ausgerollt und mit warmer Butter bespritzt, die Grammeln werden draufgestrichen, und der Teig wird zusammengeschlagen. Diese Prozedur wird viermal wiederholt. Dann wird der Teig endgültig ausgerollt, und runde Plätzchen werden ausgestochen. Die obere Seite der ausgestochenen Plätzchen wird mit dem Messerrücken mit einem Rhombenmuster versehen. Danach werden die Grammelpogatscherl mit Eigelb bestrichen. Auf einem eingefetteten (nicht ausgestaubten) Blech werden die Plätzchen eine Weile ausgelegt, damit sie aufgehen. Dann werden sie sehr heiß gebacken.

Erster November

Voller Nostalgie erinnere ich mich an die Siebenbürger Herbsttage. Es waren Tage, an denen die Sommerhitze wie von einem Nachtspeicherofen aufbewahrt wurde. Die Pappelblätter waren von einem satten Gelb, während die Ahornblätter sich wie leichtlebige Mädchen um die Wette färbten. Aber all diesen Blättern war ein eigentümliches Rascheln gemein, das die Geschichte vom verflossenen Sommer erzählte, vom einmal zu Ende sein. So ging es den ganzen Oktober und war dann mit einem Schlag vorbei. In den letzten Oktobertagen gingen wir auf den Marktplatz und kauften Unmengen von Blumen, Astern in allen Farben und Tannenzweige, um die Gräber auf dem Friedhof für den ersten November zu schmücken. Schwer bepackt fuhren wir mit der Elektrischen (mit der Straßenbahn) auf den Friedhof und begannen die Gräber zu schmücken. Es wurden Rahmen aus gelben Chrysanthemen geformt und Girlanden aus rosa-lilafarbenen Astern, dazwischen wurden die Muster durch Tannengrün aufgelockert. Ich durfte in einer Gießkanne Wasser holen und zusätzliche Blumen in die Vase stellen. Riesige Krähenschwärme flogen über den Friedhof und krächzten. „Die Krähen schreien nach Regen, aber es riecht schon nach Schnee", sagte mein Vater. Das klang so unglaubhaft, die Sonnenstrahlen waren zwar schwach, doch nichts schien sich zu bewegen. Die Atmosphäre hatte aber etwas Unwirkliches an sich. Schneebedeckt stand die Fogarascher Gebirgskette wie eine Kulisse vor der Stadt, die weißen Bergspitzen waren zum Greifen nahe. Ich kniff die Augen zusammen, und die Bergspitzen schienen noch näher zu rücken. Auf dem Friedhof raschelten die Blätter noch lauter. Ich hob beim Gehen kaum die Füße, um das Rascheln zu intensivieren. „Schau und heb deine Füße", sagte meine Mutter, doch ich bekam diese Rüge kaum mit. Ich machte mir so meine Gedanken über die Bäume, die nun bald ganz kahl sein würden, im nächsten Jahr aber wieder in voller Blätterpracht die Menschen erfreuen würden. Warum es mit den Menschen nicht auch so ist? Andererseits war ich sicher, daß dies Sterben nur andere betraf, bestimmt aber nicht mich, oder die Menschen, die mir nahestanden. Ich hätte so gerne dieses Problem mit jemanden besprochen. Doch mit wem? Die Sonne war inzwischen untergegangen, und wir begannen zu frösteln. Wieder zu Hause angekommen, holte meine Mutter aus der Speisekammer einen lockeren, duftenden **Biskuit**.

Biskuit

Teig: 8 Eidotter werden mit 300 g Zucker, 300 g Mehl und einem Päckchen Backpulver (das mit Zitronensaft gelöscht wird) flaumig gerührt. Aus den 8 Eiklar wird Schnee geschlagen und unter die Masse gezogen. Bei ca 170° backen. Ist er fertig gebacken und etwas ausgekühlt, wird der Biskuit zweimal durchgeschnitten und mit folgender Fülle gefüllt:
Fülle: 250 g Puderzucker, 250 g Butter, 2 EL Kakao, Saft von 1 Zitrone.

Thomasnacht und Venedig

Der November hatte uns fest im Griff. Wie ein feinmaschiges Gewebe breitete er seinen Nebel über unseren Köpfen aus. Es wurde nie richtig hell. Es war die Zeit des Träumens und der Unwirklichkeit, man mußte nur eine kleine Nische finden, wo man ungestört vor sich hin dösen konnte.

Der Fixpunkt meiner Kindheit war die Thomasnacht, die längste Nacht des Jahres, die Nacht, in der das Geträumte in Erfüllung geht. Ich fieberte dieser Nacht entgegen, und mein innigster Wunsch war es, einen Tagtraum, einen Wunschtraum in einen Nachttraum zu verwandeln, damit sich dieser erfülle. Ich beschloß, durch List möglichst spät schlafen zu gehen, dann mich durch meine Phantasie treiben zu lassen, mir wunderschöne Dinge auszudenken, in eine Art Halbschlaf zu fallen, mir genauestens das Geträumte zu merken und auf die Erfüllung zu warten.

Ein Bild von Tilly, der Schwägerin meiner Großmutter, war der richtige Ausgangspunkt für meinen Traum. Auf dem Bild war Tilly zu sehen, in einem mit Blumen übersäten Seidenkleid, auf dem Kopf einen großen Hut, die Krempe des Hutes nach einer Seite gebogen. So stand sie da, umgeben von hunderten von Tauben; sie stand auf dem Markusplatz in Venedig. Venedig, die Lagunenstadt, hin wollte ich auch, gefeiert in einer Gondel fahren, eine große Ballettänzerin oder eine Konzertpianistin werden, so sah ich mich auch auf dem Markusplatz stehen. Irgendwie würde ich auch den Traum hinkriegen. Ich blickte wie gebannt auf das Bild. Aufgeschreckt wurde ich plötzlich durch die Stimme meiner Mutter: „Die Tilly hat bestimmt damals auf dem Markusplatz nicht geträumt, einmal als die Frau eines Tapezierermeisters zu leben“, sagte meine Mutter zu meinem Vater. „Was soll das“, meinte mein Vater, „Tapezierer ist ein ehrenwerter Beruf“. „Na ja, aber du weißt doch, die Tilly hat sich immer für etwas Besseres gehalten“, erwiderte meine Mutter. „Vielleicht wegen dem Hut“, versuchte ich mich ins Gespräch einzuschalten. „Red keinen Unsinn“, unterbrach mich meine Mutter, „bald sind die gefüllten Bratäpfel fertig, und dann ab ins Bett“.

Gefüllte Äpfel

Mittelgroße Äpfel werden auf der oberen Seite, wo der Stiel ist, vom Kerngehäuse ausgehöhlt. Danach werden sie mit einer Mischung aus gemahlenen Walnüssen und Honig gefüllt. Oben wird ein Klacks Quittengelee oder eine Weichsel aufgesetzt. Danach werden die Äpfel in ein feuerfestes Gefäß gesetzt, in das man etwas Wasser und Zucker gegossen hat. Man läßt die Äpfel im Backrohr gar werden. Sie können mit süßer Sahne serviert werden.

Die Äpfel haben hervorragend geschmeckt. „Na, dann Zähne putzen und ins Bett", diesmal war es mein Vater, der diesen unheilbringenden Satz verlauten ließ. „Aber ich habe noch Hunger", sagte ich schnell. Oh, war ich froh über diesen rettenden Einfall. Da ich als Kind nie richtig Hunger hatte, würde dieser Satz Wunder wirken, und ich konnte bestimmt noch eine Stunde aufbleiben. „Hunger?", fragte meine Mutter. Ich habe noch nie so viel Erstaunen in ihrer Stimme gehört. „Worauf hättest du denn Lust?", wollte mein Vater wissen. „Auf **Zacuscă**" (gelesen wird es „sakuska"), sagte ich schnell. Mein Vater fand, daß das keine so schlechte Idee sei, meine Mutter meinte zwar, daß man dem Kind, also mir, wieder auf den Leim gehe, doch es wurde ein Glas aus der Kammer geholt, und der Appetit kam tatsächlich beim Essen.

Zacuscă

10 große Auberginen, 20 Gogoşari (Tomatenpaprika), 10 gelbe Paprikaschoten, 1 kg geschälte Zwiebeln, 1 l Öl, 1 l Tomatenmark, Salz, Pfeffer und etwas Konservierungsmittel.
Die kleingeschnittenen Zwiebeln werden in dem erhitzten Öl glasig gebraten. Die Tomatenpaprika und die Paprikaschoten werden in der Zwischenzeit am Grill gebraten, enthäutet und durch den Fleischwolf getrieben. Diese Masse wird zu den glasig gebratenen Zwiebeln dazugegeben und langsam gekocht. Nun werden die Auberginen gebraten (wie im Rezept für Auberginensalat angegeben), geschält, grobgehackt und der übrigen Masse hinzugefügt. Das Tomatenmark wird dazugegeben und gut vermengt. Salzen und pfeffern nach Geschmack. Es ist ratsam, die Masse nicht anbrennen zu lassen, daher muß ständig gerührt werden.

Die Zacuscă ist fertig gekocht, wenn das Öl an der Oberfläche sichtbar zu werden beginnt. In vorbereitete Gläser heiß einfüllen und zuschrauben.

Danach gab es kein Entrinnen mehr. Ich mußte zu Bett gehen. Meine letzten Gedanken galten dem Markusplatz und den Gondeln, die auf den Lagunen hin und her schaukelten. Am anderen Morgen hatte ich den Zauber Venedigs vergessen.

Irgendwann saß ich dann tatsächlich mit meinem Mann auf dem Markusplatz in Venedig. Tauben und Touristen versuchten, sich jeden Zentimeter Platz streitig zu machen. Irgendwo mitten auf dem Platz stand ein junges Mädchen mit ihrem Freund. Das Mädchen (unsere Tochter) trug einen türkisfarbenen Trägerrock und einen weißen Hut und lächelte siegesbewußt, so als wollte es sagen: „Seht, da bin ich, und mir gehört diese Welt". Plötzlich stürmten die beiden auf uns zu. „Wir haben Hunger", ließen sie verlauten. „Es ist schon bestellt". Ich schloß die Augen und entfernte mich für einige Augenblicke in eine andere Welt, in eine andere Zeit, aber nur für Sekunden, dann öffnete ich die Augen und blickte auf ein leckeres Fischgericht.

Rotbarschfilet auf Gemüsebett

Rotbarschfilet wird mit kalten Wasser abgespült, mit Zitronensaft gesäuert und gesalzen.
In ein Backblech etwas Olivenöl geben und ein Bett aus 2 blättrig geschnittenen Zwiebeln, 2 kleingehackten Knoblauchzehen, je einer in Streifen geschnittenen roten und gelben Paprikaschote, 4 in dünne Plättchen gehobelten Möhren und 2 in Würfel geschnittenen Kartoffeln vorbereiten. Dazu gibt man rote Pfefferkörner, ein paar Lorbeerblätter, etwas gerebelten Thymian, ein paar Zweige Rosmarin, etwas Wasser und etwas Suppenwürze. Der Fisch wird zwischen dieses Gemüse gebettet und im Backofen gar gebacken.

Erster Januar und Götterspeise

Als eine Nachbarin (neu hinzugezogen von irgendwoher) meiner Großmutter mitteilte, daß es am Neujahrstag, also am 1. Januar, Truthahn zu essen gebe, schlug diese entsetzt die Hände über dem Kopf zusammen und sagte nur „Jesus, Jesus, meine Liebe, Sie wissen nicht, was Sie da tun". Die Nachbarin verlangte nun nach einer handfesten Erklärung. Meine Großmutter erklärte ihr, daß man am 1. Januar auf keinen Fall Federvieh essen dürfe, da das bedeute, daß es im neuen Jahr keinen Fortschritt gebe, da das Federvieh nach hinten scharre. Bei uns zu Hause wurde der Fortschritt für das neue Jahr in Form eines leckeren **Schweinebratens** garantiert.

Schweinebraten

Ein Stück Schweinefleisch wird gewaschen und trockengetupft. Danach wird es gesalzen und gepfeffert, mit Kümmel bestreut, mit etwas Majoran eingerieben und in heißem Fett oder Öl angebraten. Dann fügt man eine in vier geteilte Zwiebel hinzu, 2–3 Zehen Knoblauch, eine geviertelte Tomate und eine kleingeschnittene Paprikaschote. Man gießt etwas heißes Wasser hinzu, schließt das Gefäß mit einem Deckel und läßt das Fleisch fast weich dünsten. Dann wird das Fleisch mit etwas Bier übergossen und in der Backröhre schön knusprig gebraten.

Als Beilage gab es gedünstetes Kraut und Knödel.

Gedünstetes Kraut

Ein Krautkopf (wir sagten ein „Happel" Kraut – Herkunft des Wortes wahrscheinlich von Haupt–Häuptel–Happel) wird auf dem Krauthobel feingehobelt und gesalzen. Inzwischen wird eine kleingeschnittene Zwiebel in etwas Öl angedünstet und das Kraut wird dazugegeben. Wer Kümmel mag, kann etwas Kümmel hinzufügen. Nun wird das Kraut weichgedünstet. Danach wird das gedünstete

Kraut mit Pfeffer, Zucker und Essig abgeschmeckt. Der Zucker kann auch karamelisiert werden, mit etwas Wasser aufgelöst und so dem Kraut hinzugefügt werden.

Aus gedünstetem Kraut kann man auch **Krautnudeln** zubereiten.

Krautnudeln

Die Nudeln werden in kochendes Salzwasser gelegt und bißfest gar gekocht. Danach werden sie mit kaltem Wasser abgeschreckt. Nun werden die Nudeln mit dem gedünsteten Kraut vermischt. Für Krautnudeln muß das gedünstete Kraut etwas fetter zubereitet und etwas mehr gepfeffert werden.

Traditionsgemäß gab es am ersten Januar in meinem Elternhaus als Dessert Götterspeise, und das war auch der Grund, weshalb ich diesem Tag so sehr entgegenfieberte. Die Götterspeise versüßte mir schon als Kind das Phänomen der Vergänglichkeit, wenn mir auch damals das Ausmaß des Vergehens nur unbewußt bewußt wurde. „Wieder ist ein Jahr vorbei", sagte meine Mutter, und ich dachte „Na und, was ist schon ein Jahr, es folgen doch noch so viele, die Zeit, ja vielleicht sogar die Ewigkeit gehört doch mir oder besser gesagt uns". „Das verstehst du noch nicht", sagte mein Vater sanft, und meine Großmutter seufzte nur und sagte leise: „Ja, die Zeit ...", und ihre Worte verhallten irgendwo im Raum und blieben dort hängen, setzten sich aber auch in einer Ecke meiner Kinderseele fest.

Wie die Zeit zwischen dem Nikolaustag und Weihnachten so war auch die Zeitspanne zwischen Weihnachten und Neujahr unendlich lang. Die Kälte verschluckte den Wunsch nach einem schnelleren Dahineilen der Zeit, fahle Sonnenstrahlen wurden eilig von der hereinbrechenden Dunkelheit absorbiert. Und während ich hingebungsvoll Tannenbäume und Kerzen zeichnete, wartete ich insgeheim nur auf den Augenblick, da meine Mutter mit der Zubereitung der **Götterspeise** beginnen würde. Das geschah dann am 30. Dezember, damit die Götterspeise bis zum 1. Januar einen Tag ziehen könne.

Hermannstadt - Pempflingergasse

Götterspeise

7 Eiklar, 180 g Zucker, 150 g Mehl, 70 g zerlassene Butter, 50 g Zibeben (Rosinen), etwas zerstoßener Anis.
In den festen Schnee von 7 Eiklar mengt man den Zucker, das Mehl, die zerlassene Butter, die Zibeben und den zerstoßenen Anis. Die Masse wird bei ungefähr 170° in einem gut ausgeschmierten und ausgestaubten Backblech in Zwiebackform gebacken.
Creme: 4 Dotter werden mit 4 EL Zucker flaumig gerührt. Dann fügt man 2 EL Mehl hinzu. Diese Masse wird in 1 l kochende Milch eingerührt, so daß sich keine Knötchen bilden. Separat werden in einem Gefäß 2 Handvoll Zucker karamelisiert. Danach wird die Milch mit dem Ei und dem Zucker eingerührt.

Ist der Kuchen ausgekühlt, wird er in Scheiben geschnitten, und je zwei Scheiben werden mit Himbeermarmelade bestrichen und zusammengeklebt. Diese zusammengeklebten Scheiben werden nun in kleine Würfel geschnitten, in eine Schüssel gelegt und mit Rum bespritzt. Dieses wird reihenweise gemacht. Danach wird alles mit der Karamelcreme übergossen und kaltgestellt. Man kann auch geschlagene Sahne dazu servieren.

Die Heiligen Drei Könige

Irgendwann war auch der letzte Bissen Götterspeise verzehrt. Das nächste Ereignis war der 6. Januar oder Heilige-Drei-Könige. Bis dahin stand der geschmückte Weihnachtsbaum in der Wohnung, der dann am Abend des 6. Januars geplündert (so nannten wir das Abschmücken des Weihnachtsbaumes) wurde. Vormittags kam der Pfarrer mit zwei Ministranten, um die Wohnung einzusegnen. Sie erhielten von meinem Vater eine großzügige Spende für die Kirche, und meine Mutter wartete ihnen frische **Honigkuchenschnitten** auf.

Honigkuchenschnitten

150 g Zucker, 1 Ei, 2 EL Honig, 3 EL Milch, 50 g Butter, 1 gestrichener TL Speisesoda. Diese Zutaten werden in einem Gefäß auf dem Ofen vermengt, bis sich Schaum bildet und die Farbe etwas dunkler wird (ca. 5 Minuten). Dann fügt man 400 g Mehl hinzu. Daraus werden 4 Blätter gebacken.
Fülle: 200 g Butter werden mit 250 g Puderzucker flaumig gerührt. Separat kocht man 2 EL Grieß in 150 g Milch und fügt den Saft einer Zitrone hinzu. Diese Masse wird mit der Butter-Zucker-Masse vermengt.
Die Blätter werden mit Zuckersirup beträufelt und zuerst mit Aprikosenmarmelade, danach mit der Krem bestrichen. Obenauf wird der Kuchen mit Puderzucker bestreut.

Bei meiner Tante erhielt der Pfarrer **Feigenwein**, und die Ministranten bekamen eine **Roulade aus Kastanienpüree** vorgesetzt.

Feigenwein

1 kg Feigen, 3 kg Zucker, 20 g Hefe, 2 EL Zitronensäure, 1 Zitrone und 10 l Wasser.

Die Feigen werden kleingeschnitten oder durch den Fleischwolf getrieben, die Zitrone wird in Scheiben geschnitten, und die übrigen Zutaten werden dazugegeben. Das Ganze läßt man 6 Wochen gären.

Roulade aus Kastanienpüree

1 Glas Kastanienpüree (ca. 480 g), 100 g gemahlene Nüsse, 100 g zerbröckelte Kekse. Diese Zutaten werden zu einer Masse verarbeitet und auf einer Folie ausgebreitet. Darauf wird folgende Fülle gestrichen:
Fülle: 150 g Butter, 2 EL Puderzucker, 1 EL Kakao, 1EL Wasser, 1 EL Löskaffee, 1 Ei.
Danach wird die Masse gerollt und kaltgestellt.

Die Zeit verdrängt die Tradition

Früher oder später schlichen sich kleine Änderungen in die traditionellen Essensgewohnheiten ein. Dieses geschah nicht plötzlich, nicht von heute auf morgen, sondern langsam, unauffällig, von keinem so richtig ernstgenommen. Erst kam das eine, dann das andere hinzu, kleine Korrekturen wurden vorgenommen, etwas hinzugefügt, etwas weggelassen, Mosaiksteine wurden verschoben, neue Muster und Strukturen entstanden, und dann fügten sich Fragmente zu einem Ganzen zusammen. Dieses geschah einmal, zweimal und auch ein drittes Mal, und plötzlich war es Tradition bei uns. So kristallisierte sich auch unser Weihnachtsessen langsam heraus. Die gute, alte geräucherte Wurst wurde von einer gefüllten Gans oder einer gefüllten Ente verdrängt. Aus Nostalgie wurde noch eine geräucherte Wurst in Krautsuppe gekocht, doch meistens blieb die dann unbeachtet auf dem Küchentisch liegen und konnte sogar einmal von der Katze Christian in Windeseile gestohlen und an einem unauffälligen Ort verzehrt werden.

Doch noch war es nicht soweit. Vorerst begann unser neues traditionelles Weihnachtsessen mit zwei Vorspeisen, die ihren festen Platz bis heute behaupten konnten.

Schinken in Aspik

Für den Aspik wird reichlich Hühnerklein mit einer Möhre, einer Petersilienwurzel und einer Sellerie gekocht. Man fügt ein Lorbeerblatt, zwei Gewürznelken, eine Knoblauchzehe und ein Weinglas Weißwein hinzu. Kurz vor dem Garsein wird alles mit Salz abgeschmeckt und abgeseiht. Gelatine (auf 1 l Flüssigkeit verwendet man 12 Blatt Gelatine oder 35 g Granulat) wird in kaltem Wasser aufgelöst und mit der Brühe vermengt.
Das Hühnerklein mit dem Gemüse wird bei kleiner Hitze zum Kochen gebracht, da die Flüssigkeit sonst trüb wird. Ist dies trotzdem der Fall, kann man „Klarheit" durch folgenden Prozeß erlangen:
Pro Liter durchgeseihter Brühe wird ein Eiklar der erkalteten Suppe hinzugefügt und 5–6 Minuten mit dem Schneeschlager geschlagen.

Danach wird die Suppe auf den Ofen gegeben und bei kleiner Hitze (ohne aufzukochen) erwärmt. Wenn das Eiklar nach ungefähr 20 Minuten gestockt ist, wird die Flüssigkeit vorsichtig durchgeseiht und ist nun glasklar.
In einer Glas- oder Porzellanschüssel wird nun der Schinken angerichtet. Zwecks Dekoration kann man grüne Erbsen, Möhrchenrosetten, hartgekochte Eierscheiben und etwas Petersilienlaub hinzufügen. Die Schüssel muß vorher mit kaltem Wasser ausgespült werden. Nun gießt man vorsichtig etwas von der Brühe darüber und läßt das Ganze etwas auskühlen. Dann den Rest der Brühe darübergießen, den kleingeschnittenen Schinken hinzufügen und erkalten lassen. Am nächsten Tag stürzen.

Die Zubereitung des Aspiks ist eine delikate Angelegenheit. Die Brühe muß richtig abgeschmeckt werden. Was heißt hier richtig? Im warmen Zustand schmecken alle Speisen etwas salziger, als sie es tatsächlich sind. Um das herauszufinden, bedarf es einiger Erfahrung. Auf die richtige Menge Gelatine kommt es an. Es darf nicht zu wenig sein, ansonsten stockt die Masse nicht, aber es darf auch nicht zu viel sein, da es sonst wie ein gummiartiges Zeug schmeckt.

Mein erster Aspik endete natürlich mit einem Fiasko. Wir, meine kleine Tochter, die mir eifrig zur Hand ging, und ich bereiteten den Aspik diesmal in kleinen Formen vor. Jedem Gast wollten wir am Weihnachtsabend solch ein gestürztes Förmchen mit Aspik vorsetzen. Mit sehr viel Liebe bereiteten wir die Formen vor. In der Mitte prangte eine in Zacken geschnittene Möhrenscheibe, umgeben von einem Kreis grüner Erbsen, die ihrerseits von krausen Petersilienblättern bewacht wurden. Darauf gossen wir etwas von der Flüssigkeit. Nachdem diese etwas erkaltet war, legten wir den in dünne Scheiben geschnitteten Schinken hinein und gossen den Rest der Flüssigkeit darüber. Wir stellten die Formen zum Auskühlen in die Speisekammer und warteten. Nichts geschah. Alle zehn Minuten warfen wir einen Blick in die Speisekammer. Inzwischen war die Flüssigkeit ausgekühlt, aber flüssig wie eh und je. „Ich glaube, es beginnt zu stocken", ließ meine kleine Tochter verlauten. Ich stürzte in die Speisekammer, blickte ein Förmchen nach dem anderen an, kniff die Augen zusammen, ja, es schien, als ob sich oben eine etwas festere Schicht gebildet hätte, oder war es nur mein innigster Wunsch? „Es ist nicht kalt genug in der Speisekammer", ließ mein Mann verlauten. Das muß es wohl sein. Draußen waren 20° minus. Schnell wurde der Gartentisch herausgeholt, und die Formen traten den Weg aus der Speisekammer ins Freie an. „Der Aspik beginnt zu zittern", sagte mein kleines Mädchen. „Wir auch", fügten mein Mann und ich hinzu. In dickste Winterkleidung eingehüllt, hielten wir nun reihum Wache, damit die Katze Christian nicht ihr Unwesen treiben und sich eventuell an dem Aspik vergreifen konnte. Nach einer Weile trugen wir mit bläulichen Lippen und klammen Händen die kleinen Formen, in denen sich nach wie vor eine glasklare Flüssigkeit bewegte – wenn sich auch obenauf Eiskristalle zu bilden begannen – in die Küche. Guter Rat war teuer. Die Abendstunde war auch vorgerückt. Wir waren müde. Am nächsten Tag war Heiligabend. Die Formen kamen nun in den Kühlschrank. Weihnachten ist die Zeit der Wunder, und auf ein solches warteten wir auch. Sinnlos zu sagen, daß das Wunder nicht geschah. Alles wurde erneut erwärmt und der Katze Christian vorgesetzt. Genußvoll schlürfte sie die Flüssigkeit und pickte die Schinkenstreifen heraus. Zurück blieben einsame Möhrenrosetten und verwaiste grüne Erbsen.

Hoffentlich schreckt diese Geschichte niemanden vom Aspikzubereiten ab. Das Fiasko war nämlich einer viel zu kleinen Menge Gelatine zuzuschreiben.

Ein voller Erfolg wurde hingegen der **Pilzsalat**.

Pilzsalat

2 Dosen Champignons, 200 g Schinken, 4 hartgekochte Eier, 200 g Gouda-Käse, 8–10 in Essig eingelegte Tomatenpaprika werden in Würfel geschnitten. Alles wird leicht gesalzen und gepfeffert. Danach wird eine Mayonnaise aus 2 Eidotter zubereitet, der man 1 EL Rahm hinzufügt. Alles wird vermengt.

Im Wunderland der Pilze

Ich beginne die Pilze zu würfeln. Sie sind alle gleich und wurden im fernen China in die Konservendosen verbannt. Pilzkonserven waren eine kleine Kostbarkeit in Rumänien und auch nicht billig. Wir behandelten die Pilze daher besonders vorsichtig und faßten sie behutsam an, damit sie uns nicht aus den Händen glitten. „Weißt du noch?“, fragte mein Mann und ich lächelte. Ich wußte genau, was er meinte. „Das waren damals Berge von Pilzen“, meinte er, und wie die geschmeckt haben, so frisch und fruchtig“. Und das war so: Im Herbst gingen wir mit Freunden Pilze sammeln. Die Freunde waren große Pilzkenner, kannten sich bestens aus. Am Morgen fuhren wir mit dem Zug los. Es lag die Stille eines werdenden Sommertages vor uns. An den vorhergehenden Tagen hatte es geregnet, eine gute Voraussetzung zum Pilzesammeln. Vor uns lag eine Dorfstraße voller Pfützen, in denen sich der Himmel spiegelte. Ich brannte darauf, den ersten Pilz zu sehen. Irgendwann waren wir dann im Wald. Unsere Schritte unterbrachen die Stille. Nichts regte sich. Und dann sah ich ihn: den ersten Pilz. „Ich sehe einen Märchenpilz“, durchschrie ich die Stille, „einen riesengroßen, so etwas habe ich noch nie gesehen“. Ich stürmte auf den Pilz zu. Zwischen all den Bäumen war er einfach da, sein Hut, der eine weißlich-rosa Färbung aufwies, saß auf einem langen grazilen Stiel. Er sah so frisch aus, so geheimnisvoll, so wissend. Es war der erste Perlpilz, den ich je gesehen hatte. Sein Hut war tellergroß. Wir fanden damals noch unzählige Perlpilze. Und jedesmal, wenn einer von irgendwoher hervorlugte, stürmte ich auf ihn zu, so als wolle ich als erste dort sein, um dann voller Ehrfurcht stehenzubleiben, auf die anderen zu warten, ihn einige Sekunden nur für mich zu haben, bis dann jemand ihn pflückte und in den Korb legte. Zu den Perlpilzen gesellten sich noch Täublinge, die matt in all ihren bläulich-violetten und grünlichen Nuancen um Aufmerksamkeit haschend wetteiferten. Irgendwann begann ich dann auch, Pilze zu pflücken, aber immer mit einer gewissen Ehrfurcht. Diese Pilze waren für mich eine Geschenk der Natur, ein Geschenk Gottes.

Müde kamen wir an jenem Abend zu Hause an. Alle unsere Verwandten und Bekannten erhielten Pilze. Meine Mutter war etwas skeptisch. „Du kennst dich doch überhaupt nicht aus mit Pilzen", meinte sie. „Ich nicht", erwiderte ich, „aber Jochen, der auch mit war, und der hat ein winziges Stück von einem Pilz abgebrochen und probiert, wenn er sich nicht sicher war, ob es ein eßbarer Pilz ist oder nicht". „Ihr seid ja nicht ganz normal", meinte darauf meine Mutter. Ich glaube aber, daß war nur ihre Feststellung dafür, daß wir einer anderen Generation angehörten. Die Pilze wurden ausgebacken und haben herrlich geschmeckt.

Kochen mit der Schwiegermutter

Küchenmäßig hatte ich während meiner Studentenzeit nur die Erfahrung des katastrophalen Rühreis gemacht. Aus dem Munde meiner Mutter kamen böse Prophezeiungen, was mein weiteres Dasein an der Seite eines Mannes und eines kleinen Kindes betraf. Küche war für mich noch immer mit sehr viel Zauber und Magie verbunden, und ich machte mir keine weiteren Gedanken darüber.

Wie ein Blinder begann ich, mich an die Dinge heranzutasten. Meine Mutter hat Zeit ihres Lebens nie begriffen, daß ich mich aus purem Widerspruch gegen alles verschloß, was irgendwie mit Küche zusammenhing. Und eines Tages begann es, mir richtig Spaß zu machen, in der Küche herumzuwerkeln; ich begann ein offenes Ohr für neue Rezepte zu haben, probierte alles aus, was ich hörte, wenn ich die nötigen Zutaten dafür hatte. Ich ließ mich zu nichts drängen und ließ mir auch nichts sagen. Meine Erfahrungen mußte ich selbst machen. Durch manch ein verpatztes Essen aßen wir uns durch, umso größer war der Sieg eines gelungenen Essens. Neben einer strengen und unnahbaren Mutter hatte ich das Glück, eine lockere, unbeschwerte Schwiegermutter zu haben, die keine Ahnung vom Kochen hatte. Ihr verdanke ich vielleicht auch den Anfang meiner Kochkünste, bei denen ich über mich selbst hinauswuchs.

Im Hause meines Mannes kochte dessen Tante, die aber irgendwann zur Kur mußte, und so blieb meiner Schwiegermutter nichts anderes übrig, als selbst den Kochlöffel zu schwingen. Es war ein frühherbstlicher Tag, als meine Schwiegermutter stolz verkündete, daß es zu Mittag **Szekler Gulasch** gebe. „Hm, Szekler Gulasch“, meinte mein Schwiegervater und schluckte. „Aber mit Nockerl“, betonte mein Mann. „Gulasch, fein“, sprach mein dreijähriges Kind vor sich hin, dem für gewöhnlich alles schmeckte. Ich sagte nichts. Wenn das nur gut ginge. Die Mittagsstunde nahte. Ich warf einen Blick in die Küche, wo meine Schwiegermutter emsig in den Töpfen rührte, einen leicht echauffierten Eindruck machte und etwas vor sich hin murmelte, daß es gut sei, daß die Kur der Tante sich bald ihrem Ende näherte. „Das wird ein herrliches Essen geben“, weissagte meine Schwiegermutter. „Probier doch mal, mein Kind“, forderte sie mich auf. Sie bereitete gerade den Teig für die Nockerl vor, das Wasser sprudelte schon. Ich nahm eine Gabel und probierte das Szekler Gulasch. Es war hoffnungslos versalzen. Was nun? Blitzschnell, denn die Zeit des Mittagessens nahte mit Riesenschritten, nahm ich einen Durchschlag und rein mit dem Szekler Gulasch. Ich schwenkte ihn unter lauwarmem fließendem Wasser, meiner eigenen Mutter wären die Haare zu Berge gestanden, „Bist du Gottes Kind, so hilf dir". Danach ließ ich noch ein paar Speckwürfel aus, fügte noch etwas Fettstoff hinzu. Das Gulasch schmeckte prima. Meine kleine, neugierige Tochter wollte wissen, was wir in der Küche machen. „Das Gulasch duschen", antwortete ich ihr. „Das bleibt aber unser Geheimnis", meinte meine erlöste Schwiegermutter. Das Essen wurde ein voller Erfolg. „Du hast dich selbst übertroffen", meinte mein Schwiegervater zu meiner Schwiegermutter. Auch mein Mann war vom Essen begeistert. Das ließ vor allem Hoffnung aufkommen, daß auch ich noch eines Tages kochen lerne. Irgendwann im Laufe des Nachmittags kam eine besorgte Nachbarin zu meiner Schwiegermutter und fragte, ob das kleine Mädchen auch in Ordnung sei oder vielleicht etwas fiebere. Warum, wollte meine Schwiegermutter wissen. „Ach wissen Sie", ließ die Nachbarin verlauten, „sie spielt so komisch. Sie sagt, sie koche Gulasch, das aber noch geduscht werden müsse". „Meine Liebe", antwortete daraufhin meine Schwiegermutter souverän, „beachten sie das Kind nicht, es hat eine schrecklich rege Phantasie."

Szekler Gulasch

1 Zwiebel und 50 g Speck in kleine Würfel schneiden. Die Speckwürfel auslassen und die Zwiebel darin anlaufen lassen. 1 kg saftiges Schweinefleisch würfelig schneiden und hinzufügen. Zugedeckt weich dünsten. 1–2 TL süßes Paprikapulver hinzufügen und leicht salzen. 1 kg gehobeltes Sauerkraut mit etwas Wasser weichdünsten. Das vorbereitete Fleisch mit dem Kraut mischen. Mit Sauerrahm servieren. Man kann auch Nockerl hinzufügen. Statt Rahm kann man eine Sauce aus 1 EL Mehl und 200 ml Milch machen und dem Szekler Gulasch hinzufügen.

Besuch in der Stadt im Nordosten

Nach dem Studium zerfielen Freundschaften wie ein Puzzle. Jeder ging seine Wege. Wir waren im ganzen Land verstreut. In die äußerste nordöstlichste Ecke des Landes hatte es meine Freundin aus Kindertagen verschlagen, und so ergab es sich leider von selbst, daß wir uns nur selten sahen. Die Besuche bei ihr bedeuteten aber jedesmal ein kleines kulinarisches Erlebnis.

Es war Sommer. Die Stadt im Nordosten des Landes lag wie eine träge Schildkröte in der Sonne, und die Gemächlichkeit und Passivität schien auf die Bewohner dieser Stadt abzufärben. Ich liebte diese Stille und Andersartigkeit. Ein Hauch des Fremden schwebte überall. Ich stehe auf dem Balkon und blicke durch das Küchenfenster. Meine Freundin, perfekte Hausfrau und Gastgeberin, bereitet ein leckeres Essen vor. Mit meinen Gedanken bin ich weit weg, doch das bemerkt meine Freundin nicht. Sie hat keinen Sinn für Romantik, ist durchaus ein realitätsgebundener Typ. Sie bemerkt meinen Blick und sagt: „**Klausenburger Kraut**, für morgen".

Klausenburger Kraut

500 g Schweinehackfleisch, 250 g Reis, 1 kg gehobeltes Sauerkraut, 3 weiße Zwiebeln, 1 TL süßes Paprikapulver, etwas Öl, Salz, Pfeffer, Rahm.

2 feingehackte Zwiebeln werden in heißem Öl angebraten, und das gehackte Schweinefleisch wird dazugegeben und angebraten. Danach wird es gesalzen und gepfeffert. Das Sauerkraut wird ebenfalls weichgedünstet (ca. 1 Stunde). Eine feingehackte Zwiebel wird in etwas Öl glasig gedünstet. Darin wird der gewaschene Reis mit 400 ml Wasser 20 Minuten lang weichgedünstet. Ein feuerfeste Schüssel wird mit etwas Öl ausgestrichen und reihenweise mit einer Lage Kraut, Reis und Fleisch ausgelegt. Danach wird alles wiederholt. In der Backröhre wird das Gericht bei ca. 200° 1/2 Stunde lang gebacken. Wenn es zu dunkel wird, mit Folie abdecken. Serviert wird das Klausenburger Kraut mit Rahm.

Doch zunächst stürmte der Mann meiner Freundin herein und verkündete, daß wir zum Fischen gingen. Irgendwo zwischen den Hügeln der Stadt lag ein See. Die Sonne strahlte nicht an jenem Tag, sie blinzelte, es war dunstig, aber eine angenehme Wärme streichelte unsere Haut. Wir waren eine zusammengewürfelte Gesellschaft, und ein wehmütiges Lächeln erscheint auf meinem Gesicht, wenn ich an jenen Tag zurückdenke. Was ist nach einem viertel Jahrhundert aus all den Menschen geworden? Meine Freundin, ihr Mann und deren Sohn leben auch im Westen, gehen anderen Berufen nach und träumen wahrscheinlich auch von einem sonnigen Nachmittag an einem fernen See in Osteuropa. Da war noch ein Paar mit einem riesengroßen Hund, der Bela hieß, er Jurist und sie Ärztin. Sie leben noch immer in Osteuropa, sie arbeitet noch immer als Ärztin, und er ist inzwischen Konsul. Der Hund lebt auch noch, wahrscheinlich uralt für einen Hund und nichts ahnend von all den gravierenden Veränderungen. Ein Musikerehepaar mit seiner Tochter hat sich inzwischen auch in den Westen abgesetzt. Die Eltern sind in Rente, und die Tochter spielt Geige in einem symphonischen Orchester. Und dann war da noch ein Ehepaar mit einer fast gleichaltrigen Tochter wie unsere Tochter. Er, Mathematiker, hat die Bühne dieser Welt inzwischen freiwillig verlassen, und sie sorgt auf die beiden Enkelkinder. „Weißt du noch damals?", sagt sie manchmal fragend, und ich nicke nur. Und wir selbst? Mein Mann ist das, was er immer war und sein wollte: Lehrer. Und meine Tochter heiratet und wird vielleicht einmal versuchen, nach diesen Rezepten zu kochen. Und ich selbst, was kann ich zu mir sagen? Ich bin wahrscheinlich heute noch genauso orientierungslos wie damals im See. Man konnte darin baden. Ich nahm mir vor, den See zu durchschwimmen. Die Stimmen vom Ufer entfernten sich immer mehr. Ich war fast in der Mitte des Sees. Gleichmäßig führte ich Schwimmbewegungen aus. Die Arme nach vorn, geradeaus gestreckt und sie seitlich bewegend. Schwupp, da sprang ein riesiger Karpfen durch. Ich erschrak und kehrte schnellstens zum Ufer zurück.

Am Abend gab es **ausgebackenen Karpfen**, wie ihn nur der Mann meiner Freundin zubereiten kann.

Ausgebackener Karpfen

Die Schuppen des Karpfens entfernen, ihn reinigen, die Eingeweide entfernen, den Kopf abschneiden, in Stücke schneiden, salzen und eine halbe Stunde zugedeckt lagern. Danach mit einem reinen Tuch abtupfen. Die Karpfenstücke werden in eine Panade aus einem Teil Mehl und 2 Teilen Maismehl eingetaucht und in heißem Öl ausgebacken. Mit Zitronenscheiben werden die ausgebackenen Stücke belegt und mit Salzkartoffeln serviert.

Der Triumphzug der Pizza

Eines Tages kam die Kartoffel nach Europa und eines Tages eroberte das Speiseeis diesen Kontinent, und eines Tages kam mein Mann aus der Schule und berichtete, daß seine Kollegin, ihrerseits Lehrerin und Geliebte eines berühmten Chordirigenten, zwei wunderbare Pizzarezepte nebst Kostprobe in die Schule gebracht habe. Es war der Tag, an dem die Pizza ihren Einzug in das ferne Siebenbürgen gehalten hatte.

Siebenbürgische Pizza – Variante I

Teig: 250 g Mehl, 100 g Margarine, 1/2 Tasse Wasser, eine gute Prise Salz. Diese Zutaten zu einem Teig verarbeiten, ausrollen und in ein ausgefettetes und ausgestaubtes Blech legen.
Belag: 3 Zwiebelköpfe in dünne Scheiben schneiden, 300 g Schweizer Käse ebenfalls in Scheiben schneiden, 50 g geschälte und in Scheiben geschnittene Tomaten auf den Käse legen und mit Salz und Thymian bestreuen. 2 Eier mit 150 ml Milch versprudeln, das Ganze damit übergießen und 1 Stunde bei ca. 200° backen.

Siebenbürgische Pizza – Variante II

Hefeteig: Aus folgenden Zutaten einen Hefeteig zubereiten: 300 g Mehl, 20 g Hefe, 1/2 Tasse lauwarme Milch, 1 Ei, 50 g zerlassene Margarine, Öl oder Butter.
Belag: 4 feingehackte Zwiebeln, 100 g in Streifen geschnittener Speck, 150 g würfelig geschnittene Wurst, 3–4 hartgekochte Eier, 150 g geriebener Käse, obenauf Tomatenscheiben oder Ketchup, in Streifen geschnittene grüne Paprika, Salz und Pfeffer.

Beginn der Krise

Irgendwann wurden in Rumänien die Lebensmittel knapp. Dieser Prozeß geschah langsam, fast unmerklich. Eines Tages sagte meine Freundin, sie habe gehört, daß es keinen Käse mehr geben soll. „Käse?“, fragte ich erstaunt. „Ja, Käse“, meinte sie „und du weißt doch, meine Tochter hat Samstag Geburtstag und da brauche ich doch Käse für die belegten Brötchen.“ „Da mußt du etwas falsch verstanden haben“, meinte ich, „Käse ist doch ein Grundnahrungsmittel“. „Bei uns im Wohnviertel gibt es aber keinen Käse mehr“, meinte sie. „Soll ich dir welchen besorgen? Bei uns im Wohnviertel gibt es bestimmt welchen, sagte ich.“ Am Freitagnachmittag ging ich in den Laden und erstand für meine Freundin einen halben Laib Emmentaler Käse und die andere Hälfte kaufte ich gleich mit für uns. Die Kindergeburtstagsparty war gerettet, und meine Freundin bat mich, auch ihrem Bruder etwas Käse zu besorgen. Siegessicher suchte ich am Montag noch mal den Laden auf. „Käse“, wiederholte die Verkäuferin, „haben wir nicht“. „Wann kriegen sie welchen?“, fragte ich. „Weiß ich nicht“, war die Antwort. Bis zu unserer Ausreise in die Bundesrepublik habe ich nie mehr Emmentaler Käse im Verkaufsladen gesehen.

Nun begann das kreative Kochen. Zuallererst wurden alte Kriegsrezepte hervorgeholt. Fragte nun meine Mutter meinen Vater, was sie backen solle, war die Antwort immer „Kutscherkipfel“. Den Namen hatte mein Vater diesen Kipfelchen verpaßt, weil sie recht einfach waren, ohne jedwelchen „Firlefanz“, wie mein Vater sagte, und er erzählte uns Geschichten aus dem Ersten Weltkrieg, als es nichts zu essen gab, als er mit zerrissenen Schuhen als Siebenjähriger in das nahe Dorf gehen mußte, um etwas wässrige Milch zu besorgen und Talg, den die drei Kinder auf das Brot gestrichen bekamen. Mich schüttelte es bei dem Wort Talg, denn ich erinnerte mich, wie ich als kleines Mädchen Umschläge mit warmem Talg auf die Brust gegen Husten aufgesetzt bekam. Ich blickte meinen Vater an, und wollte nicht glauben, daß dieser weltgewandte Herr, der in meinen Augen ein ziemlicher Gourmet war, sich einmal von solchen Sachen ernährt haben sollte. Unsere kleine Tochter, die schon damals eine gute Zuhörerin war, war am meisten von den zerrissenen Schuhsohlen beeindruckt, durch die –

wie mein Vater erklärte – das Schneewasser eindrang. „Ja, so war das damals“, beendete mein Vater seine Geschichte, und meine Mutter fügte hinzu: „Ihr werdet es auch noch billiger geben“. Sie hatte immer einen leicht drohenden Ton drauf, es missfiel ihr irgendwie, daß wir nach dem Motto „Carpe diem“ lebten und mit der Sorglosigkeit der Jugend die Dinge betrachteten und danach handelten. „Was sollen wir billiger geben?“, fragte ich aufmüpfig. Und die Antwort war: Alles“. Auf die Frage meiner Mutter aber, was sie backen solle, antwortete mein Vater erwartungsgemäß **„Kutscherkipfel“**. „Und das im tiefsten Frieden“, empörte ich mich.

Kutscherkipfel

450 g Mehl, 130 g Fett, eine Tasse Milchrahm (abgehobener Rahm von gekochter Milch), 1 Päckchen Backpulver.
Diese Zutaten werden zu einem Teig verarbeitet, der ausgerollt und in viereckige Stückchen geschnitten wird. In jedes Stückchen kommt ein Klacks nicht zu weiche Marmelade. Dann wird daraus ein Kipfel gerollt. Nach dem Backen (bei ca. 170°) werden die Kipfel noch warm in Puderzucker mit Vanille gerollt.

Ganz leise, sachte und unmerklich schlich sich der Virus des Auswanderns in unsere Gesellschaft ein. Wie Teile eines Mosaiks zerfiel der Kreis unserer Bekannten und der von Familien. „Hast du gehört“, wurde unter vorgehaltener Hand geraunt, „der und der fährt weg“. Immer öfter flatterten Einladungen zu Abschiedspartys ins Haus, immer öfter wurden ganze Haushalte aufgelöst, es begann die Zeit des allgemeinen Exodus. Es war eine wehmütige Zeit, eine Zeit des Abschiednehmens, der Versprechungen des sich Wiedersehens, der großen Hoffnungen und der Furcht vor Enttäuschungen, eine Zeit verbunden mit dem prickelnden Gefühl, neue Gefilde zu erobern, alte Bekannte und Anverwandte wieder zu sehen, und gleichzeitig die Gewißheit zu haben, ein Märchenbuch zuzuschlagen, in dem die Prinzessin zwar ihren Prinzen bekommen hatte, wo aber doch das Ende offen blieb. Ein Gefühl der Ungewißheit schwebte durch die Luft, verbunden mit der bedrohlichen Neugierde der Sicherheitsbeamten des Landes. Warum, wieso, aus welchem Grund, in welchem Maße, Fragen und nochmals Fragen erschwerten uns das Leben.

Es war wieder einmal Herbst. Letzte Birnen versuchten sich krampfhaft am Baum zu halten in der Gewißheit, daß es bald ein böses Erwachen in Form eines Absturzes geben würde. Die Katze saß unbeweglich vor dem Küchenfenster, und ich beschloß, meine Familie mit **Kletiten** (Pfannkuchen, österreichisch „Palatschinken", französisch „crêpes") zu überraschen.

Kletiten

1 Tasse Milch, eine Prise Salz, etwas Zucker und 3 Eier werden mit dem Schneebesen verquirlt. Mehl hinzufügen, soviel es aufnimmt. Ist der Teig recht fest, wird er mit Mineralwasser verdünnt. Danach wird ein Schuß Rum hinzugefügt. Die Kletiten werden bei starker Hitze beidseitig gebacken.

Die Staatssicherheit meldet sich zu Wort

Ich fügte gerade einen Schuß Mineralwasser in den Teig, entfernte die Ofenringe, setzte eine Pfanne auf das Feuer, goß etwas Öl in die Pfanne, verteilte den Teig gleichmäßig darin, am Pfannenrand erstarrte er sofort und begann sich zu einem welligen Muster zu formen, vorsichtig hob ich den Kletitenrand etwas hoch, um noch einige Tropfen Öl nachzugießen, als die Türglocke schellte. Vor mir stand ein junger Soldat. Ich erschrak. Seit eh und je habe ich ein ungutes Gefühl beim Anblick einer Uniform. „Ja?", sagte ich fragend, wobei sich mir der Magen zusammenzog. Er nannte meinen Namen und fragte, ob ich das sei. Ich bejahte. Er übergab mir eine Karte, in der es hieß, ich solle mich noch am selben Tag dort und dort präsentieren. Ob ich etwas getan hätte, wollte ich noch wissen. Doch der Mund des jungen Mannes schien mit sieben Siegeln verschlossen zu sein, und er machte kehrt und verschwand.

Ich ging in die Küche zurück und brach meine Kletitenaktion ab. Dieses Ereignis fiel in eine Zeit, als es schon lange keinen Bohnenkaffee mehr in Rumänien gab. Man brühte seinen Kaffee aus einem Gemisch aus haferähnlichem Getreide, das sonderbar schmeckte, und das man „Nechesol", nannte. Der Ausdruck stammte aus dem Rumänischen und kommt von dem Wort wiehern, wahrscheinlich von den Pferden abgeleitet, die Hafer fressen und dabei wiehern. Ich brühte mir also eine Tasse Nechesol auf und versuchte, meine Gedanken zu ordnen. Meine Tochter wollte wissen, wann es endlich Kletiten gebe. „Später", antwortete ich. „Dann mach ich schon mal Zitronenzucker", meinte sie. Die Erfindung des Zitronenzuckers stammte von meiner Großmutter und bedeutete soviel wie ausgepreßten Zitronensaft mit Puderzucker flaumig verrühren, und zwar fügt man so viel Zucker hinzu, wie der Zitronensaft aufnimmt. Damit bestreicht man die Kletiten und läßt sie sich schmecken. „Haben wir denn überhaupt noch Zitronen?", fragte ich zerstreut. Zitronen waren damals auch eine Kostbarkeit. Wir hatten noch eine alte Zitrone, die aber viel Saft hergab. „Ich presse sie aus", meinte meine Tochter, die sich sehr zurückhaltend verhielt, so als ahne sie, daß mich etwas bedrückt. „Press sie nur", sagte ich, „so werden die auch versuchen, mich auszuquetschen", sagte ich abwesend. „Wer?", fragte die Kleine irritiert, doch ich winkte nur mit der Hand ab.

An jenem Tag verging die Zeit schneller, und als ich das Haus verließ, fielen die drei letzten Birnen vom Baum, es gab keinen Halt mehr für sie, sie schlugen auf den Boden auf und waren somit der Geborgenheit des Baumes entrissen.

Jene Begegnung ist mir nur zu gegenwärtig. Ich bekam richtigen Bohnenkaffee vorgesetzt, man behandelte mich sehr höflich, fast schon verdächtig höflich, nein, sie wollten nichts Verbotenes von mir, nur einen kleinen Plausch, nur ein paar klitzekleine Informationen, und außerdem bliebe dies Gespräch unser kleines Geheimnis. Ja, und mein Mann hätte doch so viele Bücher, was seien das denn für Bücher, und was für Gespräche führen wir denn so mit unseren Freunden, und einige wollten doch das Land verlassen, ja warum denn, und fast alle unsere Anverwandten hatten das Land verlassen, und wir würden doch bestimmt auch ausreisen wollen. Und ich sei doch so ein umgänglicher Mensch, viel umgänglicher als mein Mann, der so unkooperativ ist, so verschlossen. Sie wollten uns doch bloß helfen. „Wobei?", fragte ich mit einem sibyllinischen Lächeln. „Nun, so ganz allgemein", war die Antwort. Ich verspürte eine leichte Übelkeit. Nach einer Stunde durfte ich gehen. Ich war wütend, empört, traurig, ich haßte diese Mistkerle und konnte nichts gegen sie tun.

Lange saßen wir an jenem Abend zusammen, mein Mann, meine Tochter und ich. Wir stellten fest, daß es an der Zeit sei, nun auch dieses Land zu verlassen. Und als wir meinen Eltern diesen Entschluß mitteilten und sie traurig fragten, warum, sagte meine Tochter „Weil sie die Mutti wie eine Zitrone ausquetschen wollten".

Aus Kletiten kann man eine sogenannte **Kletitentorte** machen. Das Rezept wurde als großes Geheimnis von einer Dame gehütet, mir aber doch unter gutem Zureden und Bitten ausgehändigt. Vielleicht kann man sich schwer etwas darunter vorstellen, doch es lohnt sich der Versuch, dieses Rezept einmal auszuprobieren.

Kletitentorte (halbgebackene Kletiten)

70 g Butter mit 2 1/2 EL Zucker und 8 Eidotter flaumig rühren und 3 gestrichene EL Mehl und 200 ml Milch hinzufügen. Zuletzt gibt man den Schnee von den 8 Eiklar hinzu und etwas Salz. Nur eine Seite der

Kletite wird gebacken und die Kletite dann mit der gebackenen Seite nach unten in eine Schüssel gelegt. Die ungebackene Seite wird mit reichlich Vanillezucker bestreut. Die letzte Kletite wir mit der gebackenen Seite obenauf gelegt, und die Schüssel wird einige Minuten ins vorgewärmte Backrohr gestellt.

Um uns das Leben zu erleichtern, begannen wir im Garten, wo bis dahin nur Blumen angepflanzt waren und der Rest Rasen war, Gemüse anzubauen. Es gedieh prächtig, wir hatten unsere Freude daran und waren teilweise der mühseligen Versorgungsfrage enthoben.

Im Sommer bereiteten wir ein Essen aus Gemüse vor, das ganz ausgezeichnet schmeckt. Man kann es gut unter dem Motto „Bist du Gottes Kind, so hilf dir“, einordnen, denn man kann es aus Gemüse zubereiten, das man gerade hat. Im folgenden ist ein Rezept beschrieben, das eine Vielfalt von Gemüse beinhaltet, das eine oder andere kann aber auch weggelassen werden. Auf rumänisch heißt dieses Essen „ghiveci“, der Name stammt aber aus dem Türkischen und wurde wahrscheinlich auf den vielen türkischen Feldzügen nach Rumänien gebracht. Auf türkisch heißt dieses Gericht „Güvetsch“, man könnte es mit **Gemüseessen** übersetzen.

Gemüseessen (Ghiveci – wird „giwetsch“ ausgesprochen)

1/2 kg Gemüse (Möhren, Petersilienwurzeln, Sellerie), 1 große Zwiebel (ca. 100 g) , 1 Aubergine (ca. 250 g), 1 Blumenkohl (300–400 g) , 1 kleiner Kohlrabi (ca. 200 g), 1 Zucchini (ca. 500 g), grüne Erbsen (ca. 150 g), breite gelbe Bohnen (ca. 20 Stück), 2–3 rote Paprikaschoten, 2 Kartoffeln, Tomaten (ca. 1 kg), 1 Scheibe (2–3 cm) Weißkohl, Öl, Petersilienlaub.

Die Aubergine wird geschält, gewürfelt und gesalzen. In einem Gefäß wird sie 30–40 Minuten stehen gelassen. Die Aubergine läßt in dieser Zeit etwas Saft, der den bitteren Geschmack entzieht. Danach wird die Aubergine mit kaltem Wasser abgespült.

Die Zucchini wird ebenfalls geschält, gewürfelt und 30 Minuten stehen gelassen, damit sie abtropft. Die Möhren, Petersilienwurzeln und die Sellerie werden in Scheiben geschnitten.

Die Zwiebel wird kleingehackt und in 3–4 EL heißem Öl angedünstet.

Der Kohlrabi wird in dünne Scheiben oder Stäbchen geschnitten, die Bohnen in 3–4 cm lange Stücke gebrochen, der Kohl wird in dünne Scheiben geschnitten. Der Blumenkohl wird in kleine Röschen getrennt, die Paprika werden in kleine Würfel geschnitten, die Tomaten werden überbrüht, geschält und in Würfel geschnitten, die Kartoffeln ebenfalls schälen und würfeln.

In der Reihenfolge des Garwerdens werden nun die einzelnen Gemüsearten hinzugefügt:

***1. Tour:** Möhren, Petersilienwurzeln, Sellerie, Kohrabi, Bohnen, Kohl, Paprika. All dieses wird bis 4 Minuten im Öl mit der Zwiebel angedünstet. Danach wird alles mit heißem Wasser übergossen, so daß das Gemüse gerade bedeckt ist.*

***2. Tour:** Nun werden die Aubergine, Zucchini, Erbsen, Bohnen, Kartoffeln, und Tomaten hinzugefügt. Es kann auch noch etwas heißes Wasser hinzugefügt werden.*

Der Kochtopf wird nun zugedeckt und in die Backröhre gestellt (ca. 30 Minuten bei einer Temperatur von ca. 180°), damit die verschiedenen Gemüsearten gegenseitig den Geschmack annehmen.

Zuletzt wird alles nach Geschmack gesalzen, und das klein gehackte Petersilienlaub wird hinzugefügt. Dieses Gericht kann warm oder kalt serviert werden.

Bohnen, Flittchen, Diebe

Leider hatte ich keinen berühmten grünen Daumen, und so gediehen die Dinge im Garten schlecht und recht. Jede einzelne Frucht erfreute aber mein Herz. Bratkürbisse lagen faul in den Beeten herum. „Ihr müßt warten, bis der erste Reif euch drückt“, belehrte ich sie, sie dösten aber weiter vor sich hin. Die breiten gelben Bohnen hingegen hingen fett an den langen Bohnenstangen und wirkten trotzdem so knackig frisch, als warteten sie nur darauf, abgebrochen zu werden. Ich pflückte einen riesigen Weidling voll. Knack, knack machte jede einzelne Bohne, als ich sie brach, was für ihre Güte und Frische sprach, und seitlich zog sich nicht ein einziger Faden hin, wie nahtlose Strümpfe dachte ich. Einen Großteil der Bohnen legte ich nun zum Trocknen für den Winter auf ausgebreiteten Zeitungen aus. Nach ein paar Tagen entfernte ich die Schoten, und die länglichen weißen oder farbigen glänzenden Bohnen wurden für den Winter in ein Gefäß in die Speisekammer verbannt. Im Winter dienten uns diese getrockneten Bohnen für drei Essen: Weiße-Bohnen-Suppe, geriebene Bohnen und ein Bohnenessen, das „Iahnie“ auf Rumänisch heißt (es wird „Jachnije“ ausgesprochen).

Weiße-Bohnen-Suppe

1/2 kg weiße Bohnen, 1 Zwiebel, 1 Möhre, 1 Petersilienwurzel, etwas Öl, 1 Stengel Sellerielaub (wenn man hat, es geht auch ohne), 1/4 kg geräucherter Speck oder geräucherter Schinken, 1–2 EL Essig von eingelegten Tomatenpaprika, 1 EL Petersilienlaub (wenn vorrätig), 2 EL gehackter Estragon (frisch oder in Essig eingelegt), etwas Salz.

Die weißen Bohnen werden am Vorabend in kaltem Wasser eingeweicht. Am nächsten Tag werden sie gründlich gewaschen. In einem Suppentopf wird das Öl heißgemacht und die feingehackte Zwiebel, die feingeriebene Möhre und die Petersilienwurzel werden darin angebraten. Dies wird nach dem Anbraten mit etwas heißem Wasser gelöscht. Nun fügt man die Bohnen und den Speck oder Schinken hinzu, gießt mit heißem Wasser auf und läßt alles kochen, bis die Bohnen weich sind. Nun fügt man den Essig, Estragon und Petersilienlaub hinzu und schmeckt mit Salz ab. Wünscht man eine konsistentere Suppe, kann man etwas Einbrenn darin auflösen und die Suppe nochmals aufkochen lassen.

Weiße-Bohnen-Suppe ist ein Winteressen. Sie verleiht, dampfend auf den Küchentisch gestellt, der Atmosphäre eine ganz besondere Behaglichkeit und Gemütlichkeit. Die weißen Bohnen bewegen sich wie Augen im Teller, draußen ist der Himmel wolkenverhangen, und irgendwo in der Ferne sieht man plötzlich eine Schneeflocke, die sich ganz sachte vom Himmel löst, ziellos durch die Gegend fliegt und sich irgendwann auf dem Küchenfenster niederläßt, neugierig auf die Bohnenaugen im Teller starrt und sich in nichts auflöst und zergeht. Die Haut der Bohnen hebt sich ab und kräuselt sich nach oben. Ich nehme eine Bohne in den Mund und zerdrücke sie mit der Zunge, sie ist weich und mehlig, ich drehe sie mit der Zunge im Mund herum und verschlucke sie dann. Es ist der Augenblick, wenn Bilder plötzlich stillstehen und alles um einen herum unbeweglich wird, es ist der Moment, wo man mit beiden Händen zugreifen und diesen Augenblick, wenn auch nur für wenige Sekunden, festhalten möchte. Vergeblich. „Gibt es denn heute auch **Reiskoch**?“, reißt mich die Stimme meines kleinen Mädchens aus meinen Gedanken. „Reiskoch“, wiederhole ich, „natürlich gibt es den. Und wir holen uns damit ein Stückchen vom Sommer zurück“. „Geht das denn?“, will die Kleine wissen und wirft abwechselnd mir und ihrem Vater skeptische Blicke zu. „Der Reiskoch selbst kann das nicht“, erklärt ihr der Vater, „aber dem Himbeersaft, der dazu gegessen wird, dem gelingt es bestimmt. Du nimmst ein Stückchen mit Himbeersaft getränkten Reiskoch in den Mund, schließt die Augen und schon spürst du den letzten Sommer“, erklärt mein Mann lächelnd weiter. Ich stelle den Reiskoch auf den Tisch. Die einzelne Schneeflocke scheint magnetisch noch mehr Schneeflocken angezogen zu haben. Ich öffne eine Flasche Himbeersaft. Ein betörender Duft strömt heraus. Wir versuchen, die Erinnerung an den Sommer einzufangen.

Hermannstadt - Burgerstiege und Lügenbrücke

Reiskoch

300 g Reis, 3/4 l Milch, 3 ganze Eier, Zucker nach Geschmack, Schale einer unbehandelten Zitrone, 80–100 g Butter, Semmelbrösel.
Der Reis wird langsam in der Milch weichgekocht. Nun fügt man 3 Eidotter hinzu, Zucker nach Geschmack, die Zitronenschale und die Butter und verrührt alles gut. Aus den drei Eiweiß wird ein fester Schnee geschlagen und vorsichtig unter die Masse gezogen. Ein feuerfestes Gefäß wird mit Butter ausgeschmiert und mit Semmelbröseln ausgestaubt. Der Reiskoch wird darin ca. 30 Minuten goldbraun gebacken.

Mein Vater mochte keine weißen Bohnen, und demzufolge standen sie auch nicht auf dem Speiseplan in meinem Elternhaus. Meine Großmutter hingegen bereitete zwei- bis dreimal – aber das nur im tiefen Winter – **geriebene Bohnen** zu. Dann lud ich mich automatisch bei ihr zum Essen ein. Als wieder einmal geriebene Bohnen auf dem Speiseplan meiner Großmutter standen, kam um die Mittagszeit eine Bekannte vorbei. Ohne aufgefordert zu werden, nahm sie in der Küche Platz und tischte die letzten Neuigkeiten auf. In unserer kleinen siebenbürgischen Stadt kannte fast jeder jeden. Man wußte das eine und das andere und meistens wußten die Leute mehr als man selbst. Die Gerüchte lagen förmlich in der Luft. Die Leute von der Konradwiese wußten fast alles von denen, die bei der Kadettenschule wohnten, einem Viertel, das am anderen Ende der Stadt lag. Was auf dem Rosenfeldgrund geschah, wußten die Leute aus dem Lazarett, ja sogar was in der Jungen-Wald-Straße geschah, blieb den Bewohnern der Wolfgasse nicht verborgen. Diesmal war die Dame voller Neuigkeiten. Sie berichtete von einem Mord an einem jungen Mädchen, ich saß, wie immer, mucksmäuschenstill, wenn es etwas zum Zuhören gab, „Aber wissen's" fuhr die Bekannte fort, „es war halt doch ein Flittchen". „Aber, aber", versuchte meine Großmutter den verbalen Sprudel zu stoppen, „es muß doch nicht jede gleich ein Flittchen sein". „Das sagen Sie", ereiferte sich der Besuch meiner Großmutter, „aber die Blaschka vom Kleinen Ring sieht's genau so wie ich". Meine Großmutter schnitt inzwischen die Zwiebeln in Ringe für die geriebenen Bohnen. Bald wird es zwölf Uhr sein, und mein Großvater wird wie immer pünktlich zum Essen kommen. Meine Großmutter warf einen bedeutungsvollen Blick zur Uhr. „Gleich zwölwe", meinte die Bekannte, „da kommt wohl der Herr Meister zum Essen". „So ist es", bestätigte meine Großmutter, „und bitte erwähnen sie nicht diese unglückselige Geschichte, sie wissen, wie sehr mein Mann den Stadtklatsch haßt". Nun wollte ich aber doch allzu gerne wissen, was ein Flittchen ist, aber mein Instinkt sagte mir, daß es nicht gut sei, so etwas in Gegenwart meiner Großmutter zu fragen. Ich wartete einen günstigen Augenblick ab, bis meine Großmutter die Küche verließ, und fragte schnell „Was ist ein Flittchen?". „A Flittchen, ja weißt, das ist halt so a Früchtel". In diesem Moment betrat meine Großmutter wieder die Küche, sah den Besuch streng an und sagte mit einem leicht drohenden Unterton: „Meine Liebe, bitte bequasseln sie nicht auch noch das Kind, diese Tratschereien richten auch so schon genug Unheil an". Danach nahm das Gespräch eine rasante Wendung. Die Dame wollte es sich nicht mit der Großmutter verderben und begann nun, die Kochkunst meiner Großmutter zu loben. „Wissen Sie", begann sie, „alles was Sie kochen, das schmeckt". Ich wußte, daß dieses das Stichwort für eine Einladung zum Essen war. Meine Großmutter, die ein herzensguter Mensch war, fragte nun, ob die Bekannte mit uns einen Teller geriebener Bohnen essen wolle. Nun, das ließ sich die Dame nicht zweimal sagen. Mein Großvater, der auch sonst schweigsam war und ernst dreinblickte, wirkte nun auch noch erzürnt, meine Großmutter spürte seinen Unmut, die Atmosphäre war ungemütlich. Wir ließen uns trotzdem alle die geriebenen Bohnen schmecken. Dann trollte ich mich in die Wohnung meiner Eltern. Mein Vater lag auf der Couch und hörte das Violinkonzert von Mendelssohn, und meine Mutter saß in der Küche und strickte für mich Strümpfe im Wabenmuster. Auf dem Zimmertisch stand eine Schüssel voller Jonathanäpfel. Die meisten Eltern wünschen sich wohl kluge Kinder, meine wahrscheinlich auch, warum sollte ich ihnen dann nicht eine Freude machen und zeigen, daß ich wieder etwas Neues weiß. Ich hütete mich aber, die Geschichte vom Mord zu wiederholen. Ich ging zum Tisch, griff nach einem Apfel und sagte: „So, nun geht es dir an den Kragen, du Flittchen". Mein Vater stellte sofort das Violinkonzert ab, und meiner Mutter fielen etliche Maschen von den Stricknadeln. Ich wurde einem eingehenden Verhör unterzogen und wurde belehrt, daß Flittchen keine Früchte und auch kein Obst sind. Erst Jahre später erfuhr ich die eigentliche Bedeutung des Wortes.

Geriebene weiße Bohnen

500 g weiße Bohnen, 200 g durchwachsener Speck, 100 ml Öl, 2 Zwiebeln, 1 roter Paprika, 1 TL süßes Paprikapulver, etwas Salz und Pfeffer.

Die Bohnen werden am Vorabend eingeweicht. Am nächsten Tag wird das Wasser abgegossen, und die Bohnen werden mit dem Speck und der geviertelten Paprika mit kaltem Wasser aufgesetzt und weichgekocht. Danach wird der Speck auf einen Teller gelegt, und die Bohnen werden durch ein Sieb gerieben und mit Salz abgeschmeckt. Sie werden in einer vorgewärmten Schüssel angerichtet. Die Zwiebeln werden in dünne Ringe geschnitten und in Öl hellbraun angebraten und mit dem Paprikapulver bestreut. Vor dem Auftragen werden die Zwiebeln über die geriebenen Bohnen gegossen.

Geriebene Bohnen kann man mit dem Speck servieren oder mit gekochtem Schinken, mit geräucherter Wurst oder mit Braten.

Die geriebenen Bohnen können aber auch ohne Speck zubereitet werden und gelten dann als Fastenessen.

Irgendwann kochte ich dann das dritte Essen aus weißen Bohnen, und zwar das **Bohnenessen**, das weder meine Großmutter noch meine Mutter zubereitet hatten. Es ist leider mit einem Ereignis verbunden, das ich weniger angenehm in Erinnerung habe.

Am Vorabend hatte ich das Bohnenessen für den nächsten Tag zubereitet. Es war Spätnachmittag, ich befand mich auf dem Heimweg aus dem Dienst und dachte an das leckere Bohnenessen, da mich ein quälender Hunger plagte. Mein Mann und meine inzwischen zwölfjährige Tochter würden etwas später aus der Schule nach Hause kommen, so daß mir Zeit blieb, den Tisch zu decken, und dann würden wir gemütlich in der Wohnküche zu Abend essen. Von diesem neuen Bohnenessen waren wir alle drei begeistert, es würde ein gemütlicher Abend werden. Ich hatte richtig Streß in der Schule gehabt, und nun, auf dem Nachhauseweg, wo mir ein unangenehmer Regen ins Gesicht peitschte und ein heftiger Wind sich meines Regenschirmes bemächtigen wollte, dachte ich an nichts anderes, als an ein gemütliches Essen in einer warmen Wohnung. Noch ein kleines Stückchen Weg und ich würde es geschafft haben. Schon sah ich die Pappelbäume vor dem Haus, öffnete das Haustor und ging zielstrebig auf das Haus zu. Ich kramte den Schlüssel aus der Handtasche hervor und wollte ihn ins Schlüsselloch stecken, doch es ging nicht. Etwas klemmte. Ich wurde immer nervöser, rüttelte an der Türe, was natürlich die Türe auch nicht öffnete. Eine unbändige Wut packte mich. Da stand ich nun in der Kälte und im Wind und konnte nicht in die Wohnung. Mein ganzer Zorn entlud sich auf meinen Mann, der als letzter das Haus verlassen hatte. Nach erneuten Versuchen, den Schlüssel in das Schlüsselloch zu stecken und nach weiterem Rütteln an der Türe gab ich es auf, in die Wohnung zu kommen. Mir blieb nichts anderes übrig, als zu warten. Nach einer Weile kamen mein Mann und meine Tochter. Ganz ruhig unternahm nun mein Mann den Versuch, die Türe aufzuschließen. Der Versuch schlug fehl. Es stimmte etwas nicht. Nach einem Rundgang um das Haus herum stellten wir fest, daß bei uns wahrscheinlich eingebrochen worden war. Ein ganz schmales Fenster, das zu einem Abstellraum führte, war nicht verschlossen, sondern stand nur angelehnt da. Ein Schlosser wurde herbeigeholt, und die Türe wurde aufgebrochen. Der Einbrecher hatte die Türe von innen blockiert, wahrscheinlich, um in Ruhe seiner Tätigkeit nachgehen zu können. Nachdem wir einen Rundgang durch das Haus gemacht hatten, stellten wir fest, daß unser gesamtes Bargeld fehlte (in Rumänien hatte man für gewöhnlich eine größere Summe Bargeld im Haus), und außerdem hatte der dreiste Räuber unseren besten Cognac ausgetrunken. Mit dem Kommentar „Es gibt Schlimmeres“, war das Thema für mich abgehakt, ich deckte den Tisch und wärmte das Bohnenessen.

Bohnenessen (Iahnie)

450 g weiße Bohnen, 1 Zwiebel, 1–2 Lorbeerblätter, 100 ml Öl, 1/4 l Tomatensaft, etwas Dill, Estragon, Bohnenkraut, Salz, Pfeffer, Sauerrahm, ein Stück geselchte Wurst (oder geräucherter Schinken oder Schinkenspeck).

Die Bohnen werden am Vortag in kaltem Wasser eingeweicht. Am nächsten Tag wird das Wasser abgegossen, und die Bohnen werden zwei- bis dreimal mit kaltem Wasser abgespült. Nun werden die Bohnen in einen Kochtopf getan und mit Wasser übergossen, so daß sie ganz bedeckt sind, das Geselchte wird auch dazugelegt. So werden die Bohnen bei kleiner Hitze 1 1/2 bis 2 Stunden gekocht, bis sie weich

sind. Man kann diese Aktion auch im Schnellkochtopf vornehmen, allerdings müssen die Bohnen immer mit Wasser bedeckt sein.
Inzwischen wird die Zwiebel kleingeschnitten und ebenfalls bei kleiner Hitze im Öl mit 1/2 TL Salz gedünstet. Die Zwiebel soll nicht geröstet werden, sondern sie bleibt so lange auf dem Ofen unter zeitweiligem Rühren, bis all das Wasser, das die Zwiebel gelassen hat, verdunstet ist. Nun fügt man den Tomatensaft, die Lorbeerblätter und die weichgekochten Bohnen hinzu. Nach Geschmack kann auch Dill, Estragon und Bohnenkraut hinzugefügt werden. Mit Salz und Pfeffer abschmecken und mit dem Geselchten und Sauerrahm servieren. Dazu schmeckt am besten frisches Hausbrot.

Ich hatte gerade die Bohnen ausgeteilt, jedem einen schönen dicken Klacks Rahm oben aufgesetzt und führte nun selbst den ersten Löffel zum Mund, als ich am Hals meiner Tochter an einer Goldkette das wunderschöne Medaillon meiner Urgroßmutter erblickte. „Ich habe dir doch gesagt", weiter kam ich nicht. Ich wollte sagen: „Ich habe dir doch verboten, mit dem Schmuck in die Schule zu gehen". Ich stand vom Tisch auf und stürmte ins Zimmer, wo ich im Schrank Schmuck, alte Erbstücke von meiner Urgroßmutter und Großmutter, aufbewahrte. Bevor ich noch den Schrank geöffnet hatte, wußte ich, daß nichts mehr da sein würde. Und so war es auch. Schweigend setzten wir uns wieder an den Tisch, nachdem auch mein Mann und meine Tochter immer wieder in die leere Schmuckschatulle geblickt hatten. „Weg ist weg", versuchte ich mich selbst zu trösten, „Hauptsache, wir sind gesund". Mit diesen Worten nahm ich mein Essen wieder auf. Mein Blick fiel abermals auf die Brust meiner Tochter. „Wie gut, daß du heute mit dem Medaillon in die Schule gegangen bist", sagte ich mit einem müden Lächeln.

„Wir müssen dieses unbedingt den Großeltern erzählen", meinte mein Töchterchen. Sie hatte rote Bäckchen vor Aufregung, plötzlich war etwas los auf unserer ruhigen Insel, in unserem Haus, das bis dahin wie eine Oase des Friedens auf mich gewirkt hatte.

Und nachdem wir bei der Polizei (die in Rumänien „Miliz" hieß) den Diebstahl angezeigt hatten, gingen wir zu den Großeltern, um von den aufregenden Neuigkeiten zu berichten.

Bevor wir an die Tür klopften, warfen wir einen Blick durchs Küchenfenster. Mein Vater saß da in seiner beigefarbenen Strickjacke und bewegte die rechte und zeitweilig auch die linke Hand, so als dirigiere er eine imaginäre Symphonie, eine Symphonie, die wahrscheinlich im Radio ausgestrahlt wurde (was wir aber nicht hören konnten), und meine Mutter bückte sich gerade in diesem Augenblick, um die Backröhre zu öffnen und ein Backblech voller **Buchteln** (der Name kommt aus dem Tschechischen, wurde dann von den Österreichern übernommen und bedeutet Hefegebäck) herauszuholen. Als wir eintraten, machte mein Vater „Pss", was so viel bedeutete, daß wir nur einen Augenblick schweigen sollten. Dann war das Stück zu Ende „Bilder einer Ausstellung, von Mussorgski", sagte mein Vater, und meine Mutter meinte: „Diesmal sind die Buchteln wunderbar gelungen, so ein lockerer Hefeteig".

Buchteln

1/2 kg Mehl, 2 Eidotter, 1 Ei, 50 g Butter, 1 EL Zucker, 1 Prise Salz, 20 g Hefe, feste Marmelade zum Füllen.
Aus den obengenannten Zutaten wird ein Hefeteig zubereitet. Diesen 1 cm dick ausrollen und in 10 cm lange und 8 cm breite Vierecke aufschneiden. Auf jedes Viereck 1 TL Marmelade legen, die Seiten übereinanderschlagen und die Kanten fest zusammenpressen. Nebeneinander fest in ein nur ausgefettetes Backblech legen. Eine halbe Stunde zugedeckt an einem warmen Ort lagern lassen. Dann mit dem verquirlten Ei bestreichen und bei geringer Hitze ungefähr 45 Minuten lang backen.

Dann erzählten wir unser Erlebnis. Dabei griff jeder nach der Buchtel mit seiner Lieblingsmarmelade, die meine Mutter in den verschiedenen Teilen des Backblechs gebacken hatte. Mein Mann nahm eine Buchtel mit Kirschen- und Weichselmarmelade, ich mit Himbeeren, meine Tochter mit Aprikosen, mein Vater mit Hagebutten (Hetschenpetsch, wie wir in Siebenbürgen sagten) und meine Mutter irgendeine, denn ihr war die Füllung egal.

Not macht erfinderisch

Einfallsreichtum war in den achtziger Jahren in Rumänien angesagt. Einfallsreichtum in der Küche, wenn es um Rezepte ging oder darum, etwas besonders Leckeres mit den vorhandenen Zutaten auf den Tisch zu bringen. Langsam, aber stetig begannen immer mehr Lebensmittel aus den Verkaufsläden zu verschwinden. Es begann, wie schon erwähnt, mit dem Käse, und setzte sich mit anderen Nahrungsmitteln fort. Was nicht aus den Lebensmittelläden verschwand, waren Fischkonserven. Und eines Tages brachte meine Tochter zwei Rezepte für **Fischpaste** heim.

Fischpaste I

1 Dose Fisch in Tomatensauce, Mayonnaise von einem Eidotter, 2–3 Zehen Knoblauch, etwas Salz und Pfeffer.
Den Fisch mit einer Gabel zerdrücken und mit der Mayonnaise verrühren. Die Knoblauchzehen durch die Knoblauchpresse drücken oder fein hacken. Mit Salz und Pfeffer abschmecken.

Fischpaste II

1 Konserve Ölsardinen, 1 große, gekochte Kartoffel, 1 hartgekochtes Ei, 1 klein geriebene Zwiebel, Zitrone, Salz, Pfeffer, etwas Muskatnuß.
Alle Zutaten werden in einem Gefäß mit dem Pürierstab püriert und flaumig gerührt.

Ab und zu gab es Geflügelleber zu kaufen, die von allen heiß begehrt wurde. Man sah dann die Leute durch die Stadt eilen, die Zeit war nun vorbei, als Bekannte stehenblieben und Neuigkeiten austauschten, man rief sich höchstens einen Gruß über die Straße zu und fragte flink, wo es was zu kaufen gebe. Erfuhr man, was es zu kaufen gab, eilte man meistens auch in die gleiche Richtung. Bald sah man eine lange Schlange, an die man sich auch hinten anstellte. Wenn man Glück hatte, hatte man einen netten

Schlangennachbarn und erfuhr nun das eine oder andere kreative Rezept für ein Essen. Das Gute an dieser Lage war, daß der übliche Klatsch und Tratsch versiegte und die Kochrezepte auf den ersten Platz aufrückten. Bei solch einer Schlange wurde ich gefragt, wie ich die Geflügelleber zubereite. Meine Antwort war: **„Geröstete Leber“**.

Geröstete Leber und Leberpaste

250 g Geflügelleber, 2 große Zwiebeln, etwas Öl, Salz, Pfeffer, etwas Muskatnuß (wenn vorhanden).
Die Zwiebeln ganz dünn blättrig schneiden und in heißem Öl glasig dünsten. Nun die in schmale Streifen geschnittene Leber hinzufügen und ein paar Minuten darin brutzeln lassen. Die Leber darf nur gesalzen werden, wenn sie schon gar ist, ansonsten wird sie zäh. Mit Pfeffer und etwas Muskatnuß würzen.
Dazu schmecken Röstkartoffeln oder Kartoffelpüree und etwas Saures.

Für gewöhnlich blieb noch etwas von der Leber übrig. War die Leber dann erkaltet, pürierte ich sie mit dem Mixstab und vermischte alles mit etwas flaumig gerührter Butter. Es ergab einen leckeren Brotaufstrich.

Eine Dame, die zwei Reihen vor mir in der Schlange stand, erklärte nun das Rezept einer **Leberpastete**.

Leberpastete

250 g Geflügelleber, 250 g Möhren, 1 Stück Butter, Salz, Pfeffer, Muskatnuß, etwas Öl.
Die Geflügelleber in Stücke schneiden und im Öl gar dünsten. Die Möhren in Wasser mit etwas Vegeta oder anderem Suppengewürz weich kochen und pürieren. Die Butter flaumig rühren. Alles gut verrühren und mit Salz, Pfeffer und etwas Muskatnuß abschmecken.

Da es gerade Herbst war, driftete das Gespräch nun zu den Rezepten für eingelegtes Gemüse ab. Da brüstete sich eine Frau mit 56 Gläsern Dillgurken und dreißig Gläsern **Zacusca**. Bei dem Stichwort Zacusca mischte sich eine Frau ein, die alles besser zu wissen vorgab. „Aber Sie kennen doch alle das Rezept für Zacusca aus Gogonele?" fragte diese Frau lauernd (Gogonele ist die rumänische Bezeichnung für grüne Tomaten, das heißt, es sind die letzten Tomaten, die nicht mehr rot werden). Und tatsächlich, niemand kannte das Rezept. Auch ich spitzte die Ohren, gammelten doch noch unzählige grüne Tomaten an den Sträuchern im Garten herum. „Vielleicht wollen Sie sich doch die Mengenangaben notieren?", fragte die Dame streng, und man begann, in den Taschen nach einem Stückchen Papier und einem Bleistift zu kramen. „Also dann aufgepaßt", erklang die Stimme der Dame, die sich als Frau Ionuţ vorstellte, damit wir auch alle wissen, von wem wir das Rezept in unser Kochbuch eintragen.

Zacusca aus grünen Tomaten

1 kg weiße Zwiebeln, 3 kg grüne Tomaten, 1 1/2 kg Tomatenpaprika, 1/2 l Öl, Salz, Pfeffer, etwas Zucker, 1/2 l Tomatensaft.
Die feingehackte Zwiebel wird in dem Öl und 100 ml Wasser weichgedünstet. Nun fügt man die fein blättrig geschnittenen grünen Tomaten hinzu und die in schmale Streifen geschnittenen Tomatenpaprika. Alles wird ca. 1/2 Stunde unter ständigem Rühren gekocht. Kurz vor dem Garsein wird der Tomatensaft hinzugefügt, und alles wird nochmals aufgekocht. Mit Salz, Pfeffer und etwas Zucker abschmecken. Heiß in Gläser füllen und zuschrauben.

Frau Ionuţ hatte soeben ihr Rezept beendet, als wir eine Menge Leute aus der Gegenrichtung an uns vorbeieilen sahen. „Was gibt's?", wollten einige aus unserer Schlange wissen. „Kekse", rief uns einer zu. Die meisten blieben in unserer Schlange stehen. Leber war eventuell begehrenswerter als Kekse. Trotzdem verließen einige Leute unsere Schlange und schlossen sich den Keksleuten an. „Kekse", meinte Frau Ionut, „da fällt mir Trifle ein. Kennen sie Trifle?" Und wieder ging der Punkt an Frau Ionuţ, da niemand Trifle kannte. „Das ist so", erläuterte sie weiter, „ich kenne das Rezept von der Frau meines Neffen, dessen verstorbene Mutter meine Schwester war. Die sind in den zwanziger Jahren nach Amerika ausgewandert. Mein Neffe, natürlich mit seiner Frau, waren vorigen Sommer auf Besuch. Ich sag Ihnen, dem hat mein Essen geschmeckt. „Tuşa Măriuca" (‚Tuşa' rumänische Bezeichnung für Tantchen), sagte mein Neffe, ‚Dein Essen schmeckt nach

Essen, nicht wie das von Helen, die öffnet einfach die Dosen, erwärmt den Inhalt und setzt mir das vor. Das einzige, was sie machen kann, ist **Trifle.**‘ Beim Wort Trifle hat dann Helen gelächelt, sie versteht ja kein Rumänisch, Gott sei Dank. Ich habe mir dann sofort das Triflerezept notiert, ich habe es sogar auswendig im Kopf, wollen Sie es notieren?“ Wieder wurden Zettel und Schreibzeug gezückt. „Und bitte schreiben sie Trifle“ (Frau Ionuţ diktierte Buchstaben für Buchstaben) „und ausgesprochen wird es ‚Traifl‘. „Und meine Damen“, fügte Frau Ionuţ hinzu, „lassen Sie sich von den Zutaten nicht abschrecken. Haben Sie das eine nicht, so ersetzen Sie es ruhig mit etwas anderem, Sherry z. B. mit Vişinată, na, Sie wissen ja schon, wir Rumänen sind ein erfinderisches Volk“. Ja, ja, dachte ich, bist du Gottes Kind, so hilf dir.

Trifle

Kekse (oder was man sonst so hat, z. B. alter Kuchen oder Löffelbiskuits) werden mit Sherry getränkt. Darüber wird ein Glas Himbeer- oder Erdbeermarmelade gestrichen.
Aus 1/2 l Milch, 1 Beutel Vanillepuddingpulver, Zucker nach Geschmack, man kann auch noch zusätzlich Vanillezucker hinzufügen, 1–2 Dotter und dem steifgeschlagenen Schnee von 1 Ei wird eine milde Vanillecreme zubereitet. Die heiße Vanillecreme über die Marmelade streichen, und das Ganze erkalten lassen. 1/4 l Sahne kann steifgeschlagen, mit Zucker gesüßt und dazu serviert werden.

Statt Sprachen lehren, wird nun gebacken

„Es ist Ihnen ja klar, daß sie nicht weiter im Schuldienst tätig sein können“, erklärte uns der oberste Chef des Schulinspektorates eines Morgens im Januar, nachdem wir die Ausreise in die Bundesrepublik beantragt hatten. Ja, das war uns klar. Nur mußten wir irgendwie überleben. Wir beschlossen, Privatunterricht zu erteilen, doch das genügte nicht. Wir gingen durch die Hauptstraße unserer Stadt, blickten in die leeren Verkaufsläden und hatten dann den Gedanken, daß mit etwas Eßbarem bestimmt Geld zu machen sei. Und so entstand die Idee, vor Ostern und vor dem Nikolaustag aus **Lebkuchen** Figuren zu backen, diese zu bemalen und zu verkaufen. Ein guter Freund entwarf mir die entsprechenden Figuren, die wir dann von einem Spengler anfertigen ließen. Als nächstes mußte ein gutes Lebkuchenrezept her. Das lautete folgendermaßen:

Lebkuchen

800 g Mehl, 240 g Zucker, 200 g Honig, 1 1/2 EL Fett, 6–8 EL Wasser, 3 Eier, 1 TL Speisesoda, 1 TL Zimt, 1 TL Anis, 1/2 TL Nelken.
Mehl, Speisesoda, Zimt, Anis, Nelken und Eier in eine Schüssel geben und miteinander verrühren.
Honig, Wasser, Zucker und das Fett in ein Gefäß geben und zum Kochen bringen, danach auskühlen lassen. Mit dem Mehl verrühren und bis zum nächsten Tag kalt stehenlassen.
Den Teig ausrollen und die entsprechenden Figuren ausstechen und backen.

Ende Oktober begann die Nikolausaktion. Ich hatte drei Figuren: einen alten, gebeugten Nikolaus mit einem großen schweren Sack auf dem Rücken, einen jüngeren, etwas zierlicheren Nikolaus, der seinen Sack eher beschwingt durch die Gegend trug, und einen Nikolauskopf, der ein echter

Charakterkopf war, mit einem Bart. Meine Mutter half mir beim Backen und nähte Säckchen, die am Rand mit rotem Faden eingesäumt waren und oben mit einer hübschen roten Schleife abgebunden wurden. Das ganze Haus duftete nach Lebkuchen, der auf großen Brettern in der ganzen Wohnung gelagert wurde. Meine Tochter half mir beim Malen. Wir verrührten Eiweiß mit Puderzucker, und damit ein glänzendes Weiß entstand, fügten wir ein paar Tropfen Zitronensaft hinzu. Aus Deutschland ließen wir uns von der Schwiegermutter Lebensmittelfarben schicken und kleideten so den Nikolaus in einen wunderschönen roten Mantel, der Sack wurde auf alt getrimmt, dem Eiweiß etwas Kakao hinzugefügt, ein kleines Gittermuster markierte einen Flicken.

Zu Ostern ging es etwas bunter zu. Da hatten wir ein Hasenpärchen, einen Hasenkopf, dessen linkes Ohr in die Höhe ragte, das rechte hingegen schlapp herunterhing, und ein schönes Osterei, bei bem wir beim Bemalen unserer Phantasie keine Grenzen setzen mußten. Der Hasenmann trug kurze Tirolerhosen und ein hübsches kariertes Hemd, die Hasenfrau war dagegen zünftig in einem langen Rock gekleidet mit einer pastellfarbenen Bluse und trug einen Korb voller bunter Ostereier.

Wir pinselten stundenlang, abendelang, lachten viel und machten Witze und Späße, doch irgendwann konnte ich den Lebkuchengeruch nicht mehr riechen und überhaupt nichts mehr Süßes sehen. Mein größter Wunsch war, eine saure Gurke zu verzehren.

Für den Vertrieb des Gebäcks war mein Mann zuständig. Er nahm im gesamten Freundes- und Bekanntenkreis Bestellungen auf, wir packten ihm dann das hübsch eingetütete Gebäck in große Wäschekörbe, und er fuhr die Lieferungen zum jeweiligen Bestimmungsort.

„Das Konzept ist gut, das Geschäft blüht, wir müssen das Sortiment ausweiten", erklärte meine Tochter ernst. Wir standen da, mein Mann und ich und die Großmutter, die gerade eine neue Ladung rot eingesäumter Säckchen ablieferte und waren baff. „Das Kind denkt in marktwirtschaftlichen Dimensionen", war der Kommentar meines Mannes. „Wir könnten noch **Kekswurst** machen, die ist einfach herzustellen, macht nicht viel Arbeit und schmeckt ausgezeichnet. Die können wir dann in Puderzucker einwickeln, in zentimeterdicke Scheiben schneiden, in Säcke füllen und verkaufen", erklärte meine Tochter weiter. Bei so viel Begeisterung ließen wir uns überzeugen.

Kekswurst

1 kg einfache Butterkekse, 400 g Butter, 400 g Staubzucker, 4 Eier, 350 g grobgehackte Walnüsse, 3 EL Kakao, Zibeben, Orangeat, etwas Zitronenschale von einer unbehandelten Zitrone, etwas Rum.
Butter, Zucker, Eier werden flaumig gerührt, danach wird der Kakao hinzugefügt und alles in einem Gefäß auf dem Ofen verrührt, bis die Masse flüssig ist. Dann werden die klein zerbröckelten Kekse und die Nüsse hinzugefügt, ebenso werden die Zibeben, das Orangeat, die Zitronenschale und ein Schuß Rum hinzugefügt. Alles wird nochmals gut durchgerührt und auf einer mit Puderzucker belegten Alufolie oder Klarsichtfolie zu einer länglichen Wurst geformt. Fest zusammenrollen und bis zum nächsten Tag stehenlassen.

Unterwegs

Eines Tages war es dann soweit. An einem trüben Dezembertag saßen wir im Zug und fuhren gen Westen. Wir hatten gemischte Gefühle. Es war kurz vor Weihnachten. Alle drei schwiegen wir. Jeder hing wohl seinen eigenen Gedanken nach. Meine Tochter freute sich auf das Wiedersehen mit ihrem Freund, mein Mann machte sich wohl Sorgen seines Berufes wegen, da er so gerne Lehrer war und es auch bleiben wollte, und ich muß zugeben, daß ich mich trotz der ungewissen Zukunft freute und sehr neugierig auf alles Neue war. In die Stille hinein fragte meine Tochter: „Wollt ihr einen **Prinzeßkrapfen**?“ (Es war ihr Lieblinsgebäck, und sie hatte von der Großmutter eine Dose voll davon als Reiseproviant mitbekommen.)

Prinzeßkrapfen

Brandteig: 3 Weinbecher Wasser, 1 Weinbecher Öl, 1 Prise Salz, 200 g Mehl, 6 Eier werden zum Kochen gegeben. Wenn das Gemisch kocht, wird das Mehl hinzugefügt. Darin rühren, bis sich die Masse vom Rand löst. Man nimmt das Gefäß vom Ofen und läßt die Masse auskühlen. Nun rührt man nacheinander 6 ganze Eier ein. Das Backblech wird nur eingefettet. Mit der Spritze setzt man kleine Häufchen auf das Backblech. Brandteig muß heiß gebacken werden und im Blech auskühlen.

Fülle: 5 ganze Eier, 5–6 EL Zucker, 2 EL Mehl, 2 EL Kakao werden mit dem Mixer verrührt und in 1 l kochende Milch unter ständigem Rühren eingekocht.

Die fertig gebackenen Krapfen werden so durchgeschnitten, daß beide Teile noch zusammenhängen (innen sind sie hohl), mit der Fülle gefüllt und mit Puderzucker bestreut.

Aus dem Brandteig kann folgende Vorspeise zubereitet werden:

Käsevorspeise

In den wie oben beschriebenen Brandteig 250 g geriebenen Emmentaler Käse einrühren, gut würzen, d. h. mehr als eine Prise Salz, gut pfeffern, etwas geriebene Muskatnuß hinzufügen. Wie oben beschrieben backen. Mit Sekt servieren.

Im goldenen Westen

Plötzlich war alles anders. Wir konnten sagen, was wir dachten, wir konnten essen, wonach es uns gelüstete, wir konnten fahren, wohin wir wollten. Dies war die eine Seite der Medaille. Die andere hieß „Was nun?“, und die Frage war schwierig zu beantworten. Entscheidungen mußten getroffen werden, die vielleicht einmal bereut werden sollten, wir wurden als Steinchen in ein Mosaik gepreßt, wohin wir manchmal nicht ganz hineinpaßten. Bekannte, Verwandte, Freunde waren in alle vier Winde verstreut. Nichts war mehr wie früher. Dies war nicht das zweite Kapitel unseres Lebens, dies war der zweite Band eines Romans, dies war der Fortsetzungsroman oder gar ein neuer Roman. Haben wir dies tatsächlich alles gewollt? Alles war neu, einschließlich des Essens. Und es sollten noch viele Jahre vergehen, bis wir uns an längst vergessene Gerichte erinnern und diese aus der Vergessenheit hervorholen sollten.

Selbst bei guten Freunden standen plötzlich neue Essen auf dem Tisch. Die alten Zeiten waren vorbei, und wir versuchten krampfhaft, den Blick nur nach vorn zu richten. Positives Denken und Handeln waren angesagt. So ein Quatsch. Ich habe immer positiv gedacht.

So gingen wir einmal mit guten Freunden durch eine süddeutsche Stadt. Sie hatten zwei Jahre vor uns den Sprung ins kalte Wasser gewagt. Die Stadt, in der sie wohnten, erinnerte an unsere weite Heimatstadt. Die Straßenbahnschienen, die einen Berg hinunterführten, wie in unserer Kindheit, wie in unserer Jugend. „Ja“, sagte er, „das ist nun vorbei“. Und sie meinte fröhlich: „Gut, daß wir da sind, kommt, ich habe eine Überraschung für euch“.

Es war eine kulinarische Überraschung. Die Vorspeise war neu, der Hauptgang traditionell. Vielleicht war das das Geheimnis: sich langsam an die neuen Dinge herantasten, Altes mit Neuem mischen, Gewohntes mit Unbekanntem ineinander fließen lassen.

Partysemmeln

10 Semmeln, 1/2 kg gemischtes Hackfleisch (Schwein und Rind), 1/2 Glas Chili, 250 g Goudakäse, 2 grüne Paprika.

Die Semmeln werden durchgeschnitten. Das Hackfleisch wird mit dem Chili, dem in Würfel geschnittenen Käse und dem ebenfalls in Würfel geschnittenen Paprika vermischt. Je eine halbe Semmel wird damit bestrichen. Im Rohr werden die Semmeln etwa 20 Minuten bei 180° gebacken. Mit Weißwein servieren.

Danach folgte der Hauptgang, bestehend aus einem gebratenen Huhn. Es sah lecker aus, und mein Mann meinte: „Das ist ja evangelisches Huhn, wie es meine Mutter zubereitet hat“. Unsere Freunde wunderten sich sehr über die Bezeichnung **„evangelisches Huhn“**, und wir rätselten noch lange herum, woher die Bezeichnung wohl stamme, ohne das Rätsel zu lösen.

Evangelisches Huhn

Ein Huhn von ca. 1 kg, 2–3 Möhren, 1–2 Petersilienwurzeln, eine Scheibe Sellerie (je nach Geschmack und wenn vorrätig), eine mittlere Zwiebel, 2–3 Knoblauchzehen, Öl, Salz.
Das Huhn wird gewaschen und trockengetupft, gesalzen und in einer Kasserolle in heißem Öl auf allen Seiten angebraten. Neben das Huhn werden die in zwei geteilten Möhren und Petersilienwurzeln sowie die Selleriescheibe, die in vier geteilte Zwiebel und die Knoblauchzehen gelegt. Man fügt etwas heißes Wasser hinzu und stellt die Kasserolle in die Backröhre, wo das Huhn ca. 30 Minuten bei 200° gebraten wird. Nach dieser Zeit wird die Temperatur auf ca. 170° heruntergefahren und das Huhn nochmal 20–30 Minuten in der Backröhre gelassen. Von Zeit zu Zeit wird das Huhn mit dem eigenen Saft übergossen. Zum Schluß der Garzeit kann das Huhn je nach Geschmack mit Bier oder Weißwein übergossen werden. Es kann auch 1 TL Honig in etwas Bratensaft aufgelöst werden, und das Huhn kann damit bestrichen werden.
Man kann natürlich seine Phantasie spielen lassen und neben dem Gemüse noch einen in vier Teile geschnittenen säuerlichen Apfel mitgaren, oder, was dem Ganzen eine besonders pikante Note gibt, eine in vier Teile geschnittene Quitte dazugeben.
Als Beilage passen Röstkartoffeln und saure Gurken gut dazu. Wer es süßer mag, kann eingelegte Preiselbeeren dazu essen.

Eine Variante dieses Gerichts ist das **gefüllte Huhn**.

Gefülltes Huhn

Das Huhn wird wie im oben beschriebenen Rezept zubereitet. Das Gemüse kann weggelassen werden. Was auf keinen Fall weggelassen werden sollte, sind die Zwiebel und die Knoblauchzehen.
Fülle: Ca. 3 alte Semmeln (oder anderes Brot – „Bist du Gottes Kind, so hilf dir") werden in kleine Würfel geschnitten und mit einem ganzen Ei, einer kleingehackten oder geriebenen Zwiebel, ca. 100 g in kleine Würfel geschnittenem Speck und einem Bund gehacktem Petersilienlaub gut vermengt. Damit wird das Huhn gefüllt. Danach wird das Huhn mit zwei Klammern verschlossen, damit die Fülle im Inneren des Huhnes bleibt.
Fülle Variante 1: Man fügt zu den oben beschriebenen Zutaten geschnittene Champignons aus der Dose hinzu.
Fülle Variante 2: Man fügt ca. 100 g gemahlene Hühner-, Kalbs-, oder Schweinsleber hinzu.
Tip: Man bereitet etwas mehr Fülle zu und füllt damit einige kleine Paprikaschoten, die neben das Huhn gestellt werden. Dadurch erhält das Huhn einen besonders pikanten Geschmack.

Daß die Welt voller Widersprüche ist, habe ich schon als Kind gespürt. Ich wurde immer zur Genügsamkeit erzogen, und obwohl man bei uns zu Hause immer gut gegessen hat, gab es nichts im Überfluß. Auch gingen meine Eltern nie auf all meine Wünsche ein. So weiß ich noch genau, wie ich all jene beneidet habe, die sich die ersten schwarzen Kirschen leisten konnten, und ich den Tag herbeigesehnt habe, an dem sie auch für uns erschwinglich sein würden. Die ersten Radieschen waren das Köstlichste, was ich jemals gegessen habe. Auch heute noch, nach so vielen, vielen Jahren, verzaubern mich weder Kaviar, noch Lachsspezialitäten, noch frischer Rucolla so, wie es damals die ersten Radieschen getan haben.

Ich sehnte das Abendessen herbei. Es war spätes Frühjahr, und abends dämmerte es bereits. Die Radieschen waren so rot und frisch. Wir saßen um den Küchentisch herum, und es gab nichts außer Butterbrot und Radieschen. Knack machte es, als ich in ein Radieschen hineinbiß, und es spritzte nach allen Seiten, was aber von meinen Eltern der Dämmerung wegen nicht bemerkt wurde. Und nochmals knack. Es soll nie dunkel werden, wünschte ich mir innigst. Und es soll immer diese knackigen Radieschen geben. „Sind sie auch nicht bamstig"? (Ursprung des Wortes unbekannt), fragte meine Mutter die Bäuerin beim Kaufen der Radieschen und drückte sie mit den Fingern an allen Seiten.

Just bei diesem einfachen Essen fiel mir immer das Märchen vom Schlaraffenland ein. Und wenn sich dort die Tische bogen, so gab es bestimmt auch kleine rote knackige Radieschen auf den Tischen und **Mohnnudeln**, das liebste Essen meiner Kindheit. Wußte ich, daß es Mohnnudeln zum Mittagessen gab, so wurde ich später als Schülerin in der Schule von Stunde zu Stunde unruhiger. Ich rutschte auf der Schulbank hin und her und irritierte dabei nicht nur die Lehrer, sondern auch meine Banknachbarin. „Was hast du?", wollte sie wissen, und ich erklärte ihr, daß es zu Mittag Mohnnudeln gab. Doch sie blickte mich recht verständnislos an und meinte nur lakonisch „Na und, und darum dieser ganze Aufstand?" Niemand – und so ist es bis heute geblieben – außer meinem Vater konnte mich verstehen. Er aß die Mohnnudeln genauso gerne wie ich. Der Widerspruch ist nur der, daß es mir nach jedem Essen fürchterlich schlecht ging. Ich verschlang die Nudeln förmlich, wobei ich mehr Mohn als Nudeln aß. Der Preis für diesen Genuß waren fürchterliche Magenschmerzen und der Schwur, niemals wieder Mohnnudeln zu essen. Das ist bis heute so geblieben.

Mohnnudeln

Nudeln in Salzwasser mit einem Tropfen Öl bißfest kochen. 200 g gemahlenen Mohn mit 100 g Zucker verrühren, Milch hinzufügen, so daß eine Paste entsteht. Das Ganze aufkochen. Mit den gekochten Nudeln verrühren.

Nußnudeln

Gemahlene Walnüsse mit Zucker vermischen, und die gekochten Nudeln damit bestreuen.

Nudeln mit Aprikosenmarmelade

Semmelbrösel in etwas Öl bräunen, und die gekochten Nudeln darin schwenken. Mit Aprikosenmarmelade servieren.

Das Königsobst

Nach all den bläulichen, langhalsigen Hühnern, malterartiger Butter („Malter“ österr. für „Mörtel“), trübem Öl und Ersatzkaffee stand ich zum erstenmal in einem Verkaufsladen im Westen. Ich empfand weder Freude noch Trauer, mein Kopf war leer, ich dachte nicht an uns, die nun all dies kaufen konnten, und ich dachte auch nicht an die, die diese Dinge nicht erwerben konnten. Ich dachte an nichts. Ich war leer und ausgebrannt und haderte mit der Welt. Da meckerte eine Frau über 1/4 mm zu dicke Mortadella-Scheiben, da wühlten die Menschen in Obst und Gemüse, da wurde gnadenlos auf Seite geschoben, was nicht den gehobensten Ansprüchen entsprach. Würde ich in dieser Überflußgesellschaft auch so werden? Da lagen Berge von Bananen, von uns in Siebenbürgen zur Königin unter den Obstarten auserkoren. Sie wurden dort giftgrün verkauft. Und wie beneidete man diejenigen, die mit einem Netz durch die Stadt eilten und etwas von dem giftgrünen Zeug ergattert hatten. Mein Schwiegervater lagerte sie dann auf dem höchsten Schrank in der Wohnung, damit sie alsbald in einem sonnigen satten Gelb erstrahlen sollten. Die Kinder warfen sehnsüchtige Blicke hinauf, mein Schwiegervater stieg täglich zwei- bis dreimal auf die Leiter, zwickte jede einzelne etliche Mal und stieg sodann wieder herunter. Dieses Prozedere wiederholte sich ungefähr zwei bis drei Wochen lang, dann waren die Bananen plötzlich gräulich, wenn nicht gar schwarz, und wurden von niemandem mehr begehrt.

Und nun stand ich da zwischen den goldgelben Bananen. Wir aßen Mengen davon, bis wir genug davon hatten und uns wieder den Äpfeln zuwandten. Diese schimmerten in allen Farben und Nuancen, die meisten von ihnen gewachst, und dann fragten wir uns eines Tages, wo wohl die leckeren siebenbürgischen Jonathanäpfel geblieben waren.

Aus Bananen bereite ich einen leckeren Nachtisch zu.

Flambierte Bananen

In einer Pfanne Butter schmelzen und Vanillezucker hinzufügen. Die geschälten Bananen beidseitig darin anbraten. Vom Herd nehmen, mit 80%igem Rum übergießen und flambieren. Mit gesüßter und geschlagener Sahne servieren.

Nach einer Periode der Begeisterung für Fertiggerichte erwachte ich eines Tages wie aus einem tranceartigen Zustand. Nachdem nun alle Zutaten vorhanden waren, konnte man ja kochen, was das Herz begehrte, man konnte außerdem beginnen zu experimentieren, auszuprobieren, Altbewährtes wieder mal gut hinkriegen und Neuem auf den Geschmack kommen. Über diese Entwicklung war am meisten meine Mutter entzückt, die inzwischen auch mit meinem Vater in Deutschland weilte. In Streßsituationen begann mich das Kochen zu beruhigen, bei Unvorhergesehenem und vor allem bei Schocknachrichten begann ich zu kochen. Es lenkte mich ab, brachte mich auf andere Gedanken.

Es war Anfang Dezember. Draußen war es kalt. Es hatte zu nieseln begonnen, und die Straßen waren glatt. Es war Freitag. Auf dem Nachhauseweg träumte ich von einem gemütlichen Nachmittag mit Tee und ein paar vorweihnachtlichen Plätzchen bei Opernmusik und flackerndem Kerzenschein. Ich schloß die Türe auf und spürte das Unausgesprochene in der Luft, das Bedrohliche, das Zerstörende. Nein, ich wollte nichts hören. Nicht heute. Ich versuchte Fröhlichkeit auszustrahlen, was mir nicht ganz gelang. Das Teewasser begann zu blubbern, als mein Mann plötzlich dicht hinter mir stand. „Ich muß dir etwas sagen", hörte ich wie aus weiter Ferne seine Worte. „Ich will nichts hören", wollte ich antworten, doch die Worte blieben irgendwo im Hals stecken, statt dessen fragte ich „Etwas Unangenehmes?" „Unser Freund weilt nicht mehr unter den Lebenden", hörte ich seine Worte zwischen dem Zischen des Teewassers. Ich dachte sofort ans Glatteis, an einen dieser stupiden Unfälle. Er hat die Bühne freiwillig verlassen. Warum sprach mein Mann so poetisch? Ich begann innerlich fürchterlich zu zittern. Nichts konnte mich beruhigen. Selbstmord, Selbstmord, Selbstmord, warum, schrie eine innere Stimme. Der Teekessel begann ohrenbetäubend zu pfeifen. Ich holte Rindsrouladen aus dem Kühlschrank, rollte sie auf und begann wie wild, das Fleisch mit dem Fleischklopfer zu bearbeiten.

Pfaffenhofener Röllchen

8 Rindsrouladen, Salz, Pfeffer, etwas Öl, 100 g gemahlener Speck, 100 g gemischtes Hackfleisch, 1 Zwiebel.
Rindsrouladen aufrollen, leicht klopfen, leicht salzen und pfeffern. Speck, Hackfleisch, feingehackte Zwiebel vermischen, mit Salz und Pfeffer abschmecken.
Masse auf die ausgerollten Rindsrouladen streichen, zusammenrollen und mit Zahnstochern festmachen.
Von allen Seiten anbraten. Etwas heißes Wasser hinzufügen und weichdünsten.
Rindsrouladen auf einen Teller heben, in die Flüssigkeit einen halben Weinbecher herben Weißwein gießen und fünf Minuten verkochen lassen. Aus einem Löffel Instant-Mehl eine helle Einbrenn zubereiten, in die Flüssigkeit gießen – unter ständigem Rühren, damit sich keine Knötchen bilden –, einmal aufkochen lassen und über die Röllchen gießen.

Trotz Nonkonformismus freundeten wir uns mit der Zeit mit dem Gedanken einer traditionellen gefüllten Gans oder einer Ente an Weihnachten an. Die Männer – also mein Vater, mein Mann und mein zukünftiger Schwiegersohn – waren bei dem Gedanken eines so großen weißen Vogels begeistert. Mein Enthusiasmus hielt sich wie immer, wenn von Fleisch die Rede war, in Grenzen, und meine Tochter meinte, man müsse etwas Besonderes daraus machen. Das Besondere bestand in der Füllung, und zwar gab es da nicht mehr die Fülle, mit der das Huhn gefüllt wurde, sondern es wurde etwas Spezielles kreiert, eine Füllung aus Maronen.

Gefüllte Gans oder Ente

Füllung: Maronen werden kreuzweise eingeritzt und ca. eine Stunde weichgekocht. Man kann die Maronen auch in der Backröhre backen. Danach wird die Schale entfernt.
Aus einer Semmel (die in kleine Würfel geschnitten wird), einer feingeschnittenen kleinen Zwiebel, einem rohen Ei, Petersilienlaub und etwas Rum wird eine Fülle zubereitet. Nach Geschmack wird gesalzen und gepfeffert. Einen Teil der Maronen kann man durch den

Fleischwolf treiben oder kleinhacken, einen Teil in ganzen Stücken lassen.
Die Gans oder Ente wird nun gewaschen und trockengetupft. Danach wird sie gesalzen, gepfeffert und gefüllt. Bei Ente immer nur weißen Pfeffer verwenden.
Nun wird das Geflügel angebraten. Bei Gans nur wenig Öl verwenden, da die Gans selbst sehr fett ist, und beim Braten viel Gänseschmalz frei wird. Dieses teilweise abschütten.
Ist die Gans oder Ente nun auf allen Seiten angebraten, fügt man etwas heißes Wasser hinzu und dünstet sie fast weich.
Vor dem Garsein ein paar gekochte Kastanien neben die Gans oder Ente in die Kasserolle legen. In die vorgeheizte Backröhre schieben und knusprig braten. Mit etwas Rum bespritzen.

Da nun diese beiden Tiere siegreich Einzug in unseren Speiseplan gehalten hatten, forderte mein Mann auch sein Recht in Form eines Lammbratens zu Ostern. Dieses Unterfangen gestaltete sich etwas schwieriger, da ich kein Lammfleisch esse, somit also nicht probieren konnte, was ich zubereitete. Doch mit viel Phantasie und einiger Inspiration gelang mir Jahr für Jahr ein immer besserer Braten.

Leider hatte ich nur allzu wenig Ahnung, was für Fleisch für **Lammbraten** verwendet werden sollte. Also tat ich das, was ich immer in solchen ausweglosen Situationen tat, ich horchte in mein Inneres, versuchte mir Augenblicke aus meiner Kindheit ins Gedächtnis zu rufen, vor allem mich an meine Großmutter zu erinnern. Da sah ich sie wieder in Gedanken vor mir, die goldene Brille auf der Nasenspitze, wie sie einer Bekannten erklärte, daß für den Lammbraten der Hinterschenkel mit den Rippen am geeignetsten sei. So, nun war die erste Hürde genommen.

Lammbraten

Ein schönes Stück Lammfleisch am Vorabend in Buttermilch einlegen und im Kühlschrank aufbewahren.
Am nächsten Tag wird das Lammfleisch unter kaltem, fließendem Wasser abgewaschen und trockengetupft. Das Fleisch wird nun mit frischen Salbeiblättern eingerieben, gesalzen, gepfeffert und leicht angebraten in einer Kasserolle mit sehr heißem Öl. Nun fügt man eine

Alt-Hermannstadt - Die Zunfttürme

Zwiebel, die in zwei Hälften geschnitten wurde, und 3–4 Knoblauchzehen hinzu, gießt etwas heißes Wasser hinzu und dünstet den Braten zugedeckt, bis er fast gar ist. Danach wird er in die Backröhre geschoben und unter ständigem Übergießen noch eine weitere Stunde gebraten.
Zu einem Lammbraten schmeckt eine Zuspeise aus grünen Bohnen oder ein Kartoffelsalat besonders gut.

Zuspeise (Beilage) aus grünen Bohnen

1 große Dose Prinzeßbohnen oder frische grüne Bohnen (500–600 g) weichkochen.
2 EL Mehl in etwas Butter oder Olivenöl leicht bräunen und mit Milch löschen, bis eine nicht zu dünne Sauce entsteht.
Einen Becher Crème fraîche hinzufügen.
Bohnen dazugeben, ebenso gehackte Knoblauchzehen (Anzahl richtet sich nach Geschmack). Mit Salz, etwas Suppengewürz und weißem Pfeffer abschmecken.

„Lieber ein Ende mit Schrecken, als ein Schrecken ohne Ende", pflegte mein Vater zu sagen. Dieses traf auch für seinen Tod zu. Plötzlich war er nicht mehr da. Der Schock war groß, und trotzdem sollte ich nun feststellen, wie wahr dieser Leitsatz meines Vaters war. Nach Jahren erkrankte meine Mutter. Wir durchlebten nun den Schrecken ohne Ende. Wir erlebten ein Jahr, das den Weg durch die Hölle bedeutete. Aber nicht einmal in dieser schwierigen Zeit gelang es mir, mich meiner Mutter zu nähern. Wir konnten wohl beide eine unsichtbare Hürde nicht überspringen und aufeinander zugehen. Und auch als es meiner Mutter immer schlechter ging, konnte ich es noch nicht begreifen, daß es meine Mutter bald nicht mehr geben werde. Und hatte ich auch nie etwas von ihren Ratschlägen befolgt, so gab es plötzlich so viele Dinge, die ich noch hätte fragen wollen, die ich noch hätte wissen wollen. Ich hätte so gerne manches Mal die Zeit zurückgedreht. Behutsam versuchte ich manchmal, noch das eine oder andere zu erfragen.

Eines Tages fragte mich meine Tochter, ob ich wisse, wie man **Lungenbraten** (Sauerbraten, österreichisch für „Lendenbraten") zubereite. „Nein", lautete die Antwort. „Dann frag doch Omi, solange es noch möglich ist", sagte meine Tochter. „Ich kann nicht", war meine Antwort.

Meine Tochter hat dann selbst gefragt. Eines Tages in jenem heißen Sommer hat sie es getan. Das Gebäude des Krankenhauses lag zwischen alten Kastanienbäumen, auf den Korridoren war es angenehm kühl. Meine Mutter lag in einem kühlen Zimmer, angeschlossen an Schläuche, ihre Stimme war heiser, die Hände lagen knochig auf der Decke. „Omi, wie bereitet man Lungenbraten zu, Mutti möchte Lungenbraten machen", schreckte mich die Stimme meiner Tochter aus meinen Träumen auf. „Deine Mutter will Lungenbraten machen?", ungläubiges Erstaunen lag in der Frage meiner Mutter. „So etwas kann doch deine Mutter nicht machen", fügte meine Mutter hinzu. Auch damals, in den letzten Stunden ihres Lebens, hat mir meine Mutter nichts so recht zugetraut. „Obwohl", fügte meine Mutter nach ein paar Sekunden hinzu, „einige Dinge kocht sie inzwischen ganz gut, aber Lungenbraten", der Satz blieb unvollendet. Ich blickte auf die Kastanienbäume im Garten. Ich durchlebte noch einmal unzählige Augenblicke meiner Kindheit, wo mir meine Mutter auch nichts zugetraut hatte. Daraus ist wahrscheinlich mein Lebensmotto entstanden: Man kann alles, was man will. „Ich kriege den Lungenbraten schon hin, Mutti", sagte ich lachend, obwohl mir zum Heulen zumute war, „Du wirst schon sehen, übermorgen bringe ich dir auch welchen zum Probieren mit, der wird allen so toll schmecken, daß alle davon schemmern". „Schemmern", nun lächelte auch meine Mutter, „dieses Wort habe ich lange nicht mehr gehört". (Ich kenne die Herkunft dieses Wortes nicht, „schemmern" bedeutete in Siebenbürgen, daß man Herpesbläschen an den Lippen bekam, wenn einem ein Essen besonders gut schmeckte. Um eben dieses zu vermeiden, hat meine Großmutter nach jeder Mahlzeit, die ihr besonders gut geschmeckt hat, die Hände an den Pulsadern aneinandergeklopft).

„So, mein Schatz", begann meine Mutter, sie meinte natürlich nicht mich, sondern meine Tochter. „ich erkläre dir nun, wie man Lungenbraten zubereitet."

Lungenbraten (eine Art Sauerbraten)

1 kg Lungenbraten vom Rind oder Rindfleisch vom Schlegel wird mit Essiggurken gespickt.
Dieses gespickte Fleisch wird in einen Kochtopf gelegt.
4 Möhren, 3–4 Petersilienwurzeln in dünne Scheiben schneiden.
3 mittelgroße Zwiebeln blättrig schneiden.

Gemüse in den Kochtopf mit dem Fleisch geben.
Inzwischen Wasser mit Essig mischen, ein paar Lorbeerblätter, Pfefferkörner und Salz dazugeben und einmal aufkochen lassen.
Diesen Sud heiß über Fleisch und Gemüse gießen und 2 Tage zugedeckt an einem kühlen Ort stehen lassen.
Fleisch herausnehmen, abtropfen lassen. In einen Kochtopf etwas Öl geben und das Fleisch darin anbraten. Gemüse mit Essigwasser dazugeben und weichdünsten.
Gemüse mit dem Essigwasser durchpassieren, eine Handvoll Mehl dazugeben und mit Zucker, wenn nötig auch mit Salz, abschmecken.
Die Sauce mit reichlich Crème fraîche verfeinern.
Beilage: gekochte Kartoffeln, böhmische Knödel, Makkaroni oder Spätzle.

Diesmal stromabwärts

Mohács ist ein kleines veträumtes Nest im Südosten Europas. Durch Zufall befinden wir uns eines Tages im August dort. Ich erinnere mich, daß Mohács wiederholt in den Geschichtsstunden erwähnt wurde, und nachdem ich mich konzentriere, fällt mir auch wieder ein, daß hier die Türken (1526) die Ungarn blutig niedergeschlagen haben. Danach kam Ungarn unter türkische Herrschaft. Komisch, was einem so einfällt nach all den Jahren.

Es ist ein lauer Abend, und Mohács liegt wie von einer unsichtbaren Hand verloren am Ufer der Donau. Die Donau selbst ist hier sehr breit, und unendlich träge fließt das Wasser gegen Osten. Wir sitzen in einem Fischrestaurant am Ufer der Donau, die Dämmerung wirft riesige Schleier um sich, die Lichter eines Dampfers verschwimmen nach und nach, die Klänge ungarischer Musik vermischen sich mit denen österreichischer Weisen.

Ich bestelle ausgebackenen Zander. Das schneeweiße Fleisch schmeckt köstlich. Ich bin aber nur physisch anwesend. Meine Gedanken schweifen ab. Wie oft stand ich nicht an der Mündung der Donau und träumte von solch einem Augenblick. Wie oft bin ich nicht in Gedanken gegen den Strom geschwommen, wie oft hat dieser Strom mich nicht in die weite Welt geführt? Meine ganze Kindheit und Jugend hindurch war die Donau mein Begleiter. Ich höre die Stimme meines Vaters, der mir von der alten k. u. k. Monarchie erzählt, zu deren Zeit die Städte an der Donau eine so wichtige Rolle gespielt haben, ich sitze in der Erdkundestunde und sehe mich in Wien spazierengehen, ich fahre auf einem Dampfer durch das Donaudelta, bücke mich weit über die Reling, meine Sonnenbrille fällt hinunter, ein Fisch schnappt danach, und ich muß die Dinge nun in einem grellen Licht betrachten. Ich sehe mich als junge Lehrerin vor der Klasse stehen und über die Donau erzählen, vierundzwanzig junge Herzen machen mit mir die Reise vom Schwarzwald bis zum Donaudelta mit.

Einen Augenblick lang verstummt die Musik. Es wird mir bewußt, daß dieses hier das erste Mal ist, daß meine Träume die Donau stromabwärts hinuntergleiten und nicht umgekehrt. Die Träume gibt es noch immer. Die Hoffnungen und Illusionen sind auf der Strecke geblieben. Irgendwo vom Wasser der Donau weggespült, irgendwo verlorengegangen. Hoffnungen und Illusionen, die von den nächsten Generationen eingefangen werden können, umgesetzt oder aber auch links liegengelassen werden können.

Der Kellner, korrekt von Kopf bis Fuß, serviert meinem Mann **Rahmkalbsbeuschel.** Und wieder macht es klick, und ich blicke durch das Küchenfenster meiner Großmutter, mein Großvater betritt die Küche, schnuppert zwei-, dreimal und sagt dann: „Peischel", was soviel wie „Beuschel" bedeutete. Warum wohl damals in Hermannstadt die ältere Generation die stimmhaften Konsonanten stimmlos aussprach? Ich konnte mir als Kind nichts unter „Peischel" vorstellen und war dann sehr enttäuscht, als ich eines Tages erfuhr, daß es nichts anderes als Lunge ist.

Rahmkalbsbeuschel

750 g Kalbsbeuschel mit genügend Wasser, Salz, Lorbeerblatt, 2 Gewürznelken, einigen Pfefferkörnern, Thymian und einem Stück Zitronenschale 1/2 Stunde kochen lassen.
100 g Mehl und 1 feingehackte Zwiebel in 100 g Butter hellbraun rösten.
2 Essiggurken, etwas Zitronenschale und Petersilienlaub feinhacken, dazugeben und weiterrösten, dann mit dem Beuschel zu einer Sauce aufgießen.
Etwas Senf und Zitronensaft (nach Geschmack) dazugeben und 1/4 Stunde kochen lassen.
Danach gibt man das inzwischen nudelig geschnittene Beuschel dazu und sprudelt zum Schluß 1/4 l Rahm hinein.
Das Beuschel kann mit Knödeln oder Kartoffeln serviert werden.

„Jeder Ratschlag ist ein Schlag", folglich sollten keine erteilt werden. Ich habe nie die Ratschläge meiner Mutter befolgt, habe dieses ganz bewußt nicht getan, sehr zum Leidwesen meiner Mutter, was sich allerdings aus dem vielleicht zeitlebens bestehenden gespannten Verhältnis erklären läßt. Und trotzdem gebe ich heute offen und ehrlich zu, daß sich in der verborgenen

Schachtel meines Unterbewußtseins manch ein Ratschlag meiner Mutter versteckt hat und heute in unbeobachteten Momenten hervorgekramt wird.

Müßte ich meinen Weg zum Küchenherd beschreiben, so würde ich dies folgendermaßen tun: Vor mir liegen zwei Wege, der eine, eine gepflasterte Straße mit einer Menge Verkehrsschilder davor, der andere ein holpriger Weg mit vielen Pfützen, mit dornigen Sträuchern am Wegrand, die bis in die Mitte des Weges ragen, ein mühseliger Weg. Ich habe den zweiten gewählt. Mein ganzes Leben bin ich pragmatisch vorgegangen, auch beim Kochen. Ob ich nochmals diesen Weg wählen würde? Heute weiß ich es nicht. Ich möchte auch keine Ratschläge geben. Die Rezepte aus diesem Buch sollen eher als roter Faden betrachtet werden, sie können ergänzt und abgewandelt, verbessert oder reduziert werden. Eines habe ich gelernt: Alles ist möglich, alles kann gelernt werden, ob in der Jugend oder später. Die besten Zutaten machen aber noch lange kein schmackhaftes Essen aus, wenn man eine kleine Zutat vergißt: die Liebe. Eine kräftige Prise davon – und wird sie für noch so einfache Zutaten verwendet – gibt jedem Essen einen pikant-einmaligen Geschmack.

Alphabetisches Stichwortverzeichnis

H

I

K

L